学前儿童社会教育活动指导

刘黔敏　主编

国家开放大学出版社·北京

图书在版编目（CIP）数据

学前儿童社会教育活动指导／刘黔敏主编．--北京：
国家开放大学出版社，2022.1（2023.5重印）
ISBN 978-7-304-11028-4

Ⅰ.①学… Ⅱ.①刘… Ⅲ.①学前儿童-社会教育-
开放教育-教材 Ⅳ.①G611

中国版本图书馆CIP数据核字（2021）第232351号

学前儿童社会教育活动指导
XUEQIAN ERTONG SHEHUI JIAOYU HUODONG ZHIDAO
刘黔敏　主编

出版·发行：国家开放大学出版社
电话：营销中心 010-68180820　　　总编室 010-68182524
网址：http://www.crtvup.com.cn
地址：北京市海淀区西四环中路45号　　邮编：100039
经销：新华书店北京发行所

策划编辑：陈 蕊　　　　　　　　　版式设计：何智杰
责任编辑：王贞婷　　　　　　　　　责任校对：吕昀谿
责任印制：武 鹏 马 严

印刷：三河市鹏远艺兴印务有限公司
版本：2022年1月第1版　　　　　2023年5月第4次印刷
开本：787mm×1092mm　1/16　　印张：15.5　字数：291千字

书号：ISBN 978-7-304-11028-4
定价：39.00元

（如有缺页或倒装，本社负责退换）
意见及建议：OUCP_KFJY@ouchn.edu.cn

"学前儿童社会教育活动指导"是国家开放大学学前教育（专科）专业的一门统设必修课程。本课程的课程性质具有独特性，它与幼儿园其他领域课程有着密切的联系。本课程旨在使学习者在掌握相关理论的基础上，能够进行幼儿园社会教育主题教学活动的设计与实施，并能在幼儿园一日生活中进行社会教育的渗透与整合。本书依据教育部对学前教育专业教学标准的相关要求，并结合开放大学学生实际和教学需求编写而成。本书是国家开放大学学前教育（专科）专业的专业核心课"学前儿童社会教育活动指导"的全国通用教材。本书的使用对象主要为就读学前教育专业的学生，同时本书也可以作为幼儿教育工作者参加继续教育的教材或参考书。

本书共有六个单元，其内容围绕幼儿教师组织、开展社会教育所需的专业理论和素养进行架构，具体内容如下。

第一单元：学前儿童社会教育概述。本单元主要介绍了学前儿童社会教育的内涵和特点、学前儿童社会教育与其他领域课程的关系、学前儿童社会教育的意义、学前儿童社会教育对教师素养的要求。本单元内容主要是引导学习者了解学前儿童社会教育的性质与意义，并结合《幼儿园教师专业标准（试行）》中的相关要求，帮助学习者有意识地提升自己在社会教育方面的专业素养。

第二单元：学前儿童社会教育的目标与内容。本单元主要介绍了国家对学前儿童社会教育的目标与内容的要求、学前儿童社会教育目标的分解与内容的选择。本单元内容主要是帮助学习者了解《幼儿园工作规程》《3—6岁儿童学习与发展指南》《幼儿园教育指导纲要（试行）》等纲领性文件对社会教育目标与内容的具体要求，在此基础上，使学习者能够对这些目标与内容进行分解，并将其落实到幼儿园社会教育的教育教学中。

第三单元：学前儿童社会性发展的特点及影响因素。本单元主要介绍了学前儿童社会性发展的特点、学前儿童社会性发展的影响因素。本单元内容主要是引导学习者了解学前儿童在发展社会认知、社会情感、社会行为等方面的阶段性特征，进而理解其相关的行为表现，同时帮助学习者多维度分析学前儿童社会性发展的影响因素。

第四单元：社会教育主题教学活动的设计与实施。本单元主要介绍了社会教育主题教学活动的设计、社会教育主题教学活动的不同类型及实施。本单元内容主要是引导学习者掌握社会教育主题教学活动的特点，使其能够根据不同的活动类型选择适宜的材料，并运用恰当的方法对主题教学活动进行设计与组织。

第五单元：幼儿园一日生活中的学前儿童社会教育。本单元主要介绍了创设有利于学前儿童社会性发展的环境、幼儿园一日生活环节中的社会教育、幼儿园一日生活偶发事件中的社会教育。本单元内容主要是引导学习者理解社会教育的随机性和日常性，提升其实施社会教育的敏感性和灵活性。

第六单元：社会教育中挑战性行为的识别、应对及个性化指导。本单元主要介绍了学前儿童常见挑战性行为的识别及应对、针对学前儿童个性化特质的社会教育指导。本单元内容主要帮助学习者了解学前儿童常见的挑战性行为并识别其行为的性质，在此基础上引导学习者掌握应对学前儿童挑战性行为的一般方法，能够与家长进行合作，有针对性地制定干预方案。

本书的核心理念包括以下内容。

（1）实践取向。从培养目标来看，本专业着力于培养能够从事一线幼儿教育工作的教师，而不是理论研究人员，因此课程内容及要求应遵循实践取向。具体而言，基于社会教育在实践中渗透性强、随机性强、整合性强的特点，本书在内容安排上没有完全聚焦社会教育教学活动的设计，而是力图在社会教育教学活动设计和其他途径的社会教育之间进行兼顾和平衡。本书着重从幼儿教师实践的逻辑去编写内容：前三个单元涉及理论部分的内容并不强调相关理论的系统性，而重在引导学习者掌握社会教育的特点、理解学前儿童社会行为的表现、把握现实中幼儿园社会教育内容安排的依据等，以此提升学习者运用理论的能力。后三个单元则主要从幼儿教师工作实践的角度对社会教育的多种方式和途径进行了详细的阐释。除了关注社会教育主题教学活动设计方面的内容外，第五单元和第六单元的内容都以提升幼儿教师社会教育的整合实践能力为目标。

（2）能力取向。开放大学的办学性质决定学前教育（专科）专业主要培养面向一线的幼儿教师，培养对象是能够从事幼儿园日常保教工作的专业人员。社会教育本身就带有很强的渗透性和整合性，这要求幼儿教师应具有把握教育契机、及时施加教育影响的能力。因此，在课程的教学上，我们着重培养学习者观察、理解学前儿童社会行为的能力，提升学习者应对现实社会教育问题的能力。因此，本书对很多案例进行了呈现与分析，并在第五单元中专门讨论了如何在幼儿园一日生活中渗透社会教育。

（3）反思取向。从实践要求来看，要想开展好社会教育就应对幼儿教师的反思能力提出要求，即幼儿教师应具有敏锐的观察力和分析力，能够对学前儿童的行为进行观察和分析。因此，本书注重培养与提升学习者的社会教育理论素养，以更好地帮助其分析与理解学前儿童社会教育的特殊性，提升其社会教育的实践能力，实现教育—反思—再教育—再反思的良性循环。具体来说，在内容安排上本书主要通过教育案例的呈现、分析及课后操作练习题等形式达成这个目标。

本书在教学大纲、课程多媒体教学资源一体化设计方案、书稿的撰写和审定及出版过程中，得到了浙江开放大学的高度重视与大力支持。

本书由四川师范大学教育科学学院刘黔敏担任主编，具体编写分工如下：四川师范大学教育科学学院刘黔敏编写第一单元、第三单元、第五单元，浙江开放大学朱友刚编写第二单元，浙江杭州闻裕顺幼儿园何海婷、浙江杭州文一街幼儿园马晓芽编写第四单元，四川师范大学教育科学学院刘黔敏、浙江杭州文一街幼儿园马晓芽编写第六单元。刘黔敏负责本书的统稿工作。

由于编者水平有限，疏漏之处在所难免，敬请广大同人与读者批评指正，以便今后修订完善。

《学前儿童社会教育活动指导》编写组

2021 年 6 月

Contents | 目　录

数字资源目录

第一单元 | 学前儿童社会教育概述

◎ 导 言

    团团已经读中班了，他平时经常与其他小朋友发生冲突，有时还会出现攻击性行为，久而久之，班里的很多小朋友都习惯性地躲着他。老师认为团团需要改善自己的社交行为，便与团团的妈妈进行了沟通。团团的妈妈对老师的话不以为然，她说："老师，我们家团团就是性子有点儿急，没什么坏心眼儿，如果其他小朋友不愿意跟他玩儿就算了，反正我们团团很聪明，读书不会有问题的。"老师听后深感无奈。

    在本案例中，老师和团团的妈妈显然对团团的发展持有不同的看法。老师认为，团团的社交存在一定问题，需要引起家长的重视并给予其帮助；妈妈认为，团团的学习能力没有问题，家长不用过于担心他的社交问题。那么对学前儿童而言，是否真如团团的妈妈认为的那样，只要其认知能力正常发展，就可以忽略其社会性发展？社会性发展对学前儿童有何意义与价值？学前儿童社会教育的内涵是什么？这门领域课程与其他领域课程之间是何种关系？学前儿童社会教育对教师素养提出了哪些要求？本单元将对这些问题进行探讨和分析。

☆ 学习目标

1. 理解学前儿童社会教育的内涵和特点。
2. 明确学前儿童社会教育与其他领域课程的关系。
3. 理解学前儿童社会教育对教师素养的要求。

思维导图

学前儿童社会教育概述
- 学前儿童社会教育的内涵和特点及与其他领域课程的关系
  - 学前儿童社会教育的内涵和特点
  - 学前儿童社会教育与其他领域课程的关系
- 学前儿童社会教育的意义及对教师素养的要求
  - 学前儿童社会教育的意义
  - 学前儿童社会教育对教师素养的要求

第一节　学前儿童社会教育的内涵和特点及与其他领域课程的关系

明确学前儿童社会教育的内涵是幼儿教师开展相关教育活动的前提。学界对于学前儿童社会教育有着不同的认识，具体可分为三类：一是指相对于学前儿童家庭教育的学前儿童社会教育；二是指在幼儿园开展的一门领域课程；三是指作为学前教育专业职前教育课程体系中的一门课程。本书中的学前儿童社会教育指的是以后两种形态存在的课程。

一、学前儿童社会教育的内涵和特点

（一）学前儿童社会教育的内涵

1. 对学前儿童社会教育内涵的界定

不同学者对学前儿童社会教育的内涵有着不同的界定，整体来看，可以分为广义的界定和狭义的界定。例如，有学者认为，学前儿童社会教育主要是指对学前儿童进行社会认知、社会情感、社会行为等方面的教育。具体来说，学前儿童社会教育是指帮助学前儿童正确地认识自己、他人和社会（社会环境、社会活动、社会规范、社会文化），形成积极的自然情感和社会情感，掌握与同伴、成人相互交往以及与周围环境相互作用的方式，以使学前儿童能有效地在社会中生存与发展的教育。[①] 有学者认为，学前儿童社会教育旨在促进学前儿童的社会性朝积极的、健康的、和谐的方向发展，是一切外在的、有组织的、有目的的教育活动的统称。[②] 这两种界定都可归为广义的界定，指的是能够对学前儿童社会性发展产生积极影响的

---

① 李生兰. 学前教育学：修订版［M］. 上海：华东师范大学出版社，2006：110.
② 刘晶波，等. 幼儿园社会领域教育精要：关键经验与活动指导［M］. 北京：教育科学出版社，2015：8.

教育活动。有学者认为，学前儿童社会教育是幼儿教师有目的、有计划地对学前儿童施加教育影响，引导他们积极主动地活动，并促进其社会认知、社会情感和社会行为等方面健康发展的过程。[①] 这种界定属于狭义的界定，指的是在幼儿园开展的社会教育活动。

从实践角度看，学前儿童社会教育是幼儿园五门领域课程之一，对学前儿童社会教育进行定义时，应厘清其教育主体、教育目标、教育依据、教育内容与途径等问题。基于此，本书将学前儿童社会教育的内涵界定为：幼儿教师在国家对社会领域相关要求的指引下，遵循学前儿童身心发展规律，以人类社会中的积极价值为内容，通过富有教育意义的环境和活动促进学前儿童社会性品质积极健康发展的过程。这个内涵一方面关注幼儿园实践形态的社会教育，另一方面关注该门领域课程中的价值取向，强调学前儿童社会教育的实践逻辑。

2. 学前儿童社会教育内涵的分析

一般来说，社会教育的内涵由以下几个部分构成：社会教育的实施主体、社会教育的目标、社会教育的内容依据、社会教育的内在依据等。基于此，本书对学前儿童社会教育的内涵做如下分解。

（1）学前儿童社会教育的实施主体。从学前儿童社会教育的内涵来看，学前儿童社会教育的实施主体主要是幼儿教师。本书所言的社会教育是作为领域课程形态存在的一门课程，是指在幼儿园中开展的社会教育，而不是指学前儿童在社会生活中受到的教育，因此其实施主体主要是幼儿教师。当然，这并不意味着要否定家长对学前儿童社会性发展应发挥的作用与影响。家庭教育中虽然也涉及社会教育的相关内容，但作为领域课程形态存在的社会教育主要在幼儿园展开，因此幼儿教师是这种教育的主要承担者，家长是这种教育的参与者与合作者。也正因如此，幼儿教师在实践中要与家长进行沟通与合作，双方共同促进学前儿童社会性的发展。

（2）学前儿童社会教育的目标。学前儿童社会教育的目标是促进学前儿童社会性品质积极健康地发展。之所以在内涵中强调社会性品质积极健康地发展，是基于对"社会性"一词的理解。广义的社会性，是指人在社会生存过程中所形成的全部社会特征的综合；狭义的社会性，是指个体参与社会生活和与人交往时，在他固有的生物特征的基础上形成的那些独特的心理特征。[②] 可以看出，无论是广义的社会性还是狭义的社会性，其本身都是中性的，并不必然带有正向的价值性。如果仅仅

① 张明红. 学前儿童社会教育与活动指导［M］. 上海：华东师范大学出版社，2014：39.
② 陈会昌. 儿童社会性发展的特点、影响因素及其测量：《中国3—9岁儿童的社会性发展》课题总报告［J］. 心理发展与教育，1994（4）：1-17.

将社会教育的目标定位为促进学前儿童的社会适应，那么就无法确定这种适应一定会给学前儿童的发展带来积极的意义。从教育学的层面来看，教育性活动与非教育性活动的差异不仅仅在于教育者是否具有主观上的目的性、计划性，还在于教育性活动在价值取向上一定以促进个体正向积极的发展为前提。正因如此，学前儿童社会教育的目标应为促进学前儿童社会性品质积极健康地发展，而且这种个体的健康发展最终应该能够推动社会的健康发展。

（3）学前儿童社会教育的内容依据。学前儿童社会教育的内容依据是社会及人类文明的积极价值。从社会教育的目标和社会教育的内容来看，必须考虑社会需求和个人需求的统一，因此在内容依据上，学前儿童社会教育强调社会及人类文明的积极价值。社会教育不等于"社会化的教育"，如果仅仅关注儿童的"社会化"，缺少对社会教育内容进行筛选的过程，就可能导致社会教育的内容"泥沙俱下"，对学前儿童的发展产生负面影响。这种对社会教育内容进行筛选和加工的过程，既有助于幼儿教师提升批判和反思社会文化的能力，也有助于幼儿教师引导学前儿童形成良好的社会性品质。基于此，我们应从促进社会积极发展的角度来考虑社会教育的目标与内容依据。具体而言，在开展社会教育的过程中，幼儿教师既要对已有的社会及人类文明价值进行筛选，做到取其精华、去其糟粕，也要从社会发展趋势的角度对相关内容进行思考和判断，使学前儿童社会教育与时俱进并具有一定的前瞻性。

> **小贴士**
>
> **关系指向下学前儿童社会性发展的内容**
>
> 指向自我：包括对自我的基本认识与定位、有关自我的情绪与情感、围绕自我而发生的行为等。
>
> 指向他人：包括对他人的基本认识、自我与他人之间情感联结和人际互动行为与规范。
>
> 指向社会文化：包括个体对生活环境文化的认识，涉及各种社会机构与职业角色、所处地域文化的核心经验与知识，以及民俗、节日、习惯等方面的认知与承继。
>
> 资料来源：刘晶波，等. 幼儿园社会领域教育精要：关键经验与活动指导 [M]. 北京：教育科学出版社，2015：3 - 4.

（4）学前儿童社会教育的内在依据。学前儿童社会教育的内在依据是遵循儿童社会性的发展规律，具体而言，掌握学前儿童社会性发展的规律与特点是开展学前儿童社会教育的前提，因此，幼儿教师应仔细研究并掌握学前儿童社会性发展的规律。在实践层面，幼儿教师无论有着多么良好的教育愿望，选择了多么丰富的教育内容，如果缺失对学前儿童社会性发展规律和特点的把握，就无法设置合理的教育目标，无法选择适宜的教育内容，无法采用正确的教育方法促进学前儿童社会性的发展。因此，幼儿教师不能简单地将学前儿童社会教育视为教学法的课程，而要重视相关理论的学习。在实践中，幼儿教师不能仅满足于掌握一些具体的社会教育方法和手段，还要在"知其然"的前提下"知其所以然"，对方法和手段背后的原理有所了解和把握。

学前儿童社会教育
的定义及内涵

（二）学前儿童社会教育的特点

1. 价值取向的人文性与超越性

学前儿童社会教育
的特点

进行人文教育是为了避免将教育局限在学习知识技能的层面，为了让教育更有人性的温度，让个体的思想在学习过程中得到引导，个体的情感得到熏陶，提升个体的内在修养与精神境界，使个体形成人之所以为人的特性。学前儿童社会教育是让学前儿童"成为人"的教育，这决定了这门领域课程的价值取向具有人文性，其通过人文知识的传授、人文精神的陶冶，使儿童成为真、善、美皆备的人和完整的、健康的人。换言之，如果学前儿童社会教育的价值取向缺失了人文性，这种教育就容易培养出"工具人"，完全失去社会教育应有的价值。

超越性，是指社会教育应当是引导社会发展的教育，它应当倡导积极的文化价值，自觉引导受教育者批判与反思消极的社会文化价值，而不是被动地接受社会文化的影响。基于此，幼儿教师应从促进社会积极发展的角度来对学前儿童社会教育的目标与内容进行选择，这就对幼儿教师的教育素养提出了要求：一方面，幼儿教师应对已有的社会价值观、社会规范、社会习俗等具有一定的鉴别能力和评判能力，能够对教育内容进行合理的筛选；另一方面，幼儿教师要能够把握社会和时代发展的基本趋势，以动态、发展的眼光对学前儿童社会教育的内容进行丰富和拓展。前者要求幼儿教师具有一定的独立批判思维，后者要求幼儿教师具有一定的创新精神。

2. 目标与内容的整合性

学前儿童社会教育的目标是促进学前儿童社会性品质积极健康地发展。从心理层面来说，社会性品质既包括社会认知也包括社会情感，以及社会行为的和谐发展。与其他领域课程相比，学前儿童社会教育尤其强调社会情感的陶冶。社会情感的培养需要潜移默化的影响，而不是有意识的说教。当然，学前儿童社会教育的目标也强调社会行为的发展，即儿童应具有社会能力。学前儿童的社会适应必然需要社会能力作为支撑，如生活自理能力、社交能力等。此外，社会能力的发展并不是社会性品质发展的全部，因为能力本身就是一把双刃剑，个体既能用之行善，亦能用之作恶，所以学前儿童社会能力的培养应具有道德的指向性，即指向亲社会行为的发展。因此，幼儿教师在对学前儿童进行社会教育时，不要只注重对其进行生活知识与生活技能的教育，还要注重对其进行道德、品行与态度的教育。

此外，社会教育目标与内容的整合性还体现在社会教育与其他领域教育的融合上。学前儿童需要与他人和环境进行互动，这决定了社会教育无法截然独立于其他领域教育，而是与其他领域教育有着非常密切的联系。《幼儿园教育指导纲要（试行）》[①]（以下简称《纲要》）也指出，幼儿园的教育内容是全面的、启蒙性的，健康、语言、社会、科学、艺术五个领域的划分是相对的。各领域的内容相互渗透，从不同的角度促进学前儿童情感、态度、能力、知识、技能等方面的发展。同样，各领域的教育都从不同的角度促进学前儿童进行社会学习。虽然这五个领域的教育共同作用于学前儿童的整体发展，但在这五个领域的教育中，社会教育起着导向性作用，为其他领域教育提供方向与价值的指引。这是因为，一切教育的最终目的都是帮助受教育者建立与世界的适宜关系，学会做一个人格健全、有益于社会的人。具体而言，学前儿童健康教育不仅能促进学前儿童的身体健康和心理健康，还有利于学前儿童社会性的发展；学前儿童语言教育不仅要提升学前儿童的语言表达能力，还要引导他们学会利用语言工具进行良好的社会互动；学前儿童科学教育不仅要让儿童学会科学地认识与探究自然世界，还要让他们认识到人类与自然世界的关系，以及人类对自然世界所应承担的责任；学前儿童艺术教育不仅要让儿童学会发现、欣赏和创造美，还应让他们体验与领会人性美、社会美。由此可见，社会教育指向个体的人际交往和社会适应，而这也蕴含在所有的领域课程之中，也是这些领域课程应该具有的价值内涵。在实践的层面，幼儿教师在设计与组织社会教育活动时，也应持有一种多元整合观，具体表现为：教师应有一种宽广的教育视野，不能持非此即彼的狭隘教育观，为社会教育划一个学科的界限，而应将所有对学前儿童社会性发展有益的资源与内容整合到社会教育中，借助多领域教育的内容来实现学前儿童社会教育的目标。

---

① 中华人民共和国教育部. 教育部关于印发《幼儿园教育指导纲要（试行）》的通知：教基〔2001〕20号［A/OL］.（2001-07-02）［2021-06-10］. http://www.moe.gov.cn/srcsite/A06/s3327/200107/t20010702_81984.html.

3. 途径的丰富性与潜隐性

再好的目标与内容都要通过具体的教育途径得到落实，进而转化为学前儿童的学习活动，最终推动学前儿童社会性的发展。与其他的领域教育相比，社会教育的教育途径具有丰富性和潜隐性的特征。

丰富性，是指社会教育可以通过熟知的专门性的教育活动展开，如针对社会认知的晨间谈话活动、专门的主题活动等。此外，社会教育涉及的社会情感、社会行为方面的内容，则可以通过其他的方式和途径进行，如各种实践性的活动、家园共育活动等。

潜隐性，是指社会教育因指向学前儿童的人格发展，而在教育效果达成上所具有的潜移默化的特征，如幼儿园物质环境、心理环境的营造，幼儿教师言行的示范性影响，日常偶发事件中幼儿教师的应对措施等，都会对学前儿童社会性的发展产生影响。因此，在理念层面，幼儿教师应摒弃"学前儿童社会教育就是学习如何设计与组织专门的社会教育活动"的课程观，而应形成社会教育的敏感性，善于在日常保教活动中通过各种显在和潜在的方式和途径推动儿童社会性的发展。

4. 主体的多元性与协同性

虽然学前儿童社会教育的目标设定、内容安排、开展途径更系统化，但这并不意味着学前儿童社会教育的主体仅限于幼儿教师。学前儿童社会性的发展具有连续性、全时空性的特点，影响学前儿童社会性发展的人既包括幼儿教师，也包括家长和其他相关人员。学前儿童社会教育的主体具有多元性，学前儿童社会教育要想产生良好的效果，需要多主体的相互配合、协同作用，形成教育合力。在具体的社会教育实践中，幼儿教师、家长与其他相关人员应进行合作，共同营造对学前儿童社会性发展有益的环境，以使儿童社会性发展获得积极的人际环境支持；在教育目标上基本保持一致，开展教育实践时能够做好沟通和协调工作，避免发生教育理念相左、教育效果相抵甚至损耗的情况。当然，这种多元性并不意味着会削弱幼儿教师的职责和作用，相反，幼儿教师在其中起到了主导作用。这是因为，虽然其他主体对社会教育也有着自己的认识和实施途径，但幼儿教师受过专业训练，对社会教育的目标、内容、方法、评价等有更系统的认识。

二、学前儿童社会教育与其他领域课程的关系

幼儿园课程分为五个领域，这五个领域的课程在内容上各有侧重，但又有共同的指向性——学前儿童整体的和谐发展，它们为学前儿童未来的发展打下坚实的基

础。从课程的发展历史来看，新中国成立后，学前儿童的社会教育一度被德育取代。2001 年，教育部印发《纲要》，明确将社会教育列为幼儿园五个领域教育内容之一。2001 年，社会教育开始作为一门相对独立的领域教育正式列入学前儿童课程体系之中。2012 年，教育部颁布了学前儿童教育纲领性文件即《3—6 岁儿童学习与发展指南》①（以下简称《指南》），将学前儿童的社会学习与发展过程看作其"社会性不断完善并奠定健全人格基础的过程"，将人际交往与社会适应作为学前儿童社会学习的主要内容。

　　社会学习是一种跨越不同领域的综合学习，因此，学前儿童的社会学习与相关领域的学习有什么样的联系，如何处理好它们之间的相互关系，如何体现出社会学习的综合性等，都是领会学前儿童社会教育实质的重要视角。与中小学的学科课程强调知识的系统性与完整性相比，幼儿园的领域课程涉及的更多是一个学习领域，如社会领域所涉及的就是如何协调个体与自我、个体与他人、个体与环境之间的互动关系，习得个体与人和环境互动所需的知识、情感态度、行为技能，而学前儿童随时随地都处在互动的环境之中，这就决定了社会教育与其他领域课程之间的相依性。

（一）与健康教育的关系

　　《纲要》将健康放在幼儿园教育内容的五个领域之首，说明健康是幼儿园所有领域都要关注的问题。具体而言，健康包括身体健康和心理健康，这两者与社会领域都有着密切的联系。从身体健康的角度来说，身体是个体发展的物质基础；从身心合一的理念来说，学前儿童的健康水平会直接影响到他们的本体感、情绪健康、社会互动等。研究显示，体育活动不仅可以外显地影响个体的个性，还可以通过改变个体的身体反应来促进个体的心理健康。以自我意识为例，一个身体健康的学前儿童，往往更容易在体育活动中获得掌控感和效能感，更容易产生积极的自我概念，这本身就促进了其社会性的发展。此外，从活动内容来看，健康的体育活动不仅能帮助学前儿童强身健体，还能促进其社会性的发展。体育活动是培养学前儿童坚强、勇敢的意志，不怕困难的精神，以及主动、乐观、合作等社会性品质的重要途径。心理健康与学前儿童社会性的发展有着更为直接的关系，可以说，二者互为因果。一方面，当学前儿童的人际交往和社会适应情况良好时，他们就能获得安定与愉快

---

　　①　中华人民共和国教育部．教育部关于印发《3—6 岁儿童学习与发展指南》的通知：教基二〔2012〕4 号［A/OL］.（2012 - 10 - 09）［2021 - 06 - 10］. http：//www. moe. gov. cn/srcsite/A06/s3327/201210/t20121009_143254. html.

的情绪，在此基础上，他们能够对周围环境形成安全感与信赖感，这是形成良好社会情感的基础；另一方面，心理健康的学前儿童具有更积极阳光的个性特质，这有助于其人际交往和社会适应。由此可见，社会教育与健康教育是相互渗透、相互促进的。

⊙问题思考

　　体育活动可以有效地发展学前儿童的本体感，那么，良好的本体感对学前儿童社会性的发展有何促进作用？

（二）与语言教育的关系

　　语言是人与人交流最重要、最主要的工具，学前儿童社会性的发展也要依托语言来实现。如果缺失了语言方面的一些社会技能，社会教育就失去了大半的可能性，因此语言教育是社会教育的重要基础。从这个角度看，语言教育本身有着社会教育的指向性目标，应关注学前儿童语言能力发展中的社会能力要求，具体包括使用社交语言的基本能力，在认知层面体现为一些基本礼仪和习惯的习得，如在语言交际活动中学会等待、倾听和轮流发言等；在行为层面则体现为语言能力的提升，通过各种方式让学前儿童学会在社交中使用适宜的语言互动方式。从社会教育的角度来看，入园、离园的礼貌教育，进餐、上课、午睡以及游戏、活动时的规则教育，都需要为学前儿童创设语言交流的条件和机会。此外，开展社会教育活动时，也要经常运用语言材料。例如，学前儿童喜欢听故事，幼儿教师就可以用讲故事的方式使其体会善与恶、美与丑等价值观。在语言教育中渗透社会教育时，不仅要注重语言材料的艺术性，还要注重语言材料的思想性。

⊙学习活动

对某绘本中的社会教育内容进行分析

　　活动目的：学会选择与社会教育主题相关的绘本，并理解其中蕴含的社会教育内容。

　　本次活动大约需要 1 小时。

　　步骤 1：请选择一本与社会教育主题相关的绘本（如《猜猜我有多爱你》《爱心树》《石头汤》《爷爷一定有办法》等）。

　　步骤 2：对绘本中蕴含的社会教育内容进行分析。

反馈：

1. 与社会教育主题相关的绘本比较多，教师应根据幼儿年龄特征和本班幼儿的实际情况来选择绘本。

2. 教师应结合本班幼儿的身心发展特点对绘本中的社会教育内容进行挖掘，寻求与本班幼儿社会生活经验的现有水平以及"最近发展区"最为契合的内容。

（三）与科学教育的关系

科学教育的目的是让学前儿童学会探索与认识客观世界，这种探索需要有正确的价值导向，因此与社会教育密切相关。例如，"如何看待人与自然的关系""在利用自然和保护自然之间应该保持怎样的平衡""如何理解科学技术的'双刃剑'效应""科学技术发展能够为自然环境的保护提供怎样的条件"等内容仅靠认知层面的教育是无法完成的，但依托科学教育对这些内容进行整合与渗透，就会显得自然而生动，达到"无声之教"的效果。又如，学前儿童学习"水"这种物质时，幼儿教师可以将水作为科学认知的对象，让学前儿童获得对水的物理性质和化学性质的认识，还可以引导学前儿童认识和感受水的社会意义和文化意义，认识水与生活之间的紧密联系，了解水资源的开发、利用以及废水的处理技术等。再如，学前儿童学习"气候"时，幼儿教师不仅可以使其关注气候的自然特征，还可通过各种方式引导其关注"人的行为和气候变化之间的关系""气候变化对人类生存与发展的影响"等问题，此时，幼儿教师就可以导入社会教育的相关主题。由此可见，引导学前儿童关注与亲近自然，使他们形成珍惜自然资源等环保意识，是社会教育和科学教育的共同指向，二者在教育内容上存在着交叉和延展。

（四）与艺术教育的关系

艺术教育的目的是让学前儿童学会发现美、欣赏美、表达美、创造美。一方面，艺术教育指向学前儿童艺术感受力的培养，能够使学前儿童具有感受美、欣赏美的能力；另一方面，艺术教育指向学前儿童艺术表达能力的获得。前者为学前儿童的艺术创造提供了"活水之源"，后者为学前儿童的艺术创造提供了"工具之源"。例如，一个儿童被周围的美景打动，他用绘画的方式将自己对景物的感受表达出来，这就产生了艺术。对美的感受与表达，本身就是一种性情的陶冶，是一种潜移默化的社会教育。美，不仅包括自然美，还包括社会美和人性美，这些美中都蕴含了善的主题。因此，教育要尽可能用艺术化的方式让学前儿童体会到各种美与善，这些美与善会随着他们年龄的增长不断地得到发展，而这正是艺术教育对学前儿童社会性发展的重要意义所在。

任何教育都需要有正确的价值导向，导向的偏离将是整个教育的偏离。五个领域的课程共同构成了幼儿园课程的整体，它们虽然各有目标和内容，但也需要价值导向，而社会教育就在其中起着价值导向的作用。这是因为，教育的最终指向性目标就是促进个体的社会化，即知识技能的社会化和价值观行为的社会化，以使个体协调好与自我、与他人、与社会的关系，做一个人格健全、有益社会的人。如前所述，从健康教育的角度来说，无论是身体的健康还是心理的健康都有利于学前儿童社会性的发展，而很多健康领域的活动本身就蕴含了社会教育的价值；从语言教育的角度来说，我们不仅要让学前儿童学会正确与流利的表达，还要让他们学会表达自己的真诚与善意；从科学教育的角度来说，我们不仅要让学前儿童学会科学地认识与探究自然世界，还要让他们认识到人类与自然世界的关系，以及人类对自然世界所承担的责任；从艺术教育的角度来说，我们不仅要让学前儿童学会欣赏与创造美，还要让他们体验和领会到社会之美、人性之美。由此可见，社会教育引导着其他领域课程的价值方向，即培养有良好社会适应能力的、能够促进社会发展的人。

社会教育作为一门独立的领域课程，从理论上看，有助于研究者厘清社会教育的特点与规律，帮助教育者形成更科学的教育意识；从实践上看，领域课程的区分有助于教育者根据不同教育领域的特点对学前儿童进行有针对性的教育，使教育者更关注学前儿童不同方面的发展内容。但是，这种区分不是孤立的，而是与其他领域有整体的联系，因而在课程的实施中，幼儿教师应建立一种整体的、融合的教育观。

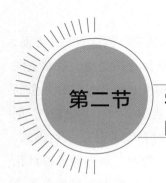

第二节　学前儿童社会教育的意义及对教师素养的要求

幼儿教师对学前儿童社会教育意义的理解，有助于其从思想上确立正确的社会教育观，能使其在工作中更积极主动地开展社会教育。相较于其他领域课程，社会教育对幼儿教师的专业素养提出了更多的要求，因此，幼儿教师需要不断提升自身的专业素养以确保社会教育的实效性。

一、学前儿童社会教育的意义

（一）促进学前儿童的社会化

社会教育的目标指向是促进学前儿童的社会化。学者们从不同角度对社会化的内容提出了不同的观点。有学者从社会化发生领域的角度，将社会化的内容概括为政治社会化、道德社会化、性别角色社会化等。[①] 也有学者从社会化基本活动的角度，将社会化的内容概括为生活技能社会化、行为规范社会化、个体角色社会化。[②] 还有学者认为，学前儿童社会化是早期社会化的一个阶段，并根据学前儿童身心发展水平和社会化要求的不同，将社会化的内容概括为情感社会化、道德社会化、角色社会化。[③] 社会性在不同学科层面也有不同的内涵。从人类文化学的角度来说，社会性是指与人的自然属性相对的社会属性，即由人的社会存在所获得的一切特性；从哲学的角度来说，社会性是指人类社会属性中符合人类整体运行发展要求的基本特性，主要包括利他性、依赖性、自觉性等；从社会学的角度来说，社会性是指人的社交与群居倾向性；从心理学的角度来说，社会性是指人在与社会生活环境相互作用的过程中，掌握社会规范，形成社会技能，学习社会角色，获得社会性需要、态度、价值，发展社会行为的心理特性。此外，从幼儿园社会教育的内涵背景来看，这里的社会化主要是指个体将社会学习中长期积累起来的知识、技能、观念和规范，内化为个人的品格与行为，在社会生活中加以再创造的过程。

根据学前儿童的发展特点及《纲要》中社会教育的内容和要求，可以将学前儿童社会化的内容概括为以下几个方面。

1. 促进学前儿童生活能力社会化

在社会生活中，个体必须通过学习来掌握社会生活的基本能力，这种能力主要包括生活能力和职业能力，对学前儿童来说主要指生活能力。这种能力如果不经过有意识的培养，儿童无法完全自动获得。如果成人在生活中过多地对学前儿童的生活进行包办和代替，则会影响他们生活能力的发展，进而影响到他们将来的社会适

① 周运清，等. 新编社会学大纲［M］. 武汉：武汉大学出版社，2004：92.
② 胡俊生. 社会学教程新编［M］. 武汉：武汉大学出版社，2010：146.
③ 曹中平. 幼儿社会性发展与教育［M］. 长沙：湖南师范大学出版社，2001：7－9.

应。生活能力社会化需要从小培养，这种培养一方面是能力的获得，另一方面是习惯的养成。

我不想上幼儿园

妍妍已经读到小班下学期了。一天，妍妍回家对妈妈说："我不想上幼儿园，老师都不喜欢我。"妈妈到幼儿园问老师怎么回事，老师解释道："到了小班下学期，班级里的绝大多数孩子都可以自己独立做一些事情了，如穿衣、如厕、吃饭等，但妍妍的很多事情还需要老师或者保育员帮忙完成。为了培养妍妍的独立性，老师有时会'有意地'不提供帮助，妍妍就觉得老师对她不好，不喜欢她。"

与家长沟通后，老师得知：妍妍在家时，爷爷奶奶对其生活包办代替较多，如吃饭时，妍妍从来不用自己动手，她也很少自己穿衣服。老师便建议家长：在家庭生活中，要注重对妍妍生活独立性的培养，提升其生活自理能力。

在案例 1-1 中，妍妍因为生活自理能力较弱，在幼儿园中产生了挫败感，这影响了她在幼儿园的生活体验，也影响到她对幼儿园生活的适应。学前儿童生活能力培养的主要内容包括：帮助学前儿童形成良好的生活习惯，使他们具备基本的生活自理能力；帮助学前儿童了解基本的安全知识，使他们具有初步的自我保护能力；等等。这些都是学前儿童社会教育的重要内容，幼儿教师要提供各种机会、创设各种环境来帮助学前儿童练习各项生活技能，积极促进其生活能力社会化。

⊙ 问题思考

从入园适应的角度，你认为学前儿童应在生活能力方面做好哪些准备？学前儿童生活能力的发展与哪些因素有关？在家庭教育中，如何才能促进学前儿童生活能力的发展？

2. 促进学前儿童情绪社会化

情绪社会化是指个体根据社会要求来理解、表达、调节自己的情绪活动，以实现与社会要求一致的过程。情绪在学前儿童的生活中具有重要作用，它帮助学前儿童体验与表达自己。这种表达是一种与他人交流的重要方式，如果学前儿童不能很好地理解自己和他人的情绪，那么学前儿童与他人的交流可能会受到影响。情绪本身没有正确与错误之分，所有情绪在学前儿童的发展中都有一定的作用与价值。一方面，幼儿教师要引导学前儿童对自己的情绪有清晰的认知，使学前儿童能较准确地表达自己的情绪并与他人进行交流，促进其社会互动的开展；另一方面，幼儿教师要引导和帮助学前儿童学会理解他人的情绪，并对产生情绪的原因有所了解。因此，幼儿教师有责任帮助学前儿童更好地去理解自己的情绪和他人的情绪，并帮助其学习处理不同情绪的有效方式，积极促进学前儿童情绪社会化。

案例 1-2

他们为什么不喜欢我

老师通过观察发现，多多在班里似乎不太受欢迎，原因是多多很容易发脾气。小朋友不小心碰到多多一下，他就会马上打回去；在区角游戏中，因为某些区域人满了，多多不能进去，他也会朝同伴尖叫；排队时没有排到前面，多多就会哭……久而久之，班里的小朋友都觉得多多脾气大，就不太愿意和他玩儿。多多觉得自己在班里没有什么朋友，经常感到不开心。

在案例 1-2 中，多多在别的小朋友碰到自己时，用肢体动作表达自己的情绪；在被同伴拒绝时，用尖叫表达自己的情绪；在没有达成自己的目的时，用哭泣表达自己的情绪。虽然这些行为都是表达情绪的方式，但无益于多多的社会互动。从案例中可以发现，多多在社会互动中受挫的主要原因是他在自我情绪的控制和表达方面存在一定的问题，因此老师对多多的帮助可以从这个方面展开。

3. 促进学前儿童行为规范社会化

社会规范是指社会对其全体成员提出的必须遵守的行为规范的总和，包括非强制性的习俗规范，如日常生活规范、道德规范等；也包括强制性的规范，如政治规范、法律规范等。任何社会都有各种各样的规范，个体的社会适应中一个很重要的内容就是理解并遵守社会规范。学前儿童只有掌握和学习了各种社会规范，才能在社会生活中与他人实现良性互动。同时，学前儿童在学习与内化各种社会规范的过程中也实现了社会化。对学前儿童而言，他们需要学习与自己直接相关的各种规范，如幼儿园的集体生活规范、游戏规范、学习规范、交往规范等，这些规范的习得需要幼儿教师在日常生活中联系各种情境对学前儿童进行示范与指导。此外，学前儿童还需要学习社会生活的一些习俗规范，他们的现实生活空间和未来生活空间不仅仅局限于家庭和幼儿园，还会涉及社会公共空间，因此了解、习得这些社会生活的习俗规范就很有必要。在教育过程中，幼儿教师应根据不同年龄学前儿童的身心发展特点来设定适宜的目标，并选择适宜的内容和方法来进行这类社会规范的引导教育。

4. 促进学前儿童角色社会化

社会角色是指与人们的某种社会地位、身份相一致的一整套权利、义务的规范与行为模式，是人们对具有不同身份的人的行为期望，构成了社会群体和组织的基础。角色社会化是个体获取社会角色所规定的行为模式和适应社会期望的过程。个体在不同的年龄阶段和不同的生活领域扮演着不同的社会角色，包括性别角色、家庭角色、社交角色、职业角色等。角色是在社会互动中形成的，个体从自然人成长为社会人的过程中，会在不同的年龄阶段扮演不同的社会角色，并完成对应角色的社会化过程。对学前儿童来说，受社会生活范围的局限，他们的主要角色是孩子、学生、同伴等。这三种角色的社会交往包括垂直交往与平行交往，因此有不同的角色规范与要求。幼儿教师的任务是帮助学前儿童清晰地了解自己的角色，理解不同角色的规范与要求，同时学习与之对应的行为规范和行为方式。

案例 1－3

我就是要当第一

小班的豆豆在刚进幼儿园时，无论做什么事都要当第一——排队时要排在第一名，拿材料时要第一个拿，洗手时要第一个洗……如果不是第一，他就会闹情绪。为此，他时常与班级的其他小朋友发生冲突。老师与豆豆的父母沟通后得知：豆豆在家里就喜欢当第一，家里人觉得豆豆小，一般都让着他，久而久之，豆豆就形成了"我就是要当第一"的观念。

在案例 1－3 中，豆豆在家里的角色是孩子，成人出于对豆豆的关爱而习惯性地满足其"我就是要当第一"的心理需求；豆豆在幼儿园的角色是小朋友的同伴，他与别人的交往是平等的，也就是说，交往的主体是对等的，权利义务也是对等的，豆豆自然不可能次次当第一。因此，老师可以通过家园合作对豆豆进行引导，使豆豆逐渐明确不同情境下角色的差异，进而对自己的行为进行调整。

（二）促进学前儿童和谐发展

学前儿童的社会化过程是其由自然人转变为社会人并养成健全人格的过程，也是其社会化与个性化和谐发展，社会认知、社会情感、社会行为和谐发展的过程。所谓和谐发展，是指学前儿童发展的内容和结构达到和谐与平衡。从内容看，是学前儿童的社会化与个性化的和谐发展；从结构看，是学前儿童的社会认知、社会情感、社会行为的和谐发展。

1. 促进学前儿童社会化与个性化的和谐发展

个体的发展首先是社会性的发展，因而社会教育的功能主要表现为促进学前儿童的社会化，即引导和帮助学前儿童掌握各种生活技能、接受和认同社会文化传统和行为规范、正确认识个体和社会的关系、掌握社交技能等，为其从自然人转变为社会人打下坚实的基础。一个人生活在社会中，其既是社会人又是个体人。前者表现为人所具有的社会性，追求个体间的共同性；后者表现为人所具有的个性，追求个体的独特性。

从心理学层面来说，个性是指个别性、个人性，是个体在思想、性格、品质、意志、情感、态度等方面不同于他人的特质，是个体在与环境互动的过程中形成的具有社会意义的稳定的心理特征系统。个性的发展既受到先天的生理因素的影响，也受到后天环境如教育等因素的影响，是个体在社会生活中追求独特性、主体性、创造性的过程。概言之，社会性反映着个体间的一致性，体现着个体对社会的适应；个性是个体间的差异与主体性，反映着个体对社会的变革和创造。二者看似不同，但紧密融合。如果没有前者，个体无法顺利适应社会生活；如果没有后者，个体就会变得"千人一面"，社会就会缺乏活力。

从理想层面来说，社会教育的过程应是促进个体的社会化与个性化和谐发展的过程。一方面，社会教育在实施之始就应该明白，其面对的不是抽象的共性人而是具体的个人，应针对不同学前儿童的特点来开展教学。例如，从气质类型来看，黏液质类型的儿童在适应新环境时可能需要更长的时间；胆汁质类型的儿童可能更容易与他人发生冲突或矛盾。而在目标达成上，社会教育则应关注学前儿童在社会化过程中的"求同"与"存异"问题。社会教育不仅要引导学前儿童达成"求同"的目标，即学习社会普遍认同的价值观和各种规范及行为方式，还要引导学前儿童达成"存异"的目标，即在达成一致目标的前提下形成自己独特的个性。这就要求幼儿教师在教育过程中把握好"求同"与"存异"之间的平衡。如果幼儿教师忽视个体的独特性，只强调其对社会共性的遵从，则会使个体的个性无法展现，导致个体自我精神的退缩，从而影响个体形成个性化的人格特质。反之，如果幼儿教师只是一味强调个体个性的展现，使个体忽视对集体与社会的共性的关注，就会导致个体的个性走向任性，这无助于个体健全人格的形成。此外，在评价学前儿童的行为时，幼儿教师应注意区分，哪些行为表现是"个性化的特征"，哪些行为表现是"问题化的特征"。对于前者，幼儿教师应持有的态度是接纳和推动；对于后者，幼儿教师应持有的态度则是引导与转化。

2. 促进学前儿童社会认知、社会情感、社会行为的和谐发展

学前儿童社会性发展的心理结构主要包括社会认知、社会情感和社会行为三个方面。社会认知，是指学前儿童对自我（自我概念、自我形象、自我评价）的认知，对他人的认知（对他人的了解、对他人意见的理解和采纳），对社会环境和现象（家庭、幼儿园、社区、机构、国家、民族文化、重大社会事件等）的认知，对社会规范（社会角色规范、文明礼貌、生活习惯、公共规则、集体规则、交往规则等）的认知。社会情感，是指学前儿童在社会生活与交往中的情感体验，包括积极的情感表达与情绪控制，以及依恋感、愉快感、羞愧感、同情心、责任感的形成。社会行为，是指学前儿童在与人交往和参加社会活动时表现出的行为，包括交往行为，倾听交谈行为，非言语交往行为，辨别和表达自己情感的行为，合作、轮流、遵守规则、解决冲突的行为等。

学前儿童社会性的发展，是其社会认知、社会情感和社会行为三个方面相辅相成、有机整合、共同作用的结果，促进这三个方面的和谐发展就是社会教育的应有之义。一方面，幼儿教师应注意，这三个方面的划分是相对的而不是绝对的，在组织活动时应侧重而不是局限于学前儿童某一方面的发展。另一方面，幼儿教师应关注这三者之间的内在联系，用一种整体融合的思维来推动学前儿童社会性的发展。心理学研究表明，社会认知是形成社会性品质的基本条件，学前儿童有了正确的观念和认识，才能合理地支配自己的行为；社会情感作为一种情感体验能够深化社会认知，同时为社会行为的产生提供动力；社会行为既是学前儿童社会性发展的中介，也是衡量其社会性发展水平的表现性指标。因此，幼儿教师在实施教育的过程中，要注意以知促行、以情促知、以行固知，引导学前儿童三个方面的心理结构不断交互作用，以推动学前儿童社会性的发展。

（三）为学前儿童社会性的终身发展奠基

个体社会性的发展贯穿其一生。从终身发展来看，学前儿童早期社会性的发展对其一生有着基础性的影响。鲍尔比的依恋研究表明，如果一个儿童长时间不与依

恋对象接触，将会造成严重的精神创伤和长期的损害。[①] 大量的研究也证实，如果儿童早期得到了成人的积极关注与照料，他就更容易形成温和、友善的性格，形成对世界的信任感；反之，他容易出现恐惧、不合群、攻击性强等特点。研究表明，2—4 岁是儿童秩序性发展的关键期，3—5 岁是儿童自我控制发展的关键期，4 岁是儿童同伴交往发展的关键期，5 岁是儿童的生理性需要向社会性需要发展的关键期。[②] 根据埃里克森的心理发展阶段理论，3—6 岁的儿童主要处于获得主动感、克服内疚感的矛盾阶段。在这个阶段，儿童发展的主要任务是获得主动感、克服内疚感。如果儿童在这个阶段发展出自主性，他们就能发展出更强烈的探索世界、探索环境的愿望；如果这种主动探究行为受到鼓励，他们就会形成主动性，这为他们将来成为一个有责任感、有创造性的人奠定了基础。此外，个体利他性品格的形成也与儿童的早期经验有着密切联系。因此可以说，社会教育对学前儿童后续人格的发展起着奠基的作用。

二、学前儿童社会教育对教师素养的要求

《幼儿园教师专业标准（试行）》[③]（以下简称《标准》）将对教师的要求分为专业理念与师德、专业知识和专业能力三大板块。沿循这个思路，幼儿教师在实施社会教育时应具备以下三个方面的素养。

（一）具备专业的社会教育理念与师德

《标准》对专业理念与师德提出了 17 条要求，这些要求是对幼儿教师的整体要求。结合社会教育的特点，幼儿教师应注意以下几个方面的要求。

1. 良好的品格

社会教育的教育目的是促进学前儿童社会性的发展，与其他领域课程一样，它需要借助一定的内容载体来实现这个教育目的。与其他领域课程不同，首先，社会教育的教学内容要与教育目的保持一致；其次，幼儿教师的品格本身也会构成一种课程资源，对学前儿童社会性的发展产生影响。学前儿童不仅通过幼儿教师所教的内容来进行社会性学习，也通过幼儿教师品格的影响来进行社会性学习。这是因为，

① 狄克逊. 改变儿童心理学的 20 项研究：第 2 版 [M]. 王思睿，许应花，译. 北京：中国轻工业出版社，2017：300.

② 杨丽珠，吴文菊. 幼儿社会性发展与教育 [M]. 大连：辽宁师范大学出版社，2000：11.

③ 中华人民共和国教育部. 教育部关于印发《幼儿园教育指导纲要（试行）》的通知：教基〔2001〕20 号 [A/OL].（2001 – 07 – 02）[2021 – 06 – 10]. http://www.moe.gov.cn/srcsite/A06/s3327/200107/t20010702_81984.html.

学前儿童具有天然的"向师性"，幼儿教师是其模仿的重要对象，所以其社会性学习以幼儿教师品格的良好示范为前提。换言之，从社会教育的视角来看，幼儿教师"做什么"远比他们"说什么"更重要。如果想培养出有爱心的学前儿童，幼儿教师自己的言行就要充满爱心，而不是仅仅告诉学前儿童什么是有爱心的行为；如果想引导学前儿童学会宽容，幼儿教师就要对他们宽容，让他们真正理解宽容的表现形式。幼儿教师的品格也是社会教育的内容载体和手段，这是学前儿童社会教育对幼儿教师素养要求的特别之处。

《标准》对幼儿教师的师德提出了专门要求："热爱学前教育事业，具有职业理想，践行社会主义核心价值体系，履行教师职业道德规范，依法执教。关爱幼儿，尊重幼儿人格，富有爱心、责任心、耐心和细心；为人师表，教书育人，自尊自律，做幼儿健康成长的启蒙者和引路人。"这几条要求又进一步细化为幼儿教师的个人修养和行为："富有爱心、责任心、耐心和细心。乐观向上、热情开朗，有亲和力。善于自我调节情绪，保持平和心态。勤于学习，不断进取。衣着整洁得体，语言规范健康，举止文明礼貌。"这些要求可以概括为爱心与责任、感恩与尊敬、自制与坚忍、乐观与勤奋等品格，幼儿教师需要理解这些品格的内涵及提升之道。一个品格良好的幼儿教师本身就是一个"社会教育场"，即使不用特定的教学内容载体也能对学前儿童产生良好的影响，起到"无言之教"的效果。品格的这种基础性作用，能够使学前儿童更容易"亲其师，信其道"，接受幼儿教师所传授的各种价值观。一个医术低下的医生无法成为良医，一个品格低劣的幼儿教师也无法对学前儿童社会性的发展产生良好的影响。正如苏霍姆林斯基所说："如果没有教育者的真情实感和敏锐的智慧赋予真理以活的灵魂，那么即使最高尚的道德真理，对学生来说仍旧只能是空洞的词句。如果没有教师这样一个活生生的人的炽热的心、高尚的情操和审慎的理智，任何一种教育理论，不管它们多么高明，都会变得毫无用处。"[1] 概言之，在其他领域课程中，幼儿教师对其所传授的内容更多体现为一种"占有"的关系；在社会教育中，幼儿教师与其所传授的内容则体现为一种"共生"的关系。

⊙学习活动

对自我社会性表现进行反思

活动目的：学习者联系自身成长情况，分析自己在社会认知、社会情感、社会

---

[1] 蔡汀，王义高，祖晶. 苏霍姆林斯基选集（五卷本）：第4卷［M］. 北京：教育科学出版社，2001：786.

行为三方面的社会化表现，进一步加深社会性发展的认识，同时提升自我的反思能力。

本次活动大约需要 1 小时。

步骤 1：请对自己近期的生活进行反思和梳理，思考自己是否能够较好地根据社会或自身成长的需要安排自己的生活，调整自己的社会认知、调节自己的社会情感、控制自己的社会行为。

步骤 2：你认为自己在这几个方面什么时候能做得好？什么时候做不好？请分析原因。

步骤 3：根据反思的结果分析，自己在日常生活中可以从哪些方面进行改善。

反馈：

1. 自我的社会认知、社会情感、社会行为受到多种因素的影响。

2. 可以通过阅读、参加有意义的活动、发展兴趣爱好、改变惯有工作和思维方式等形式改善自我的社会性表现。

2. 科学的儿童观

幼儿教师的儿童观是其开展社会教育的前提，只有具备科学的儿童观，幼儿教师才能在社会教育的过程中设置适宜的学习目标，选择适宜的学习内容，采用合理的方式和途径来促进学前儿童社会性的发展。作为幼儿教师，其科学的儿童观集中体现为尊重学前儿童的主动性、发展性和差异性。

主动性，是指幼儿教师要认识到学前儿童是学习活动中不可替代的主体。学前儿童如果在社会性的学习过程中缺失了主动性，就不可能有真正意义上的学习，而所谓的教育就容易沦为说教，这不仅无助于学前儿童社会性的发展，还有可能引起他们的反感。正因如此，社会性的学习强调主体的思考、体验和践行的作用。在具体的社会教育实践中，幼儿教师应以学前儿童社会生活现实为基础，从中选取既有发展价值又能使学前儿童产生学习兴趣的教育主题。

发展性，是指幼儿教师要看到学前儿童存在多方面发展的潜能，用一种开放、动态的眼光看待学前儿童的发展。社会性的学习是一种"从摇篮到坟墓"的学习。自个体出生之日起，他们就通过各种渠道开始了各种形式的社会性学习，形成了自身独特的社会性学习的谱系。当学前儿童进入幼儿园时，他们社会性的发展自然呈现出不同的面貌。幼儿教师不应该用一个固定的标准对学前儿童的发展水平做判断，而应该用一种发展的眼光看到学前儿童发展的"未完成性"，用正向、积极的方式来支持和推动学前儿童社会性的发展。

差异性，是指幼儿教师要承认学前儿童个体的独特性，尊重他们的个体差异，在此基础上对其进行社会教育。《指南》明确指出："尊重幼儿发展的个体差异。幼儿的发展是一个持续、渐进的过程，同时也表现出一定的阶段性特征。每个幼儿在沿着相似进程发展的过程中，各自的发展速度和到达某一水平的时间不完全相同。要充分理解和尊重幼儿发展进程中的个别差异，支持和引导他们从原有水平向更高水平发展，按照自身的速度和方式到达《指南》所呈现的发展'阶梯'，切忌用一把'尺子'衡量所有幼儿。"这种理念也应该体现在社会教育活动中。受先天遗传因素和后天教育环境的影响，不同的学前儿童在社会性发展方面也呈现出差异。这种差异一方面体现为发展水平的差异，另一方面体现为发展优势的差异。幼儿教师要注意的一点是，"差异"不等于"差等"。针对发展水平的差异，幼儿教师应更多关注其发生的原因并给予有针对性的帮助；针对发展优势的差异，幼儿教师应用赏识的眼光、接纳的态度来对待这些差异，不用固定的、"完美儿童"的标准去评价学前儿童。当幼儿教师能够用一种开放、动态的眼光看待学前儿童社会性的发展时，就会使社会教育的广度和深度得到进一步的拓展。

⊙ 问题思考

"新童年社会学"主张把童年作为一种积极建构的社会现象加以研究，儿童应该并且必须决定他们自己的社会生活、他们周围的那些生活以及他们生活于其中的社会，儿童不仅仅是社会结构和社会过程的被动存在。你如何理解这种儿童观？你认为这种儿童观可以给学前儿童社会教育怎样的启示？

3. 积极的自我悦纳

自我悦纳是一个人对自我价值的积极评价与认同。从社会心理学的角度看，自我认同源于他人对自我的评价、自我以往的成败经验、自我与他人比较的结果、社会文化观念的影响等。个体如果具有较高的自我认同，就能悦纳自我，产生良好的自我效能感，从容地应对生活和工作中的挑战，对失败具有一定的耐挫力。反之，自我认同较低的个体，其自尊水平往往也较低，无法确认自我的独特价值，容易受外在评价的影响，在生活和工作中更容易产生沮丧、挫败的情感体验。总之，社会教育的目标指向是社会适应，积极的自我悦纳本身就是社会教育的内容之一，幼儿教师如果能做到自我悦纳，就会表现出一种积极、阳光的精神面貌，这对学前儿童而言是一种榜样性的存在，这种积极的心态又会潜在地体现在幼儿教师与学前儿童的互动过程中，对学前儿童社会性的发展产生积极的影响。

小贴士

个体的基本情绪技能

能意识到自己的情绪状态；

能识别他人的情绪；

能使用情绪性词汇；

能做到移情和同情；

能区分内部感受和外在表现；

能采用自我监控策略进行适应性处理；

能意识到情绪在人际关系中发挥的作用；

个体有能力应对因为情绪产生的问题。

资料来源：卡茨．促进儿童社会性和情绪的发展：基于教师的反思性实践［M］．洪秀敏，等译．北京：机械工业出版社，2015：93.

（二）具备专业的社会教育知识

《标准》强调，幼儿教师应掌握三个方面的专业知识，分别为幼儿发展知识、幼儿保育和教育知识、通识性知识。结合社会教育的特点，幼儿教师尤其应关注以下几个方面的知识。

1. 学前儿童社会教育目标及内容方面的知识

目标是教育行为的起点，内容是教育活动开展的载体。社会教育作为一门领域课程，有着相对独立的教育目标和内容。因此，幼儿教师在进行社会教育时，需要把握其目标和内容。国家对社会教育的目标和内容做出了相对明确的要求，这些要求主要体现在一些纲领性的文件中。从层级来看，最上位的要求体现在《纲要》、《指南》、《幼儿园工作规程》①（以下简称《规程》）等文件中。这三份纲领性的文件是与社会

社会教育活动设计中目标设计应注意的问题

教育教学目标和内容相关的最权威的文件，因此需要幼儿教师细细研读、理解和掌握。需要注意的是，这些纲领性文件只是从最上位的角度对社会教育的目标和内容做出了规限，虽然幼儿教师在开展社会教育时受到这些文件的指导，但这些目标和内容最终应具化为学年、学期、学周、课时的具体目标和内容。这种不断的下移和

①　中华人民共和国教育部．幼儿园工作规程：中华人民共和国教育部令第 39 号［A/OL］．（2016 – 02 – 29）［2021 – 06 – 10］. http：//www. moe. gov. cn/srcsite/A02/s5911/moe_621/201602/t20160229_231184. html.

具化，需要幼儿教师根据本地、本园、本班的具体情况灵活把握。

2. 学前儿童社会性发展与社会学习特点方面的知识

任何一种教育的要素都包括教师、教育对象和教学内容，对教学对象发展特点和规律的理解是有效开展教育活动的前提。幼儿教师开展社会教育时，应了解和把握学前儿童社会性发展与社会学习的特点。

在社会性发展方面，幼儿教师需要了解和把握学前儿童社会认知、社会情感、社会行为的阶段性特征和规律。这三个方面还涵盖着一些具体化的内容。例如，社会认知包括对自我与他人的认知，对社会习俗和规则的认知等；社会情感包括对自我情绪的认知、控制与表达，对他人情绪的认知与表达；社会行为包括自我行为控制能力的发展和亲社会行为的发展等。作为幼儿教师，只有把握了学前儿童在这些方面发展的特点和规律，才能在社会教育活动中选择适宜的教育内容、采用适宜的教育方法，才能对儿童的行为表现做出科学的判断和评价，最终达成教育目标。

幼儿教师还要了解和把握学前儿童社会学习的特点。从目标指向上来看，一般知识学习和技能学习，其面向的是个体的智力和技能领域，在学习中，个体需要解决的主要是知与不知、理解与否、会与不会的问题；社会性学习，其面向的是情感态度和价值观领域，个体需要解决的主要是态度上是否赞同、情感上是否趋同、行为上是否愿意行动的问题，并逐渐形成一种稳定持久的观念和行为模式。因此，社会性学习有其自身的特点，对这些特点的把握，会影响幼儿教师开展教育活动的有效性。

3. 学前儿童社会教育方法与策略方面的知识

当幼儿教师有了明确的目标，选择了具体的教育内容，就要通过适当的教学方法和教学途径来组织、实施教育活动，实现对学前儿童的教育影响。从专业准备来看，幼儿教师需要掌握学前儿童社会教育的方法与策略。学前儿童社会教育方法包括一般的方法与特殊的方法。一般的方法，是指各个领域教育教学通用的方法；特殊的方法，是指适用于社会教育的一些方法。其他知识技能的学习，更多依靠识记、思考、记忆等心理机制发生作用；社会教育有自己的学习机制，强调情感体验和践行的作用，幼儿教师应该更加关注这类方法的运用。正如黄向阳所言："一个人在道德上'知'和'会'固然重要，但是'知之''会之'并不保证'为之'。欲使人自觉'为之'，须先使人'信之'，就是说，使人在情感或态度上倾向于'所知''所会'。这种认同感的形成，需要诉诸学生在学与用中对于所学和所用的知识和技能的价值的一种亲身体验。"[①] 在教育实践中，幼儿教师应重视角色扮演法、情境体

---

① 黄向阳. 德育原理 [M]. 上海：华东师范大学出版社，2000：85.

验法、行为练习法、参观法等方法的运用。此外，因为儿童的社会学习具有无时不在、无时不有的特点，在教育方法与策略方面更强调渗透性，所以幼儿教师还要关注开展随机性社会教育的方法与策略。

4. 学前儿童社会教育评价方面的知识

评价是课程实施的重要构成部分，在评价中的反思是改进后续教育活动的基础，幼儿教师应该具备关于学前儿童社会教育评价方面的知识。幼儿教师应掌握一些社会领域常见的评价方法，具体而言，幼儿教师为了不断改进教育教学效果，需要在教学之初了解学前儿童的学习起点、学习困难与学习状况，在教学之后了解他们的学习效果，并在评估的基础上进行反思，不断提升自己的专业化水平。一方面，幼儿教师需要从社会教育的评价工具、评价主体、评价内容等方面丰富自己的专业知识；另一方面，幼儿教师需要对社会教育的特点进行评价，以便通过评价发挥教育的诊断功能、导向功能、发展功能。

5. "学科教学认知"方面的知识

20世纪80年代，舒尔曼提出了"学科教学知识"（Pedagogical Content Knowledge，PCK）的概念，指涉的是学科知识与一般教学法知识的"合金"。在社会教育中，就体现为幼儿教师应根据学前儿童的特点将社会领域内容予以组织及调整，并采用适宜的教学策略把社会学习的知识呈现给学前儿童。PCK强调立足学生立场，结合具体教学内容逐层综合而具体地实现各类教育知识的转化。PCK的呈现过程是一个非线性的创造过程，它是教师综合教育素养的一种体现。随着人们对教学研究的不断深入，科克伦、德鲁特等人进一步提出了"学科教学认知"（Pedagogical Content Knowing，PCKg）的概念，其具体包括四个方面的知识：学科内容知识；教学法知识；关于学生的知识；情境的知识。[①]

从PCK到PCKg，我们可以看出，教师知识包括两个方面：一方面，关注情境生成的教师知识。教师需要在教学过程中主动建构、反思自身的知识，将教育理论转化成为自己的知识，强调个体的自主性、主动性与创造性。另一方面，关注学生的教师知识。"knowledge"到"knowing"的转变过程强调，教师要关注不同类型的学生。在社会教育领域，就体现为幼儿教师应拓展对学前儿童差异性的认知，同时幼儿教师要对社会教育理论知识进行主动思考与再创造。

（三）具备专业的社会教育能力

《标准》在专业能力这一模块强调环境的创设与利用、一日生活的组织与保育、

---

① 武敏. 从PCK到PCKg：教师知识发展研究［J］. 教育教学论坛，2020（53）：29－31.

游戏活动的支持与引导、教育活动的计划与实施、激励与评价、沟通与合作、反思与发展几个方面的专业能力。在社会教育中，幼儿教师具备的专业能力是这几个方面能力的综合。结合社会教育的特点，幼儿教师尤其应关注以下几个方面的能力。

1. 系统规划设计社会教育活动的能力

幼儿教师在开展五个领域的活动时，应先对活动进行规划和设计。幼儿教师在规划和设计社会教育活动时，首先要对社会教育的特点有清晰的认知和把握，在此基础上，根据本班学前儿童的情况进行筹划和安排。社会教育活动与其他领域的教育活动相比，具有随机性、整合性、渗透性的特点，幼儿教师应充分考虑这些特点，注意将长时教育和短时教育结合、集体教育与个别教育结合、专门教育与随机教育结合，系统地对社会教育活动进行规划和设计。这种规划和设计，需要以幼儿教师丰富的教育知识和教育敏感性为基础，是一个持续的、不断发展的过程。

2. 有效组织社会教育活动的能力

社会教育活动形式多样。专门的活动包括社会领域的主题活动、生成性很强的社会领域项目活动、专门性的社会领域集体教学活动等。渗透性的活动包括一日生活各个环节的常规教育、偶发事件的应对、环境的熏陶等。再好的规划设计，最终都要落实在具体的活动组织中，因此，这种组织能力更考验幼儿教师的教育智慧。如何关注个体的差异性、如何应对活动中突发的事件、如何发现一日生活中的各种教育契机、如何实现集体教育与个别教育相结合、如何在活动中最大限度地利用情境资源等，都是幼儿教师在活动中面临的考验。与其他领域的教育活动相比，社会教育活动的组织更需要幼儿教师具有教育敏感性。这种能力的发展非朝夕之功，一方面需要幼儿教师有深厚的学养积累；另一方面，需要幼儿教师在不断进行的社会教育实践中积累经验。

3. 深度反思社会教育的能力

杜威在《民主主义与教育》一书中提出，教育即经验的生长，教育即经验的不断改造。教师的经验体现为对教育教学实践的理解，要实现教育经验的生长，就需要教师不断地进行反思。舍恩提出的"反思性实践家"的教师形象，也凸显了反思对教师专业发展的重要性。教师应掌握反思的基本路径，而不是将反思停留在感性认知的阶段，具体来说，教师可以通过一些"支架"进行反思，即从一些教师专业可持续发展的问题维度进行反思。从发展趋势看，教师的反思从关注问题转向关注优势、从关注作为思维过程的反思到关注人的整体性、从自我批判到自我肯定。[①]

---

① 郭铭琳，周成海. 核心反思：教师反思研究新进展 [J]. 教育观察，2020，9（48）：54-56.

因此，教师要不断提升自我的反思意识和能力，推动自身专业性的发展。通过反思，教师才会发现个人在教学实践中不恰当的行为，才能提升个人在教学实践中的理性分析能力。

在社会教育的过程中，幼儿教师可能会遭遇种种难以解决的教育问题，如难以用常规性的教育方式引导儿童、家长的不配合、教育活动无法吸引儿童的兴趣等。这些问题具有随机性和偶发性，需要幼儿教师做出应对。如果幼儿教师拥有反思的意识和能力，能够用研究的视角去看待这些问题，主动去寻找各种帮助，分析问题的症结所在，就能够实现教育经验的不断增长。

4. 良好的沟通与协作能力

良好的沟通与协作能力是培养学前儿童社会能力的重要内容，也是幼儿教师有效开展教育教学工作所需的基本能力。良好的沟通与协作能力是处理好人际关系的关键。一方面，社会教育的开展以良好的师幼关系为前提，这种沟通能力体现为幼儿教师能够与学前儿童进行有效沟通；另一方面，社会教育的开展还需要幼儿教师之间、幼儿教师与家长之间的配合，这种协作能力就体现在这些方面。

在社会教育中，之所以特别强调幼儿教师应具有良好的沟通与协作能力，是因为学前儿童的社会学习以关系的质量为前提。从师幼关系的层面看，对学前儿童来说，良好的师幼关系本身就是一种隐性的社会教育；从幼儿教师之间关系的层面看，每个班级都由几位幼儿老师共同完成工作，良好的同事关系为学前儿童营造了安全、温暖的氛围，对其社会性的发展有着积极的促进作用；从幼儿教师与家长的关系的层面看，他们之间的良好关系有助于形成良好的家园关系，形成教育合力。

对幼儿教师来说，无论是面对学前儿童，还是面对同事与家长，这种良好的沟通与协作能力有一些共同的核心要素，主要表现为理解、倾听等能力。理解一词具有独特的含义，体现为对个体需要和愿望的尊重。施莱尔马赫认为，理解是理解者在心理上重新体验他人心理、精神的一种复制和重构的过程。成人间的理解更多表现为两个主体间双向交流的过程。在社会教育中，理解既包括幼儿教师对学前儿童的理解，也包括幼儿教师之间的理解、幼儿教师对家长的理解。倾听，不是简单地听别人说话，而是专注地听别人说话，在这种专注中，传递着尊重对方、珍视对方的信息。之所以强调幼儿教师应具有倾听能力，是因为在人际互动中，可能存在各种不同形态的"听"。倾听，意味着幼儿教师要带着同理心去听，带着鼓励去听，带着期盼去听，带着接纳去听。幼儿教师良好的倾听能力既有助于形成良好的师幼关系、同事关系和家园关系，也有助于向学前儿童、同事、家长传递价值感、信任感。此外，幼儿教师的倾听能力的水平影响着与其互动的人对他的开放程度，这种开放程度有助于幼儿教师在人际互动中了解更多的信息，为以后进行有针对性的社会教育打好基础。

单元回顾

⊙ 单元小结

　　本单元主要讨论了学前儿童社会教育的内涵和特点及与其他领域课程的关系、学前儿童社会教育的意义及对教师素养的要求。学前儿童社会教育，是幼儿教师在国家对社会领域相关要求的指引下，遵循学前儿童身心发展规律，以人类社会中的积极价值为内容，通过富有教育意义的环境和活动促进学前儿童社会性品质积极健康发展的过程。在内涵和特点的把握上，要关注作为一门课程形态存在的社会教育的目标、内容、主体、前提的指向性。这门课程与其他领域课程有着密切的联系，如目标上具有一定的重合性，内容上具有一定的交叉性，方法途径具有一定的相互依赖性等。学前儿童社会教育与其他领域课程相互渗透、相互支持，学前儿童的社会学习与发展离不开其他领域课程的支撑，学前儿童社会教育引导着其他领域课程的方向，在领域课程中起着价值导向的作用。学前儿童社会教育对学前儿童的发展有着重要的意义和价值，这种价值既有当下发展的价值，也有未来发展的价值。学前儿童社会教育从社会教育的角度对幼儿教师的素养有一些特别的要求。在教育理念与师德方面，体现为幼儿教师应具有良好的品格、科学的儿童观、积极的自我悦纳等；在专业知识方面，体现为幼儿教师应具备学前儿童社会教育目标及内容方面的知识、学前儿童社会性发展与社会学习特点方面的知识、学前儿童社会教育方法与策略方面的知识、学前儿童社会教育评价方面的知识、"学科教学认知"方面的知识；在专业能力方面，体现为系统规划设计社会教育活动的能力、有效组织社会教育活动的能力、深度反思社会教育的能力、良好的沟通与协作能力等。

⊙ 案例分析

推不掉的"礼物"

　　禾禾是幼儿园的新生。禾禾在家中主要由老人照顾，他的生活自理能力比较差，如不会自己吃饭、不会自己提裤子等，什么事情都需要老师帮忙。禾禾的妈妈平时工作也比较忙，她趁着送禾禾上幼儿园的机会，难得和老师沟通一下。但老师也很忙，和她多说一句话的时间都没有。禾禾的妈妈琢磨，是不是自己不够"主动"？

教师节快到了，她心神不宁，终于找了个机会给老师送了些小礼物。老师虽然推托了几次，但最后还是收下了礼物，她才算放下这颗心。可是过了几天，禾禾又把小便解在了裤子上，妈妈很不高兴，她认为："老师收了我的礼物，也不多照顾我们，我要去园长那里告她。"园长与老师核实情况，老师也很委屈："禾禾解小便在裤子上这件事是我疏忽了，我已经和他妈妈道歉了。至于礼物，也是禾禾的妈妈硬塞给我的，挡也挡不住。"

　　在案例中，针对禾禾生活自理能力差的问题，妈妈的想法是希望老师多照顾禾禾，这明显无益于禾禾的发展。老师不仅需要完成在园内的本职工作，还需要与家长就孩子在发展中产生的问题进行沟通，给家长一些引导。在案例中，面对家长送的礼物，禾禾的老师本意上并不打算接受，但碍于情面还是收了下来，但当家长的期望没有达成时，就产生了一些后续问题。面对这种实践性的难题，幼儿教师可以采取更有策略和智慧的应对方式，如将礼物上交给幼儿园并说明情况等。现实中，一旦老师收了家长的礼物，家长一方就会认为老师会因此满足自己的期待，对自己的孩子额外照顾，这无论是对孩子后续的发展，还是对家园关系的和谐，都是不利的。

⊙ 拓展阅读

　　[1]　克斯特尔尼克，等.儿童社会性发展指南：理论到实践［M］.邹晓燕，等译.4版.北京：人民教育出版社，2009.

　　[2]　李幼穗.儿童社会性发展及其培养［M］.上海：华东师范大学出版社，2004.

　　[3]　但菲.幼儿社会性发展与教育活动设计［M］.北京：高等教育出版社，2008.

　　[4]　弗洛姆.爱的艺术［M］.刘福堂，译.上海：上海译文出版社，2019.

　　[5]　斯迈尔斯.最富有的人：打造富有人生的八个修炼［M］.赵剑非，译.银川：宁夏人民出版社，2006.

　　[6]　吴颖新.幼儿教师的专业素养［M］.北京：中国轻工业出版社，2012.

⊙ 巩固与练习

一、简答题

　　1. 学前儿童社会教育的内涵是什么？学前儿童社会教育的内涵包括哪些方面的内容？

　　2. 学前儿童社会教育与其他领域课程之间有着怎样的联系？

3. 学前儿童社会教育对教师素养有着怎样的要求?

4. 学前儿童社会教育在促进儿童和谐发展方面有着怎样的意义?

二、案例分析题

　　小易从某师范大学学前教育专业毕业后，满怀热情地踏上工作岗位，成为一名幼儿教师。但刚开始工作没多久，她便感受到了种种压力。她在保教工作中发现，有时，她发出了好几次指令，但班级里有的孩子还是充耳不闻;有的孩子中午吃饭要吃很久，如果自己去喂，似乎在包办代替，如果自己不喂，孩子吃饭拖的时间又太长;有的孩子有了情绪，他的表达很强烈，这让小易措手不及;等等。而在家园沟通方面，小易也觉得很有难度。有的家长看到她很年轻，不愿意和她做过多的交流，而是找班级中其他更年长的老师沟通;有的家长看到孩子有一点儿小伤，就责怪她没有照顾好孩子;有时，她想与孩子的父母沟通，但每次都是孩子的爷爷奶奶来接送孩子;等等。小易有些怀疑，自己是否适合这份工作?

　　运用本单元的学习内容，帮助小易分析产生困难的原因，并从教师素养的角度，为小易的职业适应和专业成长提出建议。

三、操作练习题

　　1. 每天请尝试写下令你感到幸福的二三件事情，每周做一个关于幸福的回顾与总结。坚持一个月后，分析自己的感受与变化。

　　2. 尝试结合书中关于自我悦纳的论述，分析自己的自我认同水平，并提出自我改进策略与计划。

第二单元 学前儿童社会教育的目标与内容

　　早上，小朋友们陆续进入区角游戏。诺诺走过来跟甸甸老师说："老师，源源不跟我玩儿！"甸甸老师说："怎么会呢？你和源源是好朋友呀！"诺诺低下头说："源源今天有新朋友了！"甸甸老师抬眼望去，发现源源正在"娃娃家"里跟知知、楚楚、小宝她们做游戏。甸甸老师把诺诺抱起来问："那你跟源源说了吗？"诺诺说："没有。"甸甸老师说："那你去说说看，如果不行老师再帮你。"诺诺转身去找源源了。没过几秒钟，诺诺跑过来大声说："老师，她们不让我玩儿！"甸甸老师看到"娃娃家"已经有四个小朋友在做游戏，于是牵起诺诺的手，带着诺诺来到"娃娃家"的"厨房"，跟诺诺说："娃娃家里没人做好吃的，她们肯定要饿肚子的，你来当厨师好吗？"诺诺说："好的，那我来做饼干吧！"诺诺从积木筐里挑了几块黄色的积木放到玩具锅里，开始制作"饼干"。"饼干"做好了，诺诺把"饼干"放到小盘子里，看着甸甸老师不作声。甸甸老师说："诺诺，把饼干送到源源她们那里去吧！"诺诺摇摇头说："我不敢！"甸甸老师又说："那你先问问她们想不想吃。"隔着柜子，诺诺把盘子递过去说："我做了饼干，你们想吃吗？"小朋友们说："想！"源源立刻探过身子拿了一块。小宝也拿了一块，嘴里还说着："真香，真好吃！"甸甸老师趁机说："让诺诺把饼干拿进来，跟你们一起玩儿，好吗？"小朋友们说：

"好的，诺诺快进来！"诺诺开心地脱了鞋子进入"娃娃家"，跟小伙伴们一起做游戏了！

几天后的早晨，又到了区角游戏时间。诺诺拿着一个盘子跟甸甸老师说："老师，我做的动物饼干，你要吃吗?"甸甸老师拿了一块，边"吃"边说："谢谢你，真好吃！"接着，诺诺拿着剩下的"饼干"进入"娃娃家"，跟同伴们玩起了游戏。

在本案例中，诺诺在老师的帮助下与同伴一起和谐地玩游戏，更重要的是，她还学会了融入同伴游戏的技能，并且增强了自信心。当学前儿童在活动和游戏中遇到困难时，幼儿教师不应只是单纯地帮助其解决困难，而是要强化社会教育的目标意识，引导其通过自己的主动行为获得社会性的发展。教育者只有先明确了教育目标，才能选择适宜的教育内容与恰当的教育方法来实现相应的教育目标。本单元将从国家对学前儿童社会教育目标与内容的要求、学前儿童社会教育目标的分解与内容的选择等方面，对学前儿童社会教育的目标与内容进行分析和探讨。

☆ 学习目标

1. 了解《纲要》《指南》《规程》对社会教育目标与内容的要求。
2. 知道学前儿童社会教育内容的范围。
3. 理解学前儿童社会教育的纵向目标和横向目标。
4. 理解学前儿童社会教育内容选择的依据和原则。
5. 掌握学前儿童社会教育的总目标。

思维导图

国家对学前儿童社会教育目标与内容的要求 —— 《幼儿园工作规程》中的目标及内容分析

《幼儿园教育指导纲要（试行）》中的目标及内容分析

《3—6岁儿童学习与发展指南》中的目标及内容分析

学前儿童社会教育的目标与内容

学前儿童社会教育目标的分解与内容的选择 —— 学前儿童社会教育目标的分解

学前儿童社会教育内容的选择

第一节 国家对学前儿童社会教育目标与内容的要求

在教育目标的层次上，学前儿童社会教育目标属于领域课程目标，它规定了学前儿童通过社会教育活动在社会性发展方面期望实现的程度。学前儿童社会教育目标是确定幼儿园社会教育内容、教育活动目标和教育方法的基础。幼儿教师只有加强目标意识，加深对学前儿童社会教育目标的理解，才能避免产生"眼中无幼儿、心中无目标"的现象，切实提高学前儿童社会教育的成效。

学前儿童社会教育内容是学前儿童在社会领域的具体学习对象，包括对促进学前儿童社会性发展具有重要价值的现象、事实、规则、问题等，它们依据一定的原则形成一个有机整体。学前儿童社会教育目标是学前儿童社会教育内容选择和确定的重要依据，学前儿童社会教育内容是实现学前儿童社会教育目标的重要保证。

一、《幼儿园工作规程》中的目标及内容分析

2016 年，教育部颁布实施新的《规程》，对幼儿园保育和教育的目标和内容做出了相应的规定。

（一）《幼儿园工作规程》中的目标分析

《规程》对社会教育目标的规定体现在第五条中，其明确指出幼儿园保育和教育的主要目标如下："（一）促进幼儿身体正常发育和机能的协调发展，增强体质，促进心理健康，培养良好的生活习惯、卫生习惯和参加体育活动的兴趣。（二）发展幼儿智力，培养正确运用感官和运用语言交往的基本能力，增进对环境的认识，培养有益的兴趣和求知欲望，培养初步的动手探究能力。（三）萌发幼儿爱祖国、爱家乡、爱集体、爱劳动、爱科学的情感，培养诚实、自信、友爱、勇敢、勤学、好问、爱护公物、克服困难、讲礼貌、守纪律等良好的品德行为和习惯，以及活泼

开朗的性格。（四）培养幼儿初步感受美和表现美的情趣和能力。"

这四个目标大致可以对应体育、智育、德育、美育这"四育"的全面发展目标，其中涉及社会教育目标的主要是：第（一）项中的"促进心理健康"，第（二）项中的"培养正确运用感官和语言交往的基本能力"和"培养有益的兴趣和求知欲望"，以及第（三）项的内容。其中，第（三）项的内容是社会教育目标的重点内容。

《规程》对学前儿童社会教育目标的要求比较侧重品德方面，这与《纲要》及《指南》有明显的区别。《规程》具有教育行政法规的性质，它强调贯彻国家的教育方针，侧重从社会和国家对人才培养要求的角度来规范幼儿园的教育行为。《规程》第三条规定："幼儿园的任务是：贯彻国家的教育方针，按照保育与教育相结合的原则，遵循幼儿身心发展特点和规律，实施德、智、体、美等方面全面发展的教育，促进幼儿身心和谐发展。"品德与社会性是既有区别又密切相关的两个概念。学前儿童的品德是其社会性发展的一部分，同时是其社会性发展到一定程度的产物。品德虽然不能体现社会性发展的全部内容，但它是社会性发展的核心和个体社会性发展水平的标志。

小贴士

柯尔伯格"三水平6阶段道德认知发展理论"

水平一　前习俗水平——具体个人的认识

阶段1　服从与惩罚、奖励定向

阶段2　个人主义的工具性观点和享乐主义定向

水平二　习俗水平——社会成员的认识

阶段3　"好孩子"定向（双边的人际期望、人际关系及人际顺从）

阶段4　社会秩序和权威、法律定向

水平三　后习俗水平——超社会的认识

阶段5　社会契约定向

阶段6　普遍性伦理学原则定向（人类的生命、平等和尊严等）

资料来源：柯尔伯格. 道德教育的哲学［M］. 魏贤超，柯森，等译. 杭州：浙江教育出版社，2000：5-6，99-101.

《规程》对学前儿童社会教育目标的规定是比较概括的，幼儿教师必须同时结合《规程》《纲要》《指南》的要求，才能将学前儿童社会教育目标真正贯彻到教育实践中去。

（二）《幼儿园工作规程》中的内容分析

《规程》提出的保育和教育目标，必须通过相应的教育内容、途径、原则、方法来实现。《规程》并未区分教育的内容、途径、原则、方法等，但"第五章　幼儿园的教育"涵盖了上述各相关部分，其中，与社会教育内容相关的规定主要包括以下几条。

第二十七条规定："幼儿园日常生活组织，应当从实际出发，建立必要、合理的常规，坚持一贯性和灵活性相结合，培养幼儿的良好习惯和初步的生活自理能力。"这一条强调了日常生活中的常规教育，属于社会教育中的社会规则和内容。

第二十八条规定："幼儿园应当为幼儿提供丰富多样的教育活动。教育活动内容应当根据教育目标、幼儿的实际水平和兴趣确定，以循序渐进为原则，有计划地选择和组织。"这一条规定了教育内容的选择依据和"循序渐进"的教育内容组织原则。

第三十一条规定："幼儿园的品德教育应当以情感教育和培养良好行为习惯为主，注重潜移默化的影响，并贯穿于幼儿生活以及各项活动之中。"这一条强调了品德教育的主要内容和主要教育方式。

第三十二条规定："幼儿园应当充分尊重幼儿的个体差异，根据幼儿不同的心理发展水平，研究有效的活动形式和方法，注重培养幼儿良好的个性心理品质。"这一条指出了个性心理品质的重要性，其实质就是社会性的发展。

《规程》并未分领域对幼儿园的教育内容进行阐述，因而也未全面地提出学前儿童社会教育内容的范围，仅强调了其中的若干个重点内容，如常规教育、品德教育、个性心理品质等。幼儿教师应依据社会教育的目标，结合学前儿童的特点，从学前儿童的日常生活中选取适宜的社会教育内容。

二、《幼儿园教育指导纲要（试行）》中的目标及内容分析

教育部于 2001 年印发的《纲要》是指导幼儿园教育工作的纲领性文件。《纲要》从幼儿园五个领域教育内容的角度，明确提出了幼儿园教育的目标、内容与要求等。深入地认识与理解《纲要》对幼儿园教育的目标、内容与要求的规定，是幼儿教师做好社会教育乃至整个幼儿园教育工作的重要保证。

（一）《幼儿园教育指导纲要（试行）》中的目标分析

《纲要》对社会教育明确提出如下五个目标，我们对这五个目标进行了简要

分析。

第一个目标是："能主动地参与各项活动，有自信心。"这个目标表述了学前儿童在自我意识方面的发展要求。

主动性是学前儿童自身发展的一种内在积极性，是其主动探索外部世界的支撑，是其通过自身与外界环境的相互作用而产生的相对稳定的心理特点。学前儿童的学习与发展是在发挥自身主动性的过程中实现的。自信心是由积极自我评价引起的自我肯定，并期望受他人、集体和社会尊重的一种积极向上的情感倾向。缺乏自信心的学前儿童，稍遇困难就会退缩，不敢自由地表达自己的想法和愿望，怯于与周围人进行交往，参加活动的积极性、主动性差，不能充分发挥自己的能力去认识和探索事物，并容易形成胆小、懦弱、依赖性强、优柔寡断等不良的性格特征。学前期是儿童自我意识产生与发展的重要阶段，也是培养其自信心的关键时期。在这一时期，学前儿童应积极主动地参与各项活动以增强自信心，同时，自信心的增强又能促使学前儿童更加主动地参与各项活动。

案例 2 - 1

你愿意到前边来表演吗①

　　每次唱歌时，我都能听到一个嘹亮的声音，音色清晰、干净，音准也好。可每当我微笑着望向声音的主人——萌萌时，她总是垂下眼帘，避开我的目光，声音也小了许多。每当小朋友举手抢着上前边来表演时，她总是微笑着，用羡慕的目光看着别人。今天，我照例请小朋友自愿上前边来表演，萌萌还是没有举手。我试探着问："萌萌，你愿意到前边来表演吗？"她身体微微向上动了动，显得有些犹豫。我马上问："你喜欢请小朋友一起上前边来表演吗？"萌萌眼睛一亮，点点头。于是，有三位小朋友和萌萌一起表演。萌萌的声音有些小，表情也不太自然，她不停地看向站在她左右两边的小朋友。我和小朋友们鼓励她，希望她能更加勇敢地歌唱。进餐前，我又请小朋友们到前边来表演，这个机会又一次给了萌萌。萌萌很高兴，她拉着晨晨的手一起给大家唱了一首歌，声音比第一次她表演时大了许多，表情也变得比较自然了。

在案例 2 - 1 中，老师通过细心的观察发现萌萌存在自信心不足的问题，并在活动中以恰当的方式帮助萌萌增强了自信心。

---

① 刘丽. 幼儿园社会教育资源［M］. 北京：人民教育出版社，2017：31. 引用时有改动。

第二个目标是："乐意与人交往，学习互助、合作和分享，有同情心。"这个目标表述了学前儿童在人际交往与亲社会行为方面的发展要求。

人际交往是人们生活的一部分，是学前儿童社会化的起点，也是其未来在社会立足、为社会做贡献的需要。乐意交往意味着学前儿童出于自身的内在需要而去交往，人际关系已逐渐成为其自我的一部分。学前儿童的互助、合作、分享等亲社会行为，是通过人际交往发生和发展起来的。这些亲社会行为，既是交往的内容，也是交往的目的之一。

学前儿童的互助、合作、分享等亲社会行为不仅停留在外在行为的表现上，还必须以个体内在的情感为基础。同情心是学前儿童能够做出利他的亲社会行为的内在情感基础之一。当学前儿童能够将同伴看作另一个自己，并认同和体验到同伴的感受和需要时，其利他行为才是真诚的，才具有道德意义；否则，其表现出的利他行为很可能仅仅是一种利益交换行为。

案例 2-2

盖高楼

颖颖在认真地搭建积木，老师走过去欣赏她的作品，她自豪地对老师说："老师，看我搭的高楼，高楼下还有树木和小花。"老师认真欣赏并赞扬她："你真棒!"可过了不久，就有小朋友来报告："老师，颖颖哭了。"老师问："怎么了?"小朋友说："颖颖搭的房子被黄凯弄坏了。"老师过去一看，发现颖颖面前的积木都散落在桌面上、地上，"高楼"已不见踪影。老师生气地对黄凯说："你把别人搭的高楼破坏了，你不能再玩游戏了。"听了老师的话，黄凯很不高兴，闷闷不乐地坐在椅子上。老师想，现在两个孩子的心情都很差，该怎样处理这件事呢? 老师走到黄凯旁边，对他说："颖颖花了很长的时间才搭出了那么高的楼房，被你一下就破坏掉了，她心里会怎样想?"黄凯想了想，说："伤心，不高兴。"老师又说："你把她的高楼弄坏了，这样对吗?"他摇摇头说："不对。"老师说："既然你知道这样做是不对的，那你应该怎么办呢?"黄凯说："我去向她道歉。"他一边说着，一边走过去向颖颖道歉。老师又问黄凯："你愿意帮颖颖重新搭一座高楼吗?"黄凯高兴地点点头，说："好的。"接下来的时间里，颖颖和黄凯一起合作搭积木，最后，两人终于又盖好了新的"高楼"，他们的脸上都露出了笑容。

在案例 2-2 中，老师引导黄凯通过体验他人的情感来认识自己的行为后果，并在此基础上引导黄凯做出互助、合作行为，而合作的成果又带来了积极的情感体验，强化了互助、合作行为。

第三个目标是："理解并遵守日常生活中基本的社会行为规则。"这个目标表述了学前儿童在社会行为规则方面的发展要求。

社会行为规则是社会生活秩序的基石。通俗地讲，社会行为规则就是群体成员共同认可并遵照执行的行为方式，它可以是明文规定的，也可以是约定俗成的。社会行为规则表面上约束了人的行为，实际上却保护了社会成员的安全和利益。遵守社会行为规则是人的社会性的必然要求。学前儿童遵守社会行为规则的意识和能力不是自发形成的，需要通过环境和教育来促进其得到更好的发展。

学前儿童对社会行为规则的学习有两个目标层次：理解和遵守。学前儿童对社会行为规则的学习是从感知规则和体验规则开始的。学前儿童还不能真正理解社会行为规则，幼儿教师首先要引导其练习遵守社会行为规则，使其逐渐养成遵守社会行为规则的习惯，并在此基础上逐步引导其理解社会行为规则的意义。学前儿童在理解社会行为规则后，能够更好地遵守社会行为规则。

案例 2-3

排队挂号看医生

今天，小朋友们最喜欢的游戏——"幸福小镇"又开始了。"幸福小镇"里有一家"医院"，在这里，欣欣扮演"医生"，穿着白大褂；睿睿扮演"药剂师"，不停地整理"药品"；晓晓扮演"打针护士"；豆豆扮演"工作人员"。他们四人是"医院"的小主人。过了一会儿，"医院"来了几位"病人"，有的还是抱着洋娃娃来的。豆豆喊着"大家到我这里排队挂号"，等"病人"都很有秩序地排队后，豆豆又不停地问："你哪里不舒服，要挂什么号？""医院"有条不紊地运作着。小希看见"医院"里很热闹，也想去当"病人"，可他没有排队"挂号"就直接去"医生"那里了。豆豆坚持不让小希加入游戏，但小希非要去玩儿，他们争吵了起来。这时，老师就以"院长"的身份介入了游戏，让四位小主人说一说，为什么不让"病人"进来。欣欣说："医院的病人都排队来挂号后，才能去看医生。小希直接去找医生，我们说他，他还不理会。""院长"问："那小希应该怎么做呢？"欣欣等人说："应该像其他病人一样，先排队挂号，再看医生。""院长"又问："小希，你能做到吗？"小希听后点点头。

在案例 2-3 中，小朋友们通过角色游戏学习社会行为规则并练习遵守社会行为规则。当有小朋友破坏社会行为规则导致冲突发生时，老师通过角色扮演介入其中并适时地进行引导，帮助破坏规则的小朋友在游戏中修正了自己的行为。

第四个目标是："能努力做好力所能及的事，不怕困难，有初步的责任感。"这个目标表述了学前儿童在意志力和责任感方面的发展要求。

人的心理活动过程包括知、情、意三个方面，意志是其中一个重要的方面。意志力是一个人将计划或想法付诸行动以实现目标时必须依赖的心理品质。一个人的意志力越强，他的行动力、执行力以及战胜困难的能力就越强，他能够发挥的潜能就越大，能够实现的人生价值也越大。对于学前儿童而言，努力做好力所能及的事是其意志力发展的基础。在此基础上，学前儿童能够逐渐养成不怕困难的意志和品质。

责任感是集体成员对集体和集体中他人的一种义务感，是一种自觉主动地做好分内分外一切有益事情的精神状态和情感体验。责任感具有鲜明的社会性，是道德的重要基础。做好力所能及的事，是学前儿童发展责任感的开始。在此基础上，幼儿教师要积极引导学前儿童在集体生活中感知并体验自我与同伴、自我与集体的紧密关系，帮助他们学会承担自己的义务与责任。

案例 2-4

坚守岗位

小朋友们在有序地玩着游戏，突然，在"超市"工作的瑶瑶气呼呼地大喊起来："银行的工作人员去哪了？谁是银行的工作人员？"只见元元急急忙忙地跑过来，头上还戴着一顶假发，问："怎么了？我是银行的工作人员呀。""那你怎么不在银行里？"瑶瑶生气地问道。"我，我，我明天要去参加婚礼，要设计一个新发型呀。"元元也不服输。"你在上班，怎么能随便跑出去呢？"瑶瑶说。"那我头发那么长，参加婚礼时很难看的。"元元委屈地说着。"我家来了很多客人，我来取钱买吃的，你不在，我怎么取钱？怎么招待客人？"瑶瑶理直气壮地说道。听完瑶瑶的控诉，大家纷纷指责元元，气氛一下子变得尴尬、凝重起来。老师看到了发生的一切，走过去对元元说："你不好好工作，在上班时间去理发，你被开除了。"听完老师的话，元元马上放下假发，跑过来说："我再也不跑开了，我会做好自己的工作的。""不行，你没有责任心，没有工作的资格。"老师一点儿也不退让。老师虽然在对元元说话，可她也明显感觉到周围其他小朋友探究的眼神。"大家快点儿回去工作吧。"老师冲着其他人说。很快，小朋友们都回到了自己的"岗位"上。在这次"开除"事件以后，小朋友们在游戏时，再没有发生过擅离"岗位"的事情，他们的角色责任心慢慢变强了。

在案例2-4中，老师通过"开除"角色游戏中擅离职守的人，对小朋友们进行了一次有效的责任感教育。

第五个目标是："爱父母长辈、老师和同伴，爱集体、爱家乡、爱祖国。"这个目标表述了学前儿童在爱的情感方面的发展要求。

爱，是人对人或人对某个事物的发自内心的深挚感情，是人类主动给予的或自觉期待的满足感和幸福感。爱的本质是无条件地给予，而非索取和得到。可见，爱的情感是人性之美的体现，也是和谐社会的保障。爱，也是学前儿童道德教育的基础。裴斯泰洛齐说过，道德教育最简单的要素是"爱"，是儿童对母亲的爱、对人们积极的爱。

案例2-5

杨杨生病了

谦谦是今天的点名人，他数了数人数后大声地说："今天来了26个人，少一个杨杨。"杨杨是谦谦的好朋友，他没来，这让谦谦有点儿失落，于是谦谦嘀咕了一句："杨杨怎么好几天都没来？"谦谦的话引发了小朋友们的种种猜想，他们你一言我一语地猜测着杨杨没来的原因。

老师说："是啊，杨杨很少不来幼儿园，是什么原因呢？"

文涛说："一定是生病了，就不来了。"

凡凡说："可能是爸爸妈妈带杨杨去旅游了吧。"

伟伟说："也可能是受伤了。"

哲哲说："会不会是在家练琴呢？"

老师说："小朋友都很关心杨杨，猜了这么多的原因，可怎样才能知道谁猜得对呢？"

宁宁说："去杨杨家问问他，不就知道了。"

哲哲说："可以打电话问呀。"

大家都说打电话最快，于是老师拿出手机拨通了杨杨家的电话，还特地打开免提，让大家都听见。原来，杨杨感冒发烧了。

宁宁说："感冒很难受的，我上次还打点滴了呢。"

伟伟说："发烧时头很痛很痛。"

谦谦说："等杨杨回来，我要带很多好东西给他吃。"

婷婷说："我也要带礼物给他。"

未未说："我要把我最爱的赛车带给杨杨玩儿。"

……

老师说："我们班的小朋友都很关心杨杨，都很有爱心，杨杨一定会尽快好起来的。"

在案例 2-5 中，老师利用杨杨几天没来幼儿园这一事件，恰当地引导小朋友们猜测杨杨没来幼儿园的原因，并自然地引发小朋友们对杨杨的关心，促进了小朋友们爱的情感的发展。

爱的情感的发展在其对象上，是按照由近及远、由具体到抽象的顺序进行的。学前儿童爱的情感的发展，从爱身边的亲人开始，逐渐推及爱幼儿园的老师、同伴和集体；随着其生活空间的扩展，再进一步发展到爱家乡、爱祖国。

整体而言，《纲要》中的社会教育目标较鲜明地反映出以学前儿童为本的价值取向。以学前儿童为本，是指目标的拟订以学前儿童自身的特点和发展需要作为基本出发点。从目标的表述方式看，五个目标主要是从学前儿童学习与发展的角度来表述的，如"主动地参与……""乐意与人交往……""努力做好……"等表述，充分体现了学前儿童发展的自主性、主动性的特点。从五个目标的表述顺序看，有关主动性和自信心的目标放在了第一条，这表明学前儿童自我意识的发展是其社会性其他方面发展的基础和核心。学前儿童社会性的发展与自我、个性的发展紧密联系。学前儿童的自我就是他们眼中的世界，他们对世界的理解与认知，直接源于他们对自我的理解与认知。当他们能建立与自我的良好关系时，也就意味着他们能建立与世界的良好关系。

在目标的人格分类上，五个目标涵盖了知、情、意、行诸方面，尤其重视情感态度和行为两个方面。第一个目标中的"主动……""自信心"，第二个目标中的"乐意……""同情心"，第四个目标中的"努力……""责任感"，第五个目标中的"爱……"，这些都属于学前儿童情感态度方面发展的目标。第一个目标中的"参与各项活动"，第二个目标中的"学习互助、合作和分享"，第三个目标中的"遵守日常生活中基本的社会行为规则"，第四个目标中的"做好力所能及的事"，这些都属于学前儿童行为方面发展的目标。情感态度在人格中属于更内在的层次。实践证明，一个人能做什么、能做成什么，都与情感态度有着密切的关系，因为情感态度起着驱动性的作用，为一个人的行为提供方向和动力。学前儿童社会性的发展最终应体现在外在行为上，同时，学前儿童主要通过直接感知、实际操作和亲身体验来学习，因此，行为学习和训练的目标符合学前儿童社会性学习与发展的特点。

《纲要》仅提出了上述五个社会教育的总目标，并未对这五个总目标进行细化和分解。幼儿教师在教育实践中，还应根据学前儿童的年龄特征对教育目标进行分解，制定具有可操作性的年龄阶段目标、主题（单元）目标和活动目标。

（二）《幼儿园教育指导纲要（试行）》中的内容分析

《纲要》对社会教育的内容与要求提出了八条纲领性表述，我们对这八条纲领性表述进行了简要分析。

第一条表述是："引导幼儿参加各种集体活动，体验与教师、同伴等共同生活的乐趣，帮助他们正确认识自己和他人，养成对他人、社会亲近、合作的态度，学习初步的人际交往技能。"这条表述中的"认识自己和他人""学习初步的人际交往技能"分别涉及自我意识和人际交往这两方面的社会教育内容。

第二条表述是："为每个幼儿提供表现自己长处和获得成功的机会，增强其自尊心和自信心。"这条表述涉及的社会教育内容是自我意识以及社会教育的途径和方法。

第三条表述是："提供自由活动的机会，支持幼儿自主地选择、计划活动，鼓励他们通过多方面的努力解决问题，不轻易放弃克服困难的尝试。"这条表述涉及的社会教育内容同样是自我意识，包括自信心、自主性、意志力等。

第四条表述是："在共同的生活和活动中，以多种方式引导幼儿认识、体验并理解基本的社会行为规则，学习自律和尊重他人。"这条表述涉及的社会教育内容是社会规则。

第五条表述是："教育幼儿爱护玩具和其他物品，爱护公物和公共环境。"这条表述涉及的社会教育内容是帮助学前儿童建立与环境的恰当关系并使他们形成初步的公德意识。玩具、物品是人化的环境，所以个体与这种环境的关系是人际关系的扩展。公德是一种社会规则，公德教育也是社会规则教育。

第六条表述是："与家庭、社区合作，引导幼儿了解自己的亲人以及与自己生活有关的各行各业人们的劳动，培养其对劳动者的热爱和对劳动成果的尊重。"这条表述涉及的社会教育内容是劳动教育。学前儿童通过对劳动的社会认知和情感体验，能更好地理解自己与他人、与社会的关系，并由此形成对劳动者和劳动成果的积极情感和态度。

第七条表述是："充分利用社会资源，引导幼儿实际感受祖国文化的丰富与优秀，感受家乡的变化和发展，激发幼儿爱家乡、爱祖国的情感。"这条表述涉及社会环境和社会文化两方面的社会教育内容。

日本幼儿园"人际关系"
的目标与内容

第八条表述是："适当向幼儿介绍我国各民族和世界其他国家、民族的文化，使其感知人类文化的多样性和差异性，培养理解、尊重、平等的态度。"这条表述同样涉及社会环境和社会文化两方面的社会教育内容。

这八条纲领性表述是规范指导性的，指出了学前儿童社会教育主要涉及个人、家庭、幼儿园和社会这四个空间范围的生活，各方面的生活又分别涉及认知、情感、态度与行为这四个方面的发展。这八条纲领性表述没有就每一方面具体内容的选择与目标达成做细致与硬性的规定，这为幼儿教师根据自身具体的教育资源、教育条件和教育对象的特点来选择、组织教育内容留下了创造的空间。

三、《3—6 岁儿童学习与发展指南》中的目标及内容分析

2012 年 10 月，教育部颁布《指南》。在国家大力发展学前教育的新形势下，《指南》为幼儿园和家庭实施科学的保育和教育工作、促进学前儿童身心全面和谐发展提供了新的指导性意见。

（一）《3—6 岁儿童学习与发展指南》中的目标分析

1. 社会学习与发展目标的总体结构

在《指南》中，学前儿童的社会学习与发展目标如表 2 – 1 所示。

表 2 – 1　学前儿童的社会学习与发展目标

领域	子领域	目标	目标在各年龄段的表现
社会	人际交往	1. 愿意与人交往	目标在各年龄段的表现，详见表 2 – 2、表 2 – 3
		2. 能与同伴友好相处	
		3. 具有自尊、自信、自主的表现	
		4. 关心尊重他人	
	社会适应	1. 喜欢并适应群体生活	
		2. 遵守基本的行为规范	
		3. 具有初步的归属感	

《指南》将社会教育的目标分为"人际交往"和"社会适应"两个部分共七个目标，并表述了每一个目标在三个年龄段的具体表现。

《指南》在"社会"一节中指出："人际交往和社会适应是幼儿社会学习的主要内容，也是其社会性发展的基本途径。"学前儿童社会学习与发展的实质在于促进

学前儿童社会化，使其在社会化的过程中逐渐形成良好的社会性与个性。社会本质上是一个关系系统，可粗略地划分为"人与人的关系"和"人与群体（社会）的关系"两个方面。人与人的关系，通过人际交往来实现；人与群体（社会）的关系，则通过个体对其所隶属的不同层次的群体的社会适应来实现。这两种关系紧密联系、相互作用，它们之间的区分是相对而言的，主要是为了便于理解和实践中的应用。人际交往和社会适应的关系如图2－1所示。

图2－1　人际交往和社会适应的关系

　　人际交往的目标有四个：愿意与人交往；能与同伴友好相处；具有自尊、自信、自主的表现；关心尊重他人。这四个目标分别反映交往态度、交往能力以及在交往中形成并表现出来的对己、对人的认识、态度和相应的行为表现。这四个目标的逻辑可以理解为：自我→他人→回到自我→再指向他人。这样，自我意识方面的要求有机地包含在了人际交往的过程之中。

　　社会适应，是个体在与社会环境的相互作用中，不断学习或修正各种行为和生活方式，最终达到与社会环境保持和谐与平衡的过程，也是个体逐步接受所在社会群体的生活方式、行为规范和价值观的过程。社会适应的目标有三个：喜欢并适应群体生活；遵守基本的行为规范；具有初步的归属感。这三个目标分别反映了个体对群体生活的态度要求、个体在群体生活中的行为规范要求以及个体对群体的情感要求。《指南》将爱集体、爱家乡、爱祖国的目标，划分在"社会适应"子领域的"具有初步的归属感"目标中，这表明，爱集体、爱家乡、爱祖国既是国家和社会对学前儿童的要求，更是学前儿童自身需要的满足和情感发展的必然要求。

⊙问题思考

　　比较学前儿童的家庭人际交往和幼儿园人际交往，它们在交往对象、交往方式、交往规则方面存在哪些不同之处？在帮助学前儿童社会适应能力发展方面，这些不同之处各自有着怎样的优势？

　　2. 目标在各年龄段的表现

　　《指南》描述了学前儿童社会学习与发展的七个目标在三个不同年龄段的表现，如表2－2、表2－3所示。

表 2 - 2 "人际交往"目标在各年龄段的表现

目标	目标在各年龄段的表现		
	3—4 岁	4—5 岁	5—6 岁
目标 1 愿意与人交往	1. 愿意和小朋友一起游戏 2. 愿意与熟悉的长辈一起活动	1. 喜欢和小朋友一起游戏,有经常一起玩儿的小伙伴 2. 喜欢和长辈交谈,有事愿意告诉长辈	1. 有自己的好朋友,也喜欢结交新朋友 2. 有问题愿意向别人请教 3. 有高兴的或有趣的事愿意与大家分享
目标 2 能与同伴友好相处	1. 想加入同伴的游戏时,能友好地提出请求 2. 在成人指导下,不争抢、不独霸玩具 3. 与同伴发生冲突时,能听从成人的劝解	1. 会运用介绍自己、交换玩具等简单技巧加入同伴游戏 2. 对大家都喜欢的东西能轮流分享 3. 与同伴发生冲突时,能在他人帮助下和平解决 4. 活动时愿意接受同伴的意见和建议 5. 不欺负弱小	1. 能想办法吸引同伴和自己一起游戏 2. 活动时能与同伴分工合作,遇到困难能一起克服 3. 与同伴发生冲突时能自己协商解决 4. 知道别人的想法有时和自己不一样,能倾听和接受别人的意见,不能接受时会说明理由 5. 不欺负别人,也不允许别人欺负自己
目标 3 具有自尊、自信、自主的表现	1. 能根据自己的兴趣选择游戏或其他活动 2. 为自己的好行为或活动成果感到高兴 3. 自己能做的事情愿意自己做 4. 喜欢承担一些小任务	1. 能按自己的想法进行游戏或其他活动 2. 知道自己的一些优点和长处,并对此感到满意 3. 自己的事情尽量自己做,不愿意依赖别人 4. 敢于尝试有一定难度的活动和任务	1. 能主动发起活动或在活动中出主意、想办法 2. 做了好事或取得了成功后还想做得更好 3. 自己的事情自己做,不会的愿意学 4. 主动承担任务,遇到困难能够坚持而不轻易求助 5. 与别人的看法不同时,敢于坚持自己的意见并说出理由
目标 4 关心尊重他人	1. 长辈讲话时能认真听,并能听从长辈的要求 2. 身边的人生病或不开心时表示同情 3. 在提醒下能做到不打扰别人	1. 会用礼貌的方式向长辈表达自己的要求和想法 2. 能注意到别人的情绪,并有关心、体贴的表现 3. 知道父母的职业,能体会到父母为养育自己所付出的辛劳	1. 能有礼貌地与人交往 2. 能关注别人的情绪和需要,并能给予力所能及的帮助 3. 尊重为大家提供服务的人,珍惜他们的劳动成果 4. 接纳、尊重与自己的生活方式或习惯不同的人

表 2－3　"社会适应"目标在各年龄段的表现

目标	目标在各年龄段的表现		
	3—4 岁	4—5 岁	5—6 岁
目标 1 喜欢并适应群体生活	1. 对群体活动有兴趣 2. 对幼儿园的生活好奇，喜欢上幼儿园	1. 愿意并主动参加群体活动 2. 愿意与家长一起参加社区的一些群体活动	1. 在群体活动中积极、快乐 2. 对小学生活有好奇和向往
目标 2 遵守基本的行为规范	1. 在提醒下，能遵守游戏和公共场所的规则 2. 知道不经允许不能拿别人的东西，借别人的东西要归还 3. 在成人提醒下，爱护玩具和其他物品	1. 感受规则的意义，并能基本遵守规则 2. 不私自拿不属于自己的东西 3. 知道说谎是不对的 4. 知道接受了的任务要努力完成 5. 在提醒下，能节约粮食、水电等	1. 理解规则的意义，能与同伴协商制定游戏和活动规则 2. 爱惜物品，用别人的东西时也知道爱护 3. 做了错事敢于承认，不说谎 4. 能认真负责地完成自己所接受的任务 5. 爱护身边的环境，注意节约资源
目标 3 具有初步的归属感	1. 知道和自己一起生活的家庭成员及与自己的关系，体会到自己是家庭的一员 2. 能感受到家庭生活的温暖，爱父母，亲近与信赖长辈 3. 能说出自己家所在街道、小区（乡镇、村）的名称 4. 认识国旗，知道国歌	1. 喜欢自己所在的幼儿园和班级，积极参加集体活动 2. 能说出自己家所在地的省、市、县（区）名称，知道当地有代表性的物产或景观 3. 知道自己是中国人 4. 奏国歌、升国旗时能自动站好	1. 愿意为集体做事，为集体的成绩感到高兴 2. 能感受到家乡的发展变化并为此感到高兴 3. 知道自己的民族，知道中国是一个多民族的大家庭，各民族之间要互相尊重，团结友爱 4. 知道国家一些重大成就，爱祖国，为自己是中国人感到自豪

　　《指南》介绍了三个年龄段学前儿童在社会学习与发展目标方面的一般发展特征或行为表现，这是大多数学前儿童可能普遍表现出来的、容易被观察到的特征，反映了这一年龄段学前儿童群体大致的社会学习与发展水平、行为特点。因此，它可以作为观察、理解学前儿童的抓手，作为促进学前儿童向着目标方向学习与发展的有意义的参照。例如，"社会适应"目标中的"目标 3　具有初步的归属感"，这是一个较为抽象的表述，幼儿教师仅从这一表述出发，无法在实践中判断和评价学前儿童归属感的发展水平，也不知道从何入手来帮助学前儿童形成和发展归属感。而这一

对我国幼儿社会教育目标的反思

目标在学前儿童各年龄段的表现都是外在行为表现或情感表现，如"知道……""能说出……""能感受……""喜欢……""愿意……"等，这就为幼儿教师提供了十分具体、生动的学前儿童归属感方面的行为特征的参照，便于幼儿教师观察和了解学前儿童在归属感方面的发展情况，进而为学前儿童归属感的发展提供必要的、有针对性的帮助。

但同时也应注意，学前儿童的社会学习与发展目标在各年龄段的表现不宜视为这一年龄段每一个学前儿童必然表现出来的特征。学前儿童在社会学习与发展方面的表现会因地域、家庭、生理条件、气质、性格等多方面因素的影响而具有个体差异性。普遍性不能排除特殊性，典型性不能包揽学前儿童表现的多样性和丰富性。因此，学前儿童的社会学习与发展目标在各年龄段的表现不等同于目标的分解或细化，更不是测试学前儿童是否达到某一标准的"标尺"。

⊙学习活动

观察并分析某班幼儿社会学习与发展的水平和特点

活动目的：结合幼儿园教育实践，更好地理解《指南》中学前儿童的社会学习与发展目标在各年龄段的表现的意义。

本次活动大约需要一周时间。

步骤1：认真阅读《指南》中学前儿童的社会学习与发展目标在各年龄段的表现的内容。

步骤2：选取某幼儿园某班幼儿作为观察对象（带班的幼儿教师以本班的幼儿作为观察对象），参照《指南》中学前儿童的社会学习与发展目标在各年龄段的表现的内容，观察每个幼儿在社会学习与发展各方面的表现，并做好记录。

步骤3：分析该班幼儿社会学习与发展的水平和特点，找出共性，关注个体的差异性。

后续活动建议：参照《指南》，针对社会学习与发展水平相对滞后的个体及特殊个体，制定合理的社会学习与发展目标。

反馈：

在《指南》中，学前儿童的社会学习与发展目标在各年龄段的表现是大多数学前儿童可能普遍表现出来的、容易被观察到的特征，但不是这一年龄段的每一个学前儿童必然表现出来的特征；学前儿童在社会学习与发展方面的表现会因地域、家庭、生理条件、气质、性格等多方面因素的影响而具有个体差异性。

3. 社会教育目标在《3—6 岁儿童学习与发展指南》其他领域教育目标中的渗透

在《指南》中，其他领域教育目标中也有与社会教育相关的内容，如表 2 – 4 所示。

表 2 – 4 其他领域教育目标中的社会教育目标（举例）

领域	目标	目标在各年龄段的表现		
		3—4 岁	4—5 岁	5—6 岁
健康	具有一定的适应能力	在帮助下能较快适应集体生活	能较快适应人际环境中发生的变化，如换了新老师能较快适应	能较快融入新的人际关系环境，如换了新的幼儿园或班级能较快适应
语言	具有文明的语言习惯	能在成人的提醒下使用恰当的礼貌用语	能主动使用礼貌用语，不说脏话、粗话	懂得按次序轮流讲话，不随意打断别人
科学	具有初步的探究能力	—	—	探究中能与他人合作与交流
艺术	喜欢欣赏多种多样的艺术形式和作品	—	—	愿意和别人分享、交流自己喜爱的艺术作品和美感体验

《指南》指出，社会学习与发展过程是学前儿童"社会性不断完善并奠定健全人格基础的过程"，说到底，就是学前儿童"学会做人""学会共同生活"的过程。"做人"和"共同生活"所需要的基本素质不仅表现在社会领域的各种活动中，也必然表现在其他领域的活动中。其他领域教育目标中涉及社会教育的内容有很多，表 2 –4 中仅为部分举例内容。由此可见，社会教育具有很强的渗透性，幼儿教师在教育实践中应把握好这一特性。

（二）《3—6 岁儿童学习与发展指南》中的内容分析

《指南》指出，学前儿童的社会学习与发展过程是其"社会性不断完善并奠定健全人格基础的过程"。人际交往和社会适应是幼儿社会学习的主要内容，也是其社会性发展的基本途径。下面，我们结合《指南》中学前儿童的社会学习与发展目标在各年龄段的表现和"教育建议"，对社会教育目标与相应的社会教育内容进行归纳，如表 2 –5 所示。

表 2-5　社会教育目标与相应的社会教育内容

子领域	社会教育目标	社会教育内容
人际交往	1. 愿意与人交往	1. 交往的乐趣 2. 找朋友
	2. 能与同伴友好相处	1. 交往的规则和技能：加入游戏的方式、分享和分工合作、解决冲突的方式、受欢迎的行为等 2. 对同伴的认知：理解同伴、发现同伴的优点
	3. 具有自尊、自信、自主的表现	1. 对自我的认知：身体、能力、优缺点等 2. 自己的事情自己做 3. 自主决定，独立做事 4. 尝试完成有一定难度的任务
	4. 关心尊重他人	1. 学习倾听 2. 学习关心他人、帮助别人 3. 主动做家务 4. 礼貌教育 5. 对他人的认知：情绪、职业、生活方式等 6. 感知劳动及劳动成果 7. 感知文化的多样性和差异性
社会适应	1. 喜欢并适应群体生活	1. 参加幼儿园群体活动，体验群体生活 2. 参加合适的聚会活动 3. 参与社区活动 4. 了解幼儿园和小学的生活
	2. 遵守基本的行为规范	1. 基本行为规则和游戏规则的内容和意义 2. 遵守规则的情感体验和行为养成 3. 诚信教育、节俭教育、责任感教育 4. 爱惜玩具、公物和环境
	3. 具有初步的归属感	1. 所在家庭、社区、省市、国家的基本情况：传统节日纪念日、代表性的物产和景观等 2. 自己与相应的家庭、班级、幼儿园、国家的关系 3. 对所属的家庭、班级、幼儿园、国家等群体的情感和态度

小贴士

为什么叫"指南"而不叫"标准"

　　"指南"一词，如字面所示，意为"指向南方"。基于此，"指南"一词被引申为"指导""导向""辨别正确方向的依据"之意。"标准"一词，一般被定义为"衡量事物的依据或准则""可供同类事物比较核对的事物""榜样、规范"等。

从上述解释不难看出，"指南"与"标准"两个词的内涵有极大的区别，而这种区别便给用"指南"或"标准"命名的事物带来完全不同的本质。也就是说，以"标准"命名的事物，强调其"统一性""规定性"；而以"指南"命名的事物，则强调其"导向性""指引性"。《指南》旨在指导我国3—6岁儿童学习与发展的方向，其本质是导向性的、指引性的。也就是说，《指南》是通过引导学前儿童学习与发展的方向来表达国家对幼儿教育的要求，防止不正确的教育将其学习与发展带入歧途，而不是要对其发展的具体水平或者发展方式、速度等做出统一规定或量化要求。

资料来源：李季湄，冯晓霞.《3～6岁儿童学习与发展指南》解读［M］. 北京：人民教育出版社，2013：20. 引用时有改动。

第二节　学前儿童社会教育目标的分解与内容的选择

教育目标是有层级的，社会教育目标也呈现出层级性。在实践中，幼儿教师既要对学前儿童社会教育目标有一个整体的把握，又必须掌握每一个层级的目标要求，以便有针对性地指导具体的教育活动。同时，幼儿教师还要在学前儿童社会教育目标的要求下，选择适宜的社会教育的内容。

一、学前儿童社会教育目标的分解

学前儿童社会教育的目标可分解为纵向目标和横向目标。

（一）学前儿童社会教育的纵向目标

学前儿童社会教育的纵向目标可以分为总目标、年龄阶段目标、主题（单元）目标和活动目标。越下层的目标，其要求越具体，越具有可操作性。

1. 学前儿童社会教育的总目标

学前儿童社会教育的总目标是对学前儿童社会性发展的总体要求，它保证了学前儿童社会教育的方向性。

《纲要》对学前儿童社会教育明确提出了以下五个总目标：

（1）能主动地参与各项活动，有自信心；

（2）乐意与人交往，学习互助、合作和分享，有同情心；

（3）理解并遵守日常生活中基本的社会行为规则；

（4）能努力做好力所能及的事，不怕困难，有初步的责任感；

（5）爱父母长辈、老师和同伴，爱集体、爱家乡、爱祖国。

《指南》对学前儿童社会性发展提出以下两个子领域和七个目标：

（1）"人际交往"子领域：愿意与人交往，能与同伴友好相处，具有自尊、自信、自主的表现，关心尊重他人。

（2）"社会适应"子领域：喜欢并适应群体生活，遵守基本的行为规范，具有初步的归属感。

《指南》和《纲要》提出的社会教育总目标在基本精神上是一致的，二者不同的地方主要表现在《指南》完全从学习者主动发展的视角来阐述目标，并且基本落实在了学前儿童的外在行为表现上，有利于一线幼儿教师在教育实践中对目标的理解和贯彻。

《纲要》和《指南》虽然仅针对幼儿园阶段的社会教育提出教育目标，但其教育目标的内容对0—3岁儿童社会性的发展也起到了方向性作用。

⊙问题思考

对刚刚入园的学前儿童来说，他们在社会适应方面可能会遇到哪些困难？幼儿教师可以通过哪些方式帮助他们喜欢并适应幼儿园的群体生活？

2. 学前儿童社会教育的年龄阶段目标

建立儿童社会性发展
的合理期望

学前儿童社会教育的年龄阶段目标，就是把总目标落实到具体的各个年龄阶段，是各年龄阶段社会教育应达到的要求的表述。明确各年龄阶段的教育目标，既有利于幼儿教师的实施操作，也有利于教育目标的落实。

（1）0—3岁儿童社会教育的目标：自我意识初步形成与发展；喜欢与周围人接触；培养动手做事的兴趣，发展基本的生活技能；学习遵守最基本的规则，培养基础的文明卫生行为习惯；保持愉悦的情绪、积极的情感等。

（2）3—6岁儿童社会教育的目标：《指南》描述了社会领域七个目标在幼儿园三个不同年龄阶段的具体表现（见表2-2、表2-3），幼儿教师可以此为参照，制定出具有地方特色和本园特点的3—6岁学前儿童各年龄阶段的社会教育目标。

在幼儿园的教育实践中，幼儿教师还需要在目标内容更为具体的方面，对其做年龄阶段目标的分解。例如，"自我意识"教育中的"自我认识"教育，可做如表2-6所示的分解。

表2-6　幼儿园"自我认识"教育的年龄阶段目标

3—4岁	4—5岁	5—6岁
1. 了解自己身体主要部位的主要特征和功能 2. 知道自己和小伙伴的姓名、性别 3. 知道自己是幼儿园的小朋友，逐步认识到自己是一个中国人 4. 学习根据具体行为从好的与不好的角度评价别人	1. 初步认识自己与他人的异同 2. 初步了解自己与他人的情绪 3. 知道自己的一些优点和长处 4. 学会从行为的各个方面评价自己及小伙伴	1. 初步了解自己的成长及家人为此付出的劳动 2. 学习从内心与行为两个方面，比较全面地评价自己和他人

幼儿教师在进行各年龄阶段目标分解时，应注意以下内容。

首先，幼儿教师应考虑各年龄阶段学前儿童的发展水平和接受能力。年龄阶段目标既要有一定的挑战性，也要符合学前儿童的发展水平，使学前儿童经过努力能够达到。例如，对于规则教育，小班目标为"体验规则的作用，初步形成遵守规则的意识"；中班目标为"初步养成遵守规则的习惯"；大班目标为"理解和遵守与自己关系密切的社会行为准则"。各年龄阶段班级的要求既有差异性又有连续性，这些目标的完成是一个循序渐进、不断提高的过程。

其次，幼儿教师应考虑本地区、本园的实际情况。各地区、各园应该因地制宜，根据地方特色和本地区、本园的实际发展水平和特点来制定年龄阶段目标。

3. 学前儿童社会教育的主题（单元）目标

主题（单元）目标既可以指时间主题（单元）目标，也可以指内容主题（单元）目标。目前，我国幼儿园普遍采用的是以主题活动为单元的教育模式。主题活动，是指在一段时间内（如两周）围绕某个核心话题而开展的一系列教育活动。幼儿教师通常会将年龄阶段目标分解与落实在不同的主题活动中，并通过一系列教育活动的实施来实现主题目标。例如，小班主题活动"我爱幼儿园"中的社会教育目标，可以分解为如下内容：

（1）能积极认识自己所在幼儿园的环境；

（2）乐意与同伴、老师交往；

（3）能大胆表达自己愉快的心情；

（4）乐意参加幼儿园的各项活动，激发喜欢幼儿园的情感；

（5）初步形成爱护公物、爱护环境的意识和习惯；

（6）学习基本的生活自理技能，自己的事情自己做。

以上的主题（单元）目标可以通过"花儿好看我不摘""擦桌椅""谁的家好""脏宝宝来过没有""谁在墙上乱涂乱画""玩具要回家""桌椅是我的好朋友""我不乱扔东西""我叫轻轻"等具体的教育活动来共同实现。

4. 学前儿童社会教育的活动目标

教育活动目标，是指教师通过一定的方法和途径可以直接实现的目标。教育活动目标一般由教师制定，其最主要的特点是可操作性强，可以通过具体的教学行为，通过师幼及环境的相互作用来实现。

幼儿教师在制定学前儿童社会教育的活动目标时，应把握以下基本要求。

（1）活动目标的表述要具体、有可操作性。活动目标与单元目标的一个重要区别是，单元目标是通过本单元中的各个活动来实现的，而活动目标必须在本次活动中直接实现。因而活动目标是最具体的目标，应该尽可能体现在学前儿童可被观察到的外在行为表现和情绪的变化上，避免抽象、笼统。

例如，一位幼儿教师为小班社会活动"购物"制定了以下几个活动目标：①知道购物时要挑选自己需要的物品；②初步树立合理的消费观；③探索、发现生活中的多样性及特征；④发展幼儿思维和口语表达能力；⑤在生活中将幼儿可爱的一面展现出来。其中，后四个目标都过于抽象或笼统，不够具体和准确，可以考虑将它们修改为：①尝试购买一种商品，了解购物的过程；②知道购物时要挑选自己需要的物品；③知道不能哭闹着要求家长买东西；④学会购物时的礼貌用语；⑤大胆地参与活动，体验购物的快乐。

（2）活动目标的内容要全面，尽可能涵盖学前儿童社会性发展的各个心理维度。社会性的发展包括认知、情感和行为能力这三个心理维度上的发展。幼儿教师在制定教育活动目标时，应全面地分析学前儿童在这三个方面应该或可能达到的目标，并加以适当表述。

例如，小班社会教育活动"找朋友"的活动目标可表述为以下内容：①知道朋友之间要和睦相处；②愿意与同伴交往，能够用语言、动作等方式表示对同伴的友好；③学习使用短句"我和你做朋友，好吗？"；④乐于参加活动，在活动中体验与同伴一起做游戏的快乐。其中，"目标①"是认知方面的目标，"目标②"既有情感方面也有行为能力方面的目标，"目标③"是行为能力方面的目标，"目标④"是情感方面的目标。

（3）为生成性目标留下余地。生成性目标是指非预设和非预期的目标，是在教育情境中随着教育过程的展开而自然生成的目标。生成性目标考虑到幼儿的兴趣、能力的差异，强调目标的适应性、生成性。幼儿教师在制定目标时，应充分地了解学前儿童的兴趣和特点，尤其要关注学前儿童之间的差异性，对教育活动中可能出现的非预期的事件做一定的分析和心理准备，以便在活动中能恰当地引导学前儿童达成相应的目标。

"生成性目标"取向

（二）学前儿童社会教育的横向目标

学前儿童社会教育的横向目标是从目标的内容角度对总目标进行分类，它又可以区分为以社会性发展的外部关系领域进行分类的横向目标和以学前儿童社会性学习的内部心理过程进行分类的横向目标。

1. 以社会性发展的外部关系领域进行分类的横向目标

社会作为一个关系系统，可粗略地分为人与人的关系、人与群体（社会）的关系。人与人的关系通过人际交往实现，而人与群体（社会）的关系是一个认同与适应的过程。因此，《指南》将社会性发展划分为"人际交往"和"社会适应"两个子领域。其中，人际交往包括自我意识、人际交往能力、亲社会行为等内容，社会适应包括社会规则和归属感等内容。自我意识可以理解为人与自己的关系，它既是人际交往的前提，又通过人际交往而获得发展，因而归属于人际交往领域。这样，以社会性发展的外部关系领域进行分类，社会领域的目标可分为自我意识、人际交往能力、亲社会行为、社会规则和归属感（见表2-7）。这五个方面的目标内容是相互联系的，它们在学前儿童社会性的发展中是一个整体，对它们做出分类仅为了便于幼儿教师在实践中明确社会教育目标和有针对性地组织实施社会教育活动。

表2-7　《指南》中社会领域目标的分类结构

关系系统	社会性发展子领域	目标的内容分类
人与人的关系	人际交往	自我意识（人与自己的关系）
		人际交往能力
		亲社会行为
人与群体（社会）的关系	社会适应	社会规则
		归属感

2. 以学前儿童社会性学习的内部心理过程进行分类的横向目标

学前儿童社会性学习的内部心理过程主要有三个维度：社会认知、社会情感和社会行为。这三个维度的发展相互影响，不可截然分开，但它们又有各自不同的规律与特点，幼儿教师在实践中需要对其区别对待。社会认知遵循由简单直观到抽象复杂的规律，社会情感遵循由体验理解到观察表达的规律，社会行为遵循由独处自利到合作利他发展的规律。只有按照这些规律制定出适宜的目标，才能真正促进学前儿童的发展。从这一视角出发，学前儿童社会教育目标一般分为社会认知、社会情感、社会行为这三类目标。需要注意的是，知、情、行的目标分解是相对的而不是绝对的，虽然在具体的教育活动中可能会有所侧重，但其在学前儿童社会性的发展中作为一个整体起作用。

> **小贴士**
>
> ### 布卢姆的"教育目标分类学"
>
> 一、认知领域
>
> 1. 知识；2. 领会；3. 应用；4. 分析；5. 综合；6. 评价。
>
> 二、情感领域
>
> 1. 接受（注意）；2. 反应；3. 价值判断；4. 组织；5. 价值观念或价值复合体的个性化。
>
> 三、动作技能领域
>
> 1. 知觉；2. 准备；3. 指导下的反应；4. 机械练习；5. 复杂的外显反应；6. 适应；7. 创造。
>
> 资料来源：张华. 课程与教学论［M］. 上海：上海教育出版社，2001：163－168.

在教育实践中，具体的可操作的社会教育目标是心理维度和关系维度目标整合的结果，如表2－8所示。

表2－8　不同维度的社会教育目标的整合

心理维度	关系维度		
	社会认知	社会情感	社会行为
自我意识	自我认知	自我体验	自我控制
人际交往能力	对他人及其与自己关系的认知	友情	人际交往技能和冲突处理
亲社会行为	对行为的社会后果的认知	共情、同情等	合作、助人的行为技能和习惯

续表

心理维度	关系维度		
	社会认知	社会情感	社会行为
社会规则	规则认知	规则体验	规则遵守
归属感	对群体（环境、文化等）的认知	爱集体、爱家乡、爱祖国、集体荣誉感等	对群体有益的行为

二、学前儿童社会教育内容的选择

社会生活是十分广泛和丰富的，即使是学前儿童能够接触和可能接触的部分，其内容也非常多。并不是所有的社会生活内容都适合学前儿童学习，学前儿童社会教育的课程能够容纳的内容十分有限。因此，学前儿童社会教育内容的选择是一项必要的和重要的工作。

（一）学前儿童社会教育内容选择的依据

对学前儿童社会教育内容进行选择的过程是一个理性的过程，选择某内容或不选择某内容，都必须有充分的依据。《规程》第二十八条指出："教育活动内容应当根据教育目标、幼儿的实际水平和兴趣确定，以循序渐进为原则，有计划地选择和组织。"综合来看，学前儿童社会教育内容选择的依据主要有以下三个方面。

1. 以学前儿童社会教育目标为依据

学前儿童社会教育目标是学前儿童社会教育活动的出发点和归宿。教育目标必然成为一切教育活动的指针。教育内容的选择作为教育设计的一项重要工作，必然受到教育目标的指导和制约。

《纲要》和《指南》中的社会教育目标是经过严格的程序和审慎的研究制定出来的。它综合考虑了社会现实和发展的需要、儿童自身发展的需要这两方面的因素，既体现了国际视野又立足于我国的现实国情，既有理论依据又经过实证检验，因而是科学的和行之有效的。这样的社会教育目标起着方向性作用。社会教育内容的选择和组织、教育活动的实施都是为实现既定的社会教育目标服务的。如果社会教育内容偏离了社会教育目标，那么其或者是无效的，或者是低效的。因此，学前儿童社会教育目标是学前儿童社会教育内容选择的首要依据。

2. 以社会的现实与发展为依据

学前儿童社会性的发展是在现实社会生活中的发展，因而学前儿童社会教育的内容要从社会生活的现实中提取，并能在一定程度上反映社会生活发展变化的要求。

57

（1）学前儿童社会性发展离不开社会现实。首先，社会现实是学前儿童社会认知的源泉。学前儿童对他人、对自己、对事物、对社会规则、对社会关系的认知，无不源于社会现实。社会现实为学前儿童的社会认知提供了依据，也为社会教育提供了内容。其次，社会现实激发了学前儿童的社会情感。社会情感是人类特有的情感体验，是社会人的重要特征，也是学前儿童社会性发展的重要内容。学前儿童随着年龄的增长和活动范围的扩大，越来越深入地走进社会生活，其社会情感才能迅速地发展起来。最后，社会现实为学前儿童学习良好的社会行为方式提供了榜样。观察和模仿是学前儿童行为学习的重要方式，观察与模仿的对象无不来自社会现实。

（2）已有的知识体系是学前儿童社会教育内容的重要来源。固然，学前儿童社会生活的现实为其提供了丰富多彩、鲜活生动的经验，但其中的经验多数是随机的、自发的，缺乏成为教育内容的目的性、系统性和可控性。因此，社会现实中存在的已有的知识体系应该成为选择学前儿童社会教育内容的依据。这些知识体系包括社会学、伦理学、地理学、经济学、文化学、心理学、历史学等。当然，学前儿童社会教育的内容并不是照搬这些知识体系，提供给学前儿童学习的社会知识只能是其中最简单、最浅显和最具有启蒙价值的部分。

（3）学前儿童社会教育内容应反映社会生活的发展变化。学前儿童的社会性学习需要面向未来，以适应社会发展和社会生活变化的要求。我们生活的社会是不断发展变化的社会，从社会成员的价值观念、社会理想到社会成员之间的关系，从社区中各种物化的社会产品到人们的生活方式、行为方式，都在产生或大或小的变化。学前儿童社会教育的内容必须从不断发展变化的现实社会出发，去充分反映社会和时代的特点和要求，使社会教育真正起到引导学前儿童主动适应社会的作用。

3. 以学前儿童的发展为依据

社会教育内容以学前儿童的发展为依据，这句话主要有以下两层含义。

（1）教育内容要立足于学前儿童发展尤其是社会性发展的现有水平和特点。任何教育都是针对一定教育对象的特点而起作用的，依据学前儿童现有的发展水平及特点选择社会教育内容，教育才能有的放矢。学前儿童社会性的发展尚处于起始阶段，绝大多数学前儿童的社会认知和社会情感只涉及自己生活周围有限的、真实的、简单的事物和情境。学前儿童的思维水平主要处于前运算阶段，以形象思维为特点，对社会规则、人际关系等的认知是具体的、直观的。因此，幼儿教师必须选择生活中学前儿童能经常接触并容易理解的，形象、具体、生动的内容作为社会教育的内容，并给学前儿童充分的时间使其理解并逐步深化这些教育内容。

学前儿童社会性的发展是熏陶、感染与模仿学习的结果，因此，社会教育的内容必须是学前儿童身边的、具有感染作用的、易于模仿的内容，这样的内容才真正有益于学前儿童社会性品质的形成。学前儿童社会性的发展是在其家庭、幼儿园与社会教育的一致配合下实现的，因此，社会教育的内容必须来自学前儿童生活的各主要方面，形成家庭、幼儿园、社会环境的一致要求和共同影响。

（2）社会教育的内容要着眼于促进学前儿童社会性的发展。教育的目的是促进发展。学前儿童需要多种多样的经验和多方面的发展，在其社会性的发展中，至少涉及社会认知、社会情感、社会行为三个既相互区别又相互联系的方面，不同的教育内容对这三个方面的发展都能起到一定的作用，并且只有使认知、情感及行为协同发展的内容才最具价值。同时，不同的教育内容对认知、情感及行为的促进作用并不是等同的，幼儿教师要根据学前儿童发展的需要和发展的不同侧面来选择教育内容，使教育内容更有效地促进学前儿童的整体发展。

（二）学前儿童社会教育内容选择的原则

《纲要》指出，教育活动内容的选择应体现以下原则："既适合幼儿的现有水平，又有一定的挑战性；既符合幼儿的现实需要，又有利于其长远发展；既贴近幼儿的生活来选择幼儿感兴趣的事物和问题，又有助于拓展幼儿的经验和视野。"基于此，我们认为，学前儿童社会教育内容选择的原则应包括以下几点。

1. 生活性与适宜性原则

生活性原则，是指社会教育内容要基于学前儿童的生活经验，与其生活实际相结合，并能丰富其生活经验。适宜性原则，是指社会教育内容必须符合社会教育目标，有一定的挑战性，并且有助于学前儿童发展，同时也是学前儿童感兴趣的、能为其所理解或接受的内容。只有与学前儿童生活密切相关的内容，才能让其感兴趣并更容易被其理解和接受；只有学前儿童感兴趣，能理解、接受并有一定挑战性的内容才能丰富其生活经验。由此可见，生活性与适宜性原则相辅相成。

2. 全面性与基础性原则

全面性原则，是指学前儿童社会教育的内容应该是广泛的，它涉及学前儿童生活、心理结构、社会关系的各个方面。全面性的社会教育内容，才能促进儿童人格的完整发展。基础性原则，是指学前儿童社会教育的内容应是浅显的、具体的、启发性的知识，是为学前儿童发展所必须学习的基础性的知识。

3. 时代性与民族性原则

学前儿童社会教育的内容既要体现时代发展的特点，又要体现传统文化的特色。只有坚持这一原则，才能使学前儿童社会教育的内容在适应时代变化的同时，又能发扬民族优秀的文化传统。因此，幼儿教师在选择学前儿童社会教育内容时，既要关注当下社会生活中出现的新事物、新情况、新问题，又要挖掘优秀的传统文化，如我国的民间艺术、传统节日、民间风俗习惯、人文景观等。

（三）学前儿童社会教育的内容范围

从社会性发展的结构看，学前儿童社会教育的内容范围主要涉及自我意识、人际交往、社会规则、社会环境、社会文化等几个方面。

1. 自我意识

自我意识包括自我认识、自我体验和自我控制三个方面的内容。自我意识在个性结构中处于核心地位，是个体心理的调节系统，对整个人格起着整合作用。从某种意义上讲，自我意识影响、规定着个体社会性发展的方向和特点，是个体社会性发展的内在依据。可以说，自我意识教育是奠定社会教育基础的教育。学前儿童的自我意识教育，就是引导和帮助学前儿童正确地认识自己，使其建立积极、正向的自我概念，做到自信而不自负、自尊而不自卑。自我意识教育的内容如表 2－9所示。

表 2－9　自我意识教育的内容

教育内容	内容分解		内容描述	教育活动举例
自我意识	自我认识	自我概念	对自己外部特征的认识：姓名、性别、身体、面貌、所有物、家人、朋友等；对自己内在心理特征的认识：兴趣、爱好、气质、性格、能力等	"我是男孩子（女孩子）""不一样的我""我的朋友""我喜欢……"
		自我评价	对自己的行为表现优劣、能力高低、成就水平、受欢迎程度的评价，了解自己的优缺点	
	自我体验	自尊	有羞耻感，不乞求别人，不允许别人歧视、侮辱自己，爱护自己的名誉，期望得到他人的肯定、欣赏和尊重	"我长大了""我爱我自己""我是能干的宝宝"
		自信	相信自己有能力完成相应的任务，敢于表达自己的想法和感受，能承担责任、敢于承认错误、接受批评，不忌妒别人	
	自我控制	自制力	对自己的动作和行为的控制能力，对自己情绪的控制能力，抗拒外物诱惑的能力，延迟满足的能力	"难过时怎么办""我是勇敢的好宝宝""输了也不哭"
		自觉性	有对自己的要求，对自己行为的监督和提醒	
		坚持性	为实现目标，有能克服困难、持续持久地维持某种状态的行为倾向	

2. 人际交往

人际交往主要涉及人与人之间的关系，包括人与人之间的意见沟通、信息交流及相互作用的过程。人际交往教育是学前儿童社会教育的核心内容，学前儿童的人际交往水平往往标志着其社会性发展的水平及社会化程度。但是，学前儿童人际交往的范围较小，交往的程度也比较浅，交往获得的结果具有很大的后续性，即交往产生的作用不是立即全部体现出来，而是成为后续的经验发展的积极因素。人际交往教育的内容如表 2–10 所示。

表 2–10 人际交往教育的内容

教育内容	内容分解	内容描述	教育活动举例
人际交往	亲子交往	了解父母为自己做的事情； 熟悉父母的姓名、兴趣、职业等； 体验父母对自己的关心、爱护； 学习关心父母，自己的事情尽可能自己做，尝试为父母做力所能及的事； 体验对父母和长辈的依恋和信任的情感	"我爱我的妈妈（爸爸）" "爸爸（妈妈）真能干" "我帮妈妈做家务" "三八节亲子活动"
	同伴交往	以合理的方式提出自己的要求，表达自己的感受； 自信得体地与人打招呼、交谈； 理解别人的感受，不随意插嘴，尊重别人的意见； 学习交流沟通、协调合作、平等竞争； 尝试帮助同伴，对别人的不愉快情绪表示关注与同情； 尝试想办法自己解决冲突	"夸夸我的好朋友" "学做小主（客）人" "我来帮助你" "一起玩儿更快乐" "找朋友" "合作真快乐"
	师幼交往	在老师指导下喜欢并逐步习惯幼儿园的集体生活； 接受老师的个别教育，正确对待老师的表扬和批评； 体验老师对自己的关心、爱护； 向老师表达自己的感受和想法； 有事情主动告诉老师或请老师帮助解决自己解决不了的困难； 尝试关心老师，帮助老师做力所能及的事情	"我和老师做朋友" "老师爱我，我爱老师" "我帮老师做事"
	与其他成人的交往	礼貌待人； 对他人对自己的帮助和爱护表示感谢； 了解与自己的生活相关的其他岗位或职业的人的工作； 尊重和爱惜他人的劳动成果； 参观图书馆、博物馆、工厂、商场、小学等	"我会打电话" "警察叔叔真伟大"

⊙学习活动

小班幼儿人际交往教育内容的选择

活动目的：通过选择和梳理小班幼儿的人际交往教育内容，更好地理解学前儿童社会教育内容选择的原则。

本次活动大约需要 2 小时。

步骤 1：认真阅读"学前儿童社会教育内容选择的原则"和其内容范围中"人际交往"部分的内容。

步骤 2：结合幼儿园和地方实际来选择和梳理小班幼儿的人际交往教育内容。

步骤 3：分析所选原则在拟定的小班幼儿人际交往教育内容中的体现。

反馈：

1. 人际交往的内容分解：亲子交往、同伴交往、师幼交往、幼儿与其他成人的交往。

2. 学前儿童社会教育内容的选择原则：生活性与适宜性原则、全面性与基础性原则、时代性与民族性原则。

3. 社会规则

社会规则，是指与社会要求相符的，从事社会活动、处理社会关系必须依循的一般要求，主要包括生活规则、集体规则、公共规则等。学前儿童的规则认知和规则行为直接影响其社会适应性。学前儿童社会规则教育致力于增强学前儿童的规则认知能力和理解能力，引导他们去感受规则与生活的密切关系，体验规则的重要性，进而认同并主动遵守规则，更好地适应社会。社会规则的学习涉及学前儿童的观念、情感、行为习惯等内容，其核心问题是：规则是什么？为什么要遵守规则？如何遵守规则？社会规则教育的内容如表 2-11 所示。

表 2-11　社会规则教育的内容

教育内容	内容分解		内容描述	教育活动举例
社会规则	生活规则	家庭生活规则	按时作息、按时进餐；自主吃饭、不挑食，与家人共同用餐并有相对固定的座位；每天有相对固定的看电视、玩电脑的时间；自己的玩具等物品有固定存放位置并摆放整齐；自己的事情自己做；等等	"做一个守时的人""我会排队""进餐""快乐整理"
		幼儿园生活规则	进餐和饮水常规；睡眠常规；盥洗常规；穿戴常规；大、小便常规；物品摆放常规；等等	

续表

教育内容	内容分解		内容描述	教育活动举例
社会规则	公共规则	交通规则	按照交通信号灯的指示过马路；过马路时走斑马线；步行时必须走人行道；不在道路上玩耍；等等	"红绿灯""公共场所不吵闹""垃圾的家""我不打扰你"
		公共场所规则	爱护公物和环境；不乱扔垃圾；不大声喧哗；有秩序地排队；不妨碍他人；等等	
	集体规则		游戏常规；语言常规；操作常规；学习常规；等等	"今天我当家""好玩具大家玩儿""规则要公平"

4. 社会环境

对于学前儿童而言，社会环境主要包括家庭、幼儿园、社区、家乡和祖国等。社会环境教育就是要引导学前儿童通过认知、情感体验等方式了解自己所处的社会环境，尝试理解自己与所处环境、所属社会群体、祖国乃至人类的关系，初步形成对社会群体、家乡、祖国的正确态度和积极情感。社会环境教育的内容如表 2 - 12 所示。

表 2 - 12　社会环境教育的内容

教育内容	内容分解	内容描述	教育活动举例
社会环境	生活环境	家庭所在居民小区、当地标志性建筑、地形地貌、物产等	"我的房间""我的幼儿园""我们的城市""街上的标志""公园小导游"
	教育机构	幼儿园、小学等教育机构	
	休闲娱乐场所	广场、景区、名胜古迹、公园、动物园、植物园、海洋馆、游乐场、影剧院、体育馆等	
	文化公益设施和活动场所	图书馆、博物馆、科技馆、艺术馆、纪念馆、慈善机构等	
	经济活动场所和交通设施	商场、饭店、农贸市场、工厂、医院、银行、物流站、火车站、汽车站、飞机场、地铁站等	
	政府机构和公共服务部门	市政府、街道办、法院、公安局、派出所、消防队、环保所等	
	国家象征	国名、国旗、国徽、国歌、首都、国庆日等	

5. 社会文化

社会文化，主要是指社会中稳定的价值取向、行为方式、精神风貌及其多种表现形式。相对于社会环境来说，社会文化更强调精神与价值，更关注历史的因素。通过对社会文化的认知和体验，学前儿童可以发展自我接纳和理解他人的能力，适应多元的、复杂的、变化的社会生活。学前儿童对社会文化的了解包括对中国传统文化的基本了解和对世界文化的基本了解。社会文化教育的内容如表2-13所示。

表2-13　社会文化教育的内容

教育内容	内容分解	内容描述	教育活动举例
社会文化	中国传统文化	春节、元宵节、清明节、端午节、中秋节、重阳节和二十四节气等	"快乐的春节""团圆中秋节""中国功夫""中国茶""京剧脸谱""神奇的中药"
		地方饮食习惯，如吃饺子、吃粽子、吃月饼等；贴春联、拜年、赛龙舟、中华武术、神话传说、婚丧寿庆的习俗等	
		剪纸、刺绣、年画、戏曲、书法、中医药、中国茶等	
		主要少数民族的风俗习惯、历史传说、服饰等	
	世界文化	元旦、妇女节、劳动节、儿童节、母亲节、父亲节等	"我会吃西餐""母亲节亲子活动""我去过的最远的地方""我喜爱的运动"
		礼仪、饮食习惯、语种、交往方式等	
		著名的历史遗迹、标志性建筑等	
		世界主要运动项目、奥运会等	

单元回顾

⊙ 单元小结

本单元主要对《纲要》《指南》《规程》中有关学前儿童社会教育的目标和内容要求进行了分析，并根据社会教育的实践逻辑对这些目标和内容进行了分解。《纲要》中对社会教育提出的五个目标是：①能主动地参与各项活动，有自信心；②乐意与人交往，学习互助、合作和分享，有同情心；③理解并遵守日常生活中基本的社会行为规则；④能努力做好力所能及的事，不怕困难，有初步的责任感；⑤爱父母长辈、老师和同伴，爱集体、爱家乡、爱祖国。其中，"目标①"的关键词是主动、自信；"目标②"的关键词是互助、合作、分享、同情；"目标③"的关键词是遵守规则；"目标④"的关键词是努力、责任感；"目标⑤"的关键词是爱。《纲要》中提出的学前儿童教育目标体现了以学前儿童为本的价值取向，以学前儿童情感性发展为基础的目标取向，以社会关系建构为维度的内容取向。这说明，我国学前儿童社会教育是从学前儿童出发的，通过良好关系的建构，着力培养学前儿童的社会性品质。《指南》将学前儿童社会教育目标归纳为两方面：一是人际交往，二是社会适应。其中，人际交往的目标可以归结为交往意愿、交往能力、自我意识、他人理解四个维度；社会适应的目标可以归结为参与群体生活的意愿，对群体生活规范的学习与遵守，社会生活环境与归属感的获得三个维度。健康领域中涉及的环境适应、情绪健康、生活能力与社会适应有着密切关系，幼儿教师也要特别关注。《指南》根据学前儿童的发展特点，分别对学前儿童在各年龄阶段的发展目标做了分解，为教育活动的设计提供了充分依据。《规程》对学前儿童社会教育目标的要求比较侧重品德，这与《指南》及《纲要》有明显的区别。《规程》的性质是教育法规，它强调贯彻国家的教育方针，侧重从社会和国家对人才培养的要求的角度来规范幼儿园的教育行为。学前儿童社会教育内容选择的依据是社会教育目标、符合幼儿身心发展的特点与需要、社会与文化发展需要等。学前儿童社会教育内容的选择要遵循生活性与适宜性原则、全面性与基础性原则、时代性与民族性原则。学前儿童社会教育的内容范围包括：自我意识教育的内容；人际交往教育的内容；社会规则教育的内容；社会环境教育的内容；社会文化教育的内容。

⊙ 案例分析

学前儿童的自我发展在不同阶段面临着不同的挑战，发展中的具体需要和任务也不同。在发展进程中，会出现多种需要、多项任务相互交织、相互影响、此消彼长的现象。因此，幼儿教师需要根据学前儿童的发展特点，对自我教育的主题进行"螺旋式规划"，以逐步推进学前儿童的发展。例如，幼儿教师可以帮助小班学前儿童了解自己的外形特点，培养他们基本的生活自理能力；幼儿教师可以引导中班学前儿童关注自己的内部特点以及自己与他人的差异，并引导他们学习正确的交往方法，学会表达和调控情绪；幼儿教师可以引导大班学前儿童从社会身份、身体与能力的变化等方面来关注自己的成长，确立自己的自豪感与自信心。具体的内容安排，需要幼儿教师根据学前儿童的特点及资源情况做出选择，但总体需要遵循由外而内、由具体到抽象、由易到难、逐层递进的"螺旋式规划"原则，如表2-14所示。同时，幼儿教师对单元主题活动的规划也要遵循由具体到抽象、层层递进的原则。

表 2 - 14　由易到难的螺旋式规划示例（自我意识）

阶段	学习重点	课程内容	
		上学期	下学期
小班	生理自我的认识	"我自己（五个宝，小手小脚）"	"我自己来"
中班	心理自我的认识	"不一样的我和你"	"快乐魔法"
大班	社会自我的认识	"我是哥哥（姐姐）" "我是老师的小帮手"	"我要上小学了"

⊙ 拓展阅读

[1] 卢梭. 爱弥儿：论教育　上卷 [M]. 李平沤，译. 北京：商务印书馆，1996.

[2] 卢梭. 爱弥儿：论教育　下卷 [M]. 李平沤，译. 北京：商务印书馆，1996.

[3] 李季湄，冯晓霞.《3～6 岁儿童学习与发展指南》解读 [M]. 北京：人民教育出版社，2013.

[4] 刘晶波，等. 幼儿园社会领域教育精要：关键经验与活动指导 [M]. 北京：教育科学出版社，2015.

[5] 管旅华.《3～6 岁儿童学习与发展指南》案例式解读 [M]. 上海：华东师范大学出版社，2013.

[6] 李茂功. 杜威论教育目的 [J]. 新教师，2019（5）：13 - 15.

[7] 程天君. 教育无目的？儿童中心论？——杜威两个重要教育命题献疑 [J]. 学前教育研究，2010（6）：3 - 7.

[8] 王友缘，李燕，吴慧娴. 从"社会性教育"走向"社会教育"：幼儿社会教育目标与内容的重新审思 [J]. 现代基础教育研究，2018，30（2）：148 - 153.

[9] 鲍伟红. 具身学习视域下的幼儿社会教育 [J]. 教育理论与实践，2019，39（8）：24 - 26.

⊙ 巩固与练习

一、简答题

1. 简述学前儿童社会教育的总目标。

2. 简述学前儿童社会教育内容选择的主要依据和基本原则。

3. 制定社会教育活动目标时需要注意什么问题？

二、案例分析题

小区的沙子坑是孩子们的乐园。男孩儿们在这里用小铲子、小车子来回运送沙子，女孩儿们把沙子堆成小房子玩过家家，好不热闹。2 岁 8 个月的小虎也捧着自己的大吊车、大铲车还有小水桶来参加"劳动"了。没想到，小虎刚把一大堆玩具放在地上，其他孩子就一窝蜂地围了过来。一个大一点儿的孩子先选了大吊车拿在手里，其他孩子也纷纷伸手来瓜分小虎的玩具。一下子，小虎只剩下一只小水桶了。小虎是个有点儿内向的孩子，平时在幼儿园就总是被抢走东西，他却从不吭声。今天，他看着小朋友们，委屈地把脸转向了妈妈。可是这些孩子都住在同一个小区，都是妈妈认识的小朋友，碍于面子，妈妈只好告诉小虎："那些玩具先让给小朋友玩儿，你可以先玩儿别的玩具。"小虎一声不吭，拿着自己的小水桶默默地装起了沙子。

运用本单元的学习内容来分析，小虎的妈妈的做法是否适宜？如果你是小虎的妈妈，你会怎么做？为什么？

三、操作练习题

1. 请根据以下故事内容，为小班幼儿设计一个社会教育活动目标。

袋鼠妈妈和袋鼠宝宝

一个阳光明媚的早上，袋鼠妈妈抱着袋鼠宝宝去菜市场买菜。一路上，她俩有说有笑，别提有多开心。不一会儿，她们就到了菜市场。哇，菜市场里的菜真多呀！有紫莹莹的茄子、黄澄澄的南瓜、身穿绿衣裳的黄瓜，还有活蹦乱跳的海鲜，真是应有尽有。袋鼠妈妈和袋鼠宝宝看得傻眼了，这样也喜欢，那样也喜欢。她们买了很多很多的菜，足足有两大包呢！袋鼠妈妈提着菜，抱着袋鼠宝宝回家了。没走多远，袋鼠妈妈就累得气喘吁吁了，豆大的汗珠直往下流，脚步也放慢了。这时，在袋鼠妈妈怀里的袋鼠宝宝觉得妈妈很累很累了。她想：如果自己继续让妈妈抱着，妈妈会筋疲力尽的，不行，我得自己走路。她连忙说："妈妈，我已经长大了，我想自己走路，你让我试试，行吗？"袋鼠妈妈看着怀中懂事的袋鼠宝宝，露出了欣慰的笑容。她轻轻地放下袋鼠宝宝，温和地说："宝宝，慢慢走，当心摔跤。"袋鼠宝宝跳到路上，紧紧地跟着袋鼠妈妈，她一边走路，一边还唱歌给妈妈听呢！袋鼠宝宝美妙的歌声消除了袋鼠妈妈的疲劳，袋鼠妈妈也情不自禁地哼起了歌。她俩唱着歌，兴致勃勃地回家了。

2. 选取某幼儿园某班幼儿作为研究对象，制定某学期本班幼儿的社会教育目标，并选择、设计相应的教育内容和教育活动。

第三单元 学前儿童社会性发展的特点及影响因素

🎓 导 言

　　大班的小凯最近经常不听老师的指令，不仅会与同伴发生冲突，还做出了一些破坏性行为。老师发现这种情况后，决定教给小凯一些调节情绪的策略，同时训练小凯的注意力，但进展似乎不大，于是老师决定与小凯的父母进行沟通。通过与小凯父母的沟通，老师得知，小凯最近一段时间在家里也出现了类似的行为。父母还提到，最近小凯变得越来越不听话，父母和他说事情时，他就好像没有听到一样。老师建议父母带小凯去看医生。小凯的父母带他去看医生后发现，小凯前段时间的一次感冒引发的肺部感染影响了他的听力。小凯经常听不清同伴和老师的话，他的沮丧情绪被激发，才做出了一些攻击性和破坏性的行为。

　　在这个案例中，小凯的行为出现了一些问题，老师先将其行为归因于注意力并据此使用了一些办法来改善这种情况，但效果不佳。老师后来通过与小凯父母的沟通并借助医生的帮助才找到问题的症结所在。从这个案例中，我们可以发现学前儿童社会性发展影响因素的复杂性、家园沟通合作的重要性等。本单元所涉及的内容就是学前儿童社会性发展的特点及影响因素，具体将从学前儿童社会认知、社会情感、社会行为等方面的特点进行分析和解读，同时对学前儿童社会性发展的影响因素进行探析。

☆ 学习目标

1. 理解学前儿童社会认知、社会情感、社会行为发展的特点及表现。
2. 理解影响学前儿童社会性发展的内部因素和外部因素。
3. 能够运用发展生态学理论对学前儿童社会性发展的影响因素进行分析。

思维导图

学前儿童社会性发展的特点及影响因素
├─ 学前儿童社会性发展的特点及解读
│   ├─ 学前儿童社会认知发展的特点及解读
│   ├─ 学前儿童社会情感发展的特点及解读
│   └─ 学前儿童社会行为发展的特点及解读
└─ 学前儿童社会性发展的影响因素
    ├─ 影响学前儿童社会性发展的内部因素
    └─ 影响学前儿童社会性发展的外部因素

第一节 学前儿童社会性发展的特点及解读

学前儿童社会性的发展体现在很多方面，不同的研究者对其特点有着不同的分类。幼儿教师应了解并把握其内容，不仅是为了从知识层面了解学前儿童社会性发展的特点，更是为了在对学前儿童社会性的发展进行观察和分析时有一个相对清晰的理论思路。从心理层面来看，可以从社会认知、社会情感、社会行为等几个方面来解读学前儿童社会性发展的特点。当然，这种划分只是为了研究、学习的需要，在教育实践中，我们很难将这几个方面截然分开。

一、学前儿童社会认知发展的特点及解读

社会认知，是指个体对自我、他人、社会关系、社会规则等社会性个体或社会现象及其关系的感知和理解的心理活动。社会认知包括两种不同的层次水平：一是对个体的认知，包括对自我、他人各种心理活动（如感知、注意、记忆、思维、情感、动机、意向等）及思想观点、个性品质等的认知；二是对关系和规则的认知，包括对人与人之间各种双边关系的认知，如对权威的服从、友谊、意见冲突等关系的认知，也包括对社团内部或社团之间各种社会关系的认知等。学前儿童社会认知的发生是一个逐步区分、认识社会性客体的过程，即区分、认识人类客体与非人类客体、一个个体与另一个个体、自我与非我的过程。总体而言，学前儿童社会认知发展呈现出如下趋势：从认知他人到认知自我，再到认知相互关系；从认知情感到认知行为，再到认知心理状态；从认知身体到认知心理，再到认知社会。

（一）对自我与他人认知发展的特点及解读

1. 从外部认知逐步转向内部认知

在成长的过程中，学前儿童的自我概念发生了非常重要的变化，其发展的一般过程表现为：早期关注稳定的、外在的、看得见的特征，后期关注更多变的、内在的和不可见的特征。在学前早期，大多数儿童一般以具体的、看得见的特征来描述自己，如他们的身体特征、拥有的物品和典型的行为。例如，一个4岁女孩儿的自我描述是："我是一个女孩儿，我的头发很长，我家里有爸爸妈妈，我不喜欢小狗。"从她的描述中可以看出，她有关自我的描述更多涉及的是具体可见的特征，而较少涉及内部特征，这也是处于学前早期的儿童普遍具有的特点。当然，这并不意味着他们对自己的个性毫无认知。一般而言，3岁半的儿童已经具有涉及心理品质维度的自我概念。当自我认知的各个方面（包括知觉的、身体的、社会的和心理方面的认知）都汇集在一起并整合起来以后，学前儿童对自我的描述就会越来越好。随着时间的推移，儿童的自我概念也变得更加抽象化和心理化，如他们在描述自己时，会开始涉及自我的兴趣爱好、性格特征、人际偏好等。

学前儿童对他人的认知早于对自我的认知。关于他人的概念会在学前儿童的发展过程中发生很大的变化，主要呈现如下的发展趋势：从关注具体的、外部的、可观察的特征到关注更抽象的、内在的和无法观察的特征。一般，5岁以下的学前儿童倾向于关注他人外部的、可观察的特征，如身体外貌、拥有的东西和典型的行为。他们也同时关注他人的行为与自己如何发生关系。例如，一个未满5岁的儿童对他人的描述是："多多是我最好的朋友，我们在街上玩儿。他有一个姐姐。我喜欢他，因为我可以玩他的玩具，他还会把他的零食分享给我吃。"这个儿童对朋友间的人际互动方式做出了清晰的描述，而不仅仅限于对朋友外在特质的描述。此外，学前儿童有时也用心理相关的词汇来解释他人的行为，如"他受到了惊吓""妈妈很难过"。然而，学前儿童的心理学归因一般具有情境特异性，它们并不指持久的个性或特质。随着时间的推移，学前儿童关于行为的心理学原因的知识变得更加抽象和复杂。

2. 从"自我中心"逐步转向"去自我中心"

皮亚杰在他的早期研究中提出了"自我中心"的概念，意指儿童把注意力集中在自己的观点和自己的动作上，不能区分自己与他人的观点。处于"自我中心"阶段的儿童认为，在大多数场合下的外部事物就是他们直接感觉到的样子，他们不能从事物的内部关系出发来观察事物。这种"自我中心"思维既体现在对空间的认知上，也体现在对他人观点的认知上。一般，4 岁前的儿童基本处于认知上的"自我中心"阶段，伴随着年龄的增长和社会经历的增加，尤其在与同伴交往的应对冲突的过程中，4 岁以后学前儿童的自我中心主义逐渐减少，逐步发展出观点采择能力。

观点采择能力，是指个体区分自己与他人的观点，并根据相关信息，运用已有知识和经验对他人观点进行推断及做出反应的能力。观点采择能力具体包括：区分他人的观点，认识到他人有某种或某些不同于自己的观点以及自己有了解这些观点的必要；推断他人的观点，在区分的基础上运用适宜的信息对他人的观点进行推理。个体认识自己和他人的能力，是以其观点的假设或采择为前提的。要认识一个人，就必须理解他的观点并了解他的思想、情感、动机和意图等影响、决定其外部行为的内部因素。因此，观点采择能力在学前儿童社会认知发展中处于核心地位，是个体社会性品质形成的首要认知条件。

心理学家对学前儿童的观点采择能力进行了一些研究。大部分学者认为，儿童在 4—5 岁时，才能初步具备社会观点采择能力。方富熹与基茨在研究中得出儿童在 4—5 岁的时候已经具备了初步的社会观点采择能力的结论。[①] 刘桂宏通过研究发现，5 岁左右是儿童社会观点采择能力发展的关键年龄；在儿童开始掌握因果关系后，其社会观点采择能力逐渐发展得更成熟。[②] 张文新认为，儿童初步克服认识上的自我中心主义是在其 6 岁左右；但对这一阶段的儿童而言，准确采择他人的观点还有比较大的困难，儿童社会观点采择能力快速发展的时期是 6—10 岁。[③]

（二）对社会关系和规则认知发展的特点及解读

1. 对社会关系的认知从简单到复杂

学前儿童对他人和自我的认知是在人与人的相互关系中进行的，因此，学前儿童在与他人有充分的互动之后才能明确认识到自己和他人的关系。目前，将社会关系本身作为儿童认知的对象进行深入研究的内容相对较少。对婴儿期后儿童的研究，主要集中在儿童对友谊、权威、冲突等的认识以及对同伴地位的评价等。对友谊的认知是社会关系认知的重要组成部分。研究显示，从整体上来说，学前儿童对友谊关系的认知呈现出逐渐复杂的特征。年龄小一些的学前儿童，其游戏关系的核心是共同游戏和活动，他们主要以外在特征去界定朋友。年龄大一些的学前儿童则开始

---

① 方富熹，齐茨. 中澳两国儿童社会观点采择能力的跨文化对比研究 [J]. 心理学报，1990（4）：345 – 354.

② 刘桂宏. 关注幼儿社会观点采择能力的发展 [J]. 四川教育学院学报，2010，26（8）：48 – 49，52.

③ 张文新，林崇德. 儿童社会观点采择的发展及其与同伴互动关系的研究 [J]. 心理学报，1999（4）：418 – 427.

将互惠、合作、平等等作为游戏的基础。^① 较新的研究显示，4—5 岁的学前儿童对友谊的理解和表达主要体现在以下六个方面。

（1）共同活动和分享：与他人身体接触、交谈经历和分享想法。

（2）友谊的空间：共同活动的领地和排他性。

（3）友谊的规则：公平和互惠性。

（4）扮演不同的角色：存在"领导者"和"追随者"的等级制度。

（5）友谊的特权：朋友间享有特权，能够得到支持与照顾等。

（6）互补性和啮合性：存在个性上的相似性与互补性。^②

从以上六个方面我们可以看出，学前儿童对同伴型社会关系的认知已经比较全面，已有"似成人"的特征。

2. 对社会规则的认知逐渐深化

社会规则是被一定社会或文化群体所接受的习俗，如穿衣的风格（如"男孩子不穿裙子"）和社交的礼节（如"对长辈不能直呼其名"）等。社会规则规定了能被公众接受的适宜行为的一般标准，如"嘴里有食物时不要讲话"或"受到赞赏后要说谢谢"，而另一些标准则只被用在更有限的场合。较小的学前儿童将社会习俗和道德规则区分开来的能力较弱，他们认为社会习俗跟道德规则一样是绝对的、不可改变的，

如何通过游戏拓展
幼儿的社会认知

但他们能够很快就认识到这两者的区别。研究显示，3 岁左右的学前儿童就能对两种主要的社会规则——社会习俗和道德规则做出很好的区分，如他们认为即便学校允许也不能打人（不可违反道德规则），但如果学校允许就可以脱光衣服（可以违反社会习俗），而且这一区分具有跨文化的普遍性，甚至具有内在的神经基础。最新的神经影像学研究甚至表明，面对道德事件，青少年较成人表现出更强的反应，而在面对习俗事件时则没有差异。^③ 整体而言，到了 3 岁半，学前儿童会认为，即使在没有成人看见的情况下，违反道德规则也是错误的；而在同样情形下，违反社会习俗不算错误。对是否违反道德规则的判断，更多依赖于相应规则的存在；但对是否违反某项社会习俗的判断，则多少存在一些习俗领域内的差异，这可能与不同学前儿童个体对具体习俗情境的熟悉程度有关。此外，研究

① FURMAN W，BUHRMESTER D. Age and sex differences in perceptions of networks of personal relationships [J]. Child Development，1992，63（1）：103 – 115.

② PAPADOPOULOU，MARIANNA. The "space" of friendship：young children's understandings and expressions of friendship in a reception class [J]. Early Child Development and Care，2016，186（10）：1544 – 1558.

③ 刘国雄，李红. 儿童对社会规则的认知发展研究述评 [J]. 华东师范大学学报（教育科学版），2013，31（3）：63 – 69.

显示，4—6岁的儿童认为，处于权威地位的家长和教师可以决定跟社会习俗和道德规则有关的事件；但相对于道德违规而言，他们在习俗违规中表现出更高的权威依赖性，即不论权威观点如何，道德违规都是错的，而习俗违规则依赖于权威的认可。[1] 这就可以解释如下问题：为什么到了中班，学前儿童的告状行为会明显增多。

二、学前儿童社会情感发展的特点及其解读

心理学研究显示，个体在出生后，其情感发展经历了四个阶段，依次是情感的出现、理解自己的情感、感知他人的情感、完成童年期的情感任务。学前儿童情感发展的过程既受到身心成熟度的影响，也受到自身经验的影响。

（一）自我情感的感知与表达

1. 早期情感表现呈现两极化特征

最开始，年幼的学前儿童会认为，自己在一段时间内只会产生一种情感，而且一旦产生情感，这种情感往往会比较强烈，如果没有及时得到满足，自己就会生气。这种情形下的生气，就是完全的生气；这种情形下的高兴，就是完全的高兴。对这个阶段的学前儿童来说，其情感转化的过程很快。例如，一个孩子开始因为妈妈没有抱自己而掉眼泪，但是当爸爸拿出他喜欢的零食后，他很快就会破涕为笑。这种情感的迅速转变常常被认为是这个年龄阶段学前儿童的典型特征。由于还没有学习到更多表达情感的方式和手段，所以，这个阶段的学前儿童在情感爆发后的表达方式往往比较单一而剧烈，大声哭泣、尖叫等都是常见的表现。成人在面对学前儿童这类情感表现时，往往会认为他们是在"使性子"，其实不然。儿童自身缺乏了解、表达自己情感的能力，对于他们而言，用肢体动作表达情感最容易做到，也更容易引起他人的关注。从进化的角度看，这使他们更倾向于用肢体动作这类方式表达自己的情感，如不高兴时就拉下脸，激动时就蹦蹦跳跳。从另外一个角度看，成人要能够敏感地识别学前儿童发出的"非言语信号"，并给予积极的回应。

2. 情感反应和表达随年龄增长变得更精细化

伴随着学前儿童情感的分化，其情感反应也变得更精细，主要表现为：一方面，

---

① 刘国雄，李红. 儿童对社会规则的认知发展研究述评 [J]. 华东师范大学学报（教育科学版），2013，31（3）：63－69.

学前儿童在同一情境内能够体验到多种情绪，只要这些情绪是来自同一个情绪群，且他能够自我认知到这种情绪群，如他对参加幼儿园的一个游园活动感到快乐而兴奋。另一方面，学前儿童对同一种情感的表达方式开始呈现出多样化的特征，如大班的儿童如果产生愤怒的情感，他就不会仅仅通过哭泣的方式来表达自己的感受，而可能通过生气地喊叫、撅起嘴角、沮丧叹气等方式，或者直接用语言来表达。这种多样化的情感表现，是基本情感、情感背景、儿童认知和语言能力发展等多种因素相互作用的结果。但是，即使该阶段学前儿童的情感反应和表达更精细化，他们还是会出现选择不恰当方式表达情感的情况，这与榜样示范较少、相关经验缺乏、对自己情感不够理解、语言表达受限等因素相关。

需要指出的是，由于天生气质和后天教养环境的差异性，学前儿童在情感的表达上也存在个体差异性：有的人倾向于通过动作行为表达情感，有的人擅长通过语言的方式表达内在的感受，有的人的情感表达具有内隐化的特征。幼儿教师要在日常的保教工作中细心观察、倾听学前儿童个性化的表达，进而采取有针对性的应对措施。

⊙问题思考

在自己实习或见习的班级中观察，面对同样的情境（如被同伴攻击、被同伴抢了玩具等），班级中不同幼儿有哪些差异化的情感表达方式？他们的情感表达方式受到哪些因素的影响？如何从教育的角度来促进他们情绪表达能力的发展？

（二）对他人情感的感知与表达

1. 从单一线索的感知逐步转向多样化线索的感知

学前儿童早期主要依据面部表情来辨识他人的情感。在2—5岁时，他们可以通过他人的面部表情准确地区分出积极的情感和消极的情感。从心理学的角度来看，表情线索对这个年龄阶段的学前儿童很重要，他们以此来辨识他人的情感。例如，一个孩子在幼儿园看到同伴因为妈妈离开而哭了，他就能够判定同伴很难过。但如果问这个孩子，他的同伴为什么难过？他的回答却是因为同伴哭了，而不是因为同伴的妈妈离开了。学前儿童在分辨情感的强烈程度时，也更多地基于人们行为的激烈程度而不是具体的行为。例如，一个孩子在犯了错误后，妈妈批评的声音比较大，他就会认为自己这个错误比较严重，而不是从行为本身的严重程度来进行判断。因此，如果不同的教育者，如班级中的老师或家庭中的父母，他们对孩子行为的反应非常不一致，就容易让孩子产生认知混乱。此外，这一阶段的学前儿童更容易区分基本情感而不是那些有微妙线索的情感。他们一次只能关注他人的一种情感,还无法意识到他人正在体验复杂的混合的情感。

学前儿童认知、理解他人情感的准确性随着他们的成熟而提高。4—5 岁的学前儿童在认知他人情感时,除了表情线索,还会注意到情境线索,即当看到他人出现情感表现时,学前儿童不仅能通过对方面部出现的表情来判断为何如此,还会关注在对方身上发生了什么或正在发生什么,并将这些情境性的因素与个体的面部表情联系起来进行判断,进而理解对方产生相关情感的原因,对他人情感的判断变得更准确和深入。例如,一个 4—5 岁的孩子看到同伴在摔玩具,他不会仅仅认为同伴在生气,还明白同伴是因为"玩具坏了不能玩儿"才生气,由此,这个孩子会进行推理:如果玩具修好又可以玩儿的话,同伴就不会再生气了。

当然,不同学前儿童对他人的感知能力并不完全相同,而是存在一定的差异性。学前儿童对他人情感的感知和辨别能力,不仅受到个体智力的影响,还受到其他因素的影响。例如,学前儿童对一个人的了解程度,与这个人在一起时的感觉,对过去相关行为的记忆等,都在一定时间内影响着他识别这个人情感状态的程度。

2. 移情出现并不断发展

移情,指一个人(观察者)观察到另一个人(被观察者)处于一种情感状态时,产生与观察者相同的情感体验。它是一种替代性的情感、情绪反应,也就是一个人设身处地地为他人着想,识别并体验他人情感和情绪的心理过程。

移情包括两个认知成分和一个情感成分。两个认知成分,一是辨认和命名他人情感状态的能力,二是采择他们观点的能力;一个情感成分,指情感反应(或情感表达)的能力。在移情产生的过程中,认知成分和情感成分相互作用、密不可分。认知水平和情感唤醒共同决定着移情的性质、强度、方式和内容。一方面,为他人设身处地着想的情感反应,往往建立在能推断他人情感状态的认知能力的基础上;另一方面,设身处地的情感唤醒为观察者提供了推断他人情感意义的内部线索。有研究认为,儿童很早就会表现出移情的迹象。从 2 岁左右开始,儿童进入认知移情阶段,体现为区分自己与他人观点和情感的能力不断提升;而到了童年晚期,儿童对他人移情的唤醒超越了直接情境的限制,各种类型的信息,包括他人的表达线索、直接情境线索和关于他人生活状况的认识等,都能引发儿童的移情反应。[①] 整体来看,学前时期是移情从未分化的、混沌的状态向认识清晰的状态发展的重要阶段,也是儿童练习移情并通过移情与他人(包括同伴和成人)建立亲密关系的重要阶段。

---

① 周宗奎. 儿童社会化[M]. 武汉:湖北少年儿童出版社,1995:192.

霍夫曼提出的"移情发展的阶段"

阶段	开始时间	表现
普遍性共情性悲伤	出生	婴儿在听到别人的哭声后也会以同样的反应强度跟着哭起来，就像自己也在遭遇不幸一样
自我中心共情性悲伤	11 个月	当其他人表现出痛苦时，婴儿也会显得很难过，但他的行为主要是为了减少自己的痛苦
类自我中心共情性悲伤	1—2 岁	儿童会向当事者提供帮助。他们认为，对自己有用的方法也能帮助到当事者
对他人悲伤的真正移情	2—3 岁	儿童开始认识到，自己和他人都有各自的内心状态。儿童能更准确地表现出与他人的共鸣，并能做出更有效的安慰行为，尽管这些行为的动机仍是缓解儿童自己的痛苦
同情性悲伤	3 岁	儿童开始理解，当事者跟自己无关。但是他们也关心当事者，这不仅仅是为了儿童自己，而是想要缓解当事者的痛苦

资料来源：刘晶波，等. 幼儿园社会领域教育精要：关键经验与活动指导［M］. 北京：教育科学出版社，2015：138. 引用时有改动。

三、学前儿童社会行为发展的特点及解读

学前儿童社会行为主要体现在对自我行为控制能力以及与他人相处时的亲社会行为方面。学前儿童的自我行为控制能力体现在行为的自制力、坚持性、自觉性等方面。亲社会行为是指符合社会期望，对他人、群体及社会有益的行为，如帮助、分享和安慰行为。这类行为是学前儿童进行人际交往和社会适应的重要保障，也是其社会性发展水平的重要指标。

（一）自我行为控制能力发展的特点及解读

学前儿童自我行为控制能力由外显行为的自我控制和内隐行为的自我控制两个维度组成。外显行为的自我控制包括对情感的控制、坚持性、自制力和独立性四个因素；内隐行为的自我控制包括对动机的控制和自觉性两个因素。[①] 学前儿童自我行为控制能力伴随着年龄增长而逐渐发展，整体上呈现出由低到高、逐渐平稳的趋

---

① 郭伟，李喆君，陶倩，等. 儿童区分意图行为与自我控制能力关系的研究［J］. 现代生物医学进展，2008，8（12）：2563－2565.

势。整体而言，学前儿童的自我行为控制能力呈现出如下特点。

1. 行为的启动速度整体快于抑制速度

自我行为控制能力发展的第一步，是机体对自身动作、运动的控制。国外对自我行为控制能力的研究从冲动性开始，主要从三个方面来研究冲动性：动作和运动的控制、认知行为的控制和情绪、情感的控制。普莱尔对"儿童如何对自身动作进行抑制"这一问题进行了研究，他认为，儿童的心理表象和机能的发展有利于儿童对其自身动作进行控制。研究发现，让2—4岁的学前儿童对某种信号不做反应比让其做出反应要困难得多。同时，从3岁2个月到4岁11个月，学前儿童对自身动作的抑制能力有很大的提高。学前儿童自我行为控制能力的发展不仅包括对动作、行为的简单抑制，还包括根据需要调整自己的活动节奏和速度。相对来说，学前儿童能快速地进行某种活动，但如果让其慢慢地进行某种活动却困难得多。学前儿童行为的抑制速度明显比启动速度慢。究其原因，学前儿童对自我行为的控制水平受到神经系统发育水平的影响。约从4岁起，由于神经系统的发展和平衡，内抑制开始蓬勃发展起来，学前儿童开始逐步学习控制自己的活动和情感。随着大脑皮质抑制机能的逐渐完善，他们的兴奋和抑制逐渐趋于平衡，能够逐步在一定程度上控制自己的行为。由此可见，神经系统的发育水平直接影响着学前儿童自我控制的水平。

正因为学前儿童自我行为的控制能力与大脑中枢神经系统的发育有着密切的关系，所以低龄学前儿童的自我行为控制能力比较弱，这种能力随着他们年龄的增长逐渐加强。针对这样的发展特点，幼儿教师对其行为的引导也应讲究策略。在教育过程中，当幼儿教师试图要求学前儿童停止某一个行为，即要求其行为从活跃状态进入抑制状态时，要给其预留从动作调整到动作停止的时间，而不能要求其马上就能停止当下正在进行的行为；在要求他们开始启动某个行为时，则要事先给他们定好规则，并在可能的情况下将要进行的活动逐一分解，让他们有序、有节奏地进行活动，避免出现一拥而上的情况，使活动陷入无序和混乱的状态。

案例 3-1

小陈老师的指令

小陈老师在活动结束时经常会给出这样的指令："小朋友们，还有五分钟我们就要结束活动了，完成活动的小朋友们可以开始收拾了。"对于动作比较慢的小朋友，她经常会问"你还需要几分钟呢?"，让他们提早做好结束活动的心理准备。在开始活动时，小陈老师经常会给出这样的指令："三分钟后，我们就要开始这个活动了，大家先一组一组地出去。"对于平时活跃度比较高的小朋友，小陈老师经常把他们安排在后面的小组里，让其他小组先启动后，再轮到他们；或者先给这几个小朋友安排一些固定的协助任务，再让他们参与到活动中去。

在案例3-1中，基于对学前儿童自我行为控制水平的把握，小陈老师在活动结束和开始时给出相应的指令，让小朋友们有一定的时间来调整、控制自己的抑制动作或启动动作。小陈老师在活动结束时给小朋友们预留一定的时间，让他们有停止活动的心理预期，避免因为活动结束得太仓促给他们造成心理压力，影响活动的节奏；在活动开始时，让小朋友们按照小组的形式依次启动，避免让他们一拥而上，产生混乱。同时，小陈老师还注意到班级中小朋友之间的个体差异，有针对性地安排活动秩序，在一定程度上避免了活动的失序。

2. 行为具有不可逆性

因为学前儿童的大脑神经系统还在发育过程之中，其大脑的执行功能发育得还不够完善，所以他们的行为表现出不可逆性。学前儿童首先要学会停止、抑制某些行动，但这对年幼的儿童来讲并非易事。其原因在于，婴儿在刚出生时，只有成熟的皮下组织结构和最简单的皮质区（第一级区或投射区），比较复杂的皮质区（第二级区和第三级区）还没有完全成熟；随着个体的成长，最简单的皮质区没有什么重大发展，但是比较复杂的皮质区却发展得非常迅猛。大脑皮质的发展与信息的加工、译码过程的复杂化、自我调节水平及复杂的整合作用直接相关。随着大脑皮质的迅速发展，其抑制机能也逐渐发展起来，这是学前儿童认识外界事物和调整、控制自我行为的生理前提。首先，从思维上，学前儿童一般不会想到他们实际行为的反面，也就是说，他们的想法具有不可逆性。鲁利亚等人对2—4岁学前儿童的行为进行研究后发现，儿童抑制自己的动作较难，对某种命令做出停止的动作更难。[①] 这意味着，他们并不善于思考与实际行为相反的行为。如果他们正在做"推"的动作，那么他们很难能够迅速想到"拉"这个动作；如果他们正在伸手拿东西，那么让他们把手抽回来就成了一个挑战。学前儿童也很难自发停止一个正在进行的动作。例如，当一个学前儿童已经做出击打某物的动作时，即使周围有指令告诉他不要这么做，他也不会立即停止这个动作，而是一直等到完成这个动作后，他才会把手拿回或把手放到一边。

---

① 李念念. 自我控制研究综述［J］. 科教导刊（中旬刊），2015（2）：166-167.

来不及了

在户外活动时，小班的鹏鹏没有控制好皮球，把球打到了旁边的凡凡身上。凡凡觉得自己被打了，马上转过身来。当他看到是鹏鹏在玩球，就向鹏鹏扬起了手。老师在旁边看到后，马上说："别打！"但来不及了，凡凡的手已经朝鹏鹏推了过去，鹏鹏跌坐在地上。

在案例 3 - 2 中，凡凡认为自己受到了攻击，随后就做出了"推鹏鹏"的攻击性行为。老师在旁边已经发出了语言指令，但凡凡仍未停止该行为，这体现出学前儿童行为的不可逆性。在幼儿园的保教工作中，幼儿教师遇到类似的情况时，不要轻易地给学前儿童贴上"不听指令"的标签，因为他们是否能控制自己的行为并不完全由其主观意志决定，而是和其大脑神经系统的发育密切相关。

在教育教学实践中，幼儿教师应关注学前儿童行为不可逆的特点。对于年幼的儿童，幼儿教师除了使用语言指令引导其行为，还要通过识别其行为信号的方式，及早对其行为进行干预；对于年龄大一些的儿童，幼儿教师可以使用语言指令实现对其行为的引导和控制。成人的语言指导对不同年龄儿童的影响是不同的，例如，成人的语言指导对 3 岁的学前儿童几乎没有什么影响，但对 4 岁以上学前儿童的影响会显著一些。

（二）亲社会行为发展的特点及解读

1. 亲社会行为的发展具有阶段性

（1）分享与助人行为。刚刚出生的婴儿都是自我中心主义者，进入幼儿期（2—5 岁）之后，他们开始发展从多种角度、多种立场考虑问题的能力。随着交往面的扩大，他们也逐渐开始形成进而发展利他行为，这些利他行为突出体现在分享和助人方面。

分享是个体在与他人共同活动的过程中经常出现的利他行为，是人与人交往所需要的一种重要品质。分享行为的发生，意味着交往中的双方共同享有某种事物或情感，总有一方做出一定的牺牲。对学前儿童而言，分享的对象可以是事物，如食品、玩具、图书等；也可以是情感，如老师和父母的爱。3—6 岁的学前儿童不同程度地存在分享行为，而这种分享的行为随着他们年龄的增长而增加。

助人也是一种典型的利他行为。有的学者认为学前儿童不会做出助人行为，但相关研究表明，学前儿童已表现出助人行为，只是这种行为有一个发展的过程。学前儿童的助人行为随着年龄的增长而变化，如果有其他人在场，学前儿童会因为恐惧减少而增加助人行为。对年龄在 5—12 岁儿童助人行为的研究表明，5—8 岁儿童的助人行为随着年龄的增长而增加，而 9—12 岁儿童的助人行为则随着年龄的增长呈下降趋势。[①] 我国学者满晶、马欣川的研究也表明：幼儿期儿童存在以利他行为为目的的互助行为，虽然个体在这方面存在较大的差异，但事实上，互助行为已经比较普遍地存在于幼儿期儿童的社会行为之中。[②]

小贴士

年龄对分享行为的影响

年龄小（2—6 岁）的儿童	年龄大（6—12 岁）的儿童
1. 自己为导向的动机 2. 认识到自己的要求 3. 珍视当前的所有权 4. "此时此地"的思维 5. 几乎没有谈判或者协商的言语技巧 6. 对多于一项选择的关注存在困难	1. 他人为导向的动机 2. 认识到别人要求的合理性 3. 区分事物的价值 4. 考虑到将来的益处，可能运用过去的经验来指导行为 5. 得到很好发展的言语技巧 6. 许多可选择的解决方案

资料来源：克斯特尔尼克，等．儿童社会性发展指南：理论到实践［M］．邹晓燕，等译．4 版．北京：人民教育出版社，2009：516.

（2）合作行为。合作是两个或两个以上的人共同活动、协同实现活动目标的行为。合作也是一种基本的社会行为。合作作为人与人之间一种基本的互动形式，一直是个体社会化研究的重要领域。一项有关学前儿童合作的研究指出，在 2 岁左右，他们的合作行为开始发生并迅猛发展。学前儿童的合作行为随着年龄增长而不断增加。一项有关学前儿童游戏的研究发现，1 岁左右的儿童之间很少产生合作性游戏；而绝大多数 1 岁半到 2 岁的儿童，他们之间已经产生了合作性游戏，这个年龄阶段的儿童之间产生合作性游戏的频率也迅速增加。还有研究发现，1 岁半到 2 岁的儿童比年幼的儿童进行了更多的与同伴和成人交往的游戏。2 岁的儿童在与同龄伙伴进行交往时，能够相互协调行为以完成共同的目标，而这对 1 岁半的儿童来说还比较困难；2 岁以后的儿童能够更有效地进行社会交往，更经常地进行合作性游戏。[③]

① 张文新．儿童社会性发展［M］．北京：北京师范大学出版社，1999：308.
② 虞永平．社会［M］．2 版．南京：南京师范大学出版社，1999：68.
③ 张文新．儿童社会性发展［M］．北京：北京师范大学出版社，1999：310.

在学前儿童的亲社会行为中，合作行为相对比较常见，其他儿童也能够对这种合作行为做出积极反应。其中，小班儿童更多呈现出无意识的、随机的合作；中、大班儿童有意识地进行合作性游戏的概率大大增加，且能够按照幼儿教师的指令开展合作性任务。

⊙学习活动

设计一个促进幼儿产生合作行为的户外游戏（大班）

活动目的：促进幼儿产生合作行为。

本次活动大约需要1小时。

步骤1：根据班级幼儿的特点设定合作目标。

步骤2：结合幼儿园的户外条件设计户外游戏。

步骤3：设计游戏的基本玩法，准备游戏需要投放的材料。

反馈：

1. 大班幼儿的合作行为已经具有一定的自主性，因此幼儿教师在设计游戏时要注意充分发挥幼儿的自主性。

2. 幼儿教师可以多投放低结构的材料，以促进幼儿产生更多的合作行为。

3. 幼儿教师可以预设多种合作性游戏的玩法，并在游戏时给幼儿提供"支架"，引导幼儿的行为向高层次的合作行为发展。

（3）安慰与保护行为。学前儿童不仅能够区分他人的需要和利益进而做出分享和助人行为，而且可以对周围其他人的悲伤情感做出亲社会的反应，主要包括注视悲伤者、哭泣、呜咽、大笑和微笑等。随着学前儿童年龄的增加，这些反应逐渐被其他一些反应所代替，如寻找看护人、模仿，以及明显的具有利他性或亲社会性的干预意图的行为。这些亲社会性的干预意图也会随着学前儿童年龄的增长变得越来越复杂。例如，一个5岁左右的学前儿童会把水瓶递给疲劳的母亲，然后躺在母亲的旁边轻轻拍她。虽然他们做出的这些安慰或保护行为并不总是很适宜，但这类行为却明显包含真正关心他人的成分。

需要指出的是，学前儿童的亲社会行为并非随着他们年龄的增长而必然增多，它需要幼儿教师有计划、有目的地对学前儿童进行相关的教育。一般认为，对学前儿童进行共情训练、榜样教育，利用归因原理、正面强化等方式，都可以在一定程度上促进学前儿童亲社会行为的发展。

2. 亲社会行为的发展具有连续性和挑战性

一般认为，"最近发展区"主要体现在知识、技能的学习方面，实际上，学前儿童的亲社会行为也是一个连续而富有挑战性的过程，也存在着"最近发展区"。例如，在发展友谊的过程中，当学前儿童掌握了一种有效的社交策略，有了交往成功的体验时，他们的交往效能感就会被激发，他们的社交欲望也会进一步被激发；反之，如果他们在交往中总是遭到挫败，他们在社交方面就有可能产生"习得性无助"，他们可能会停止继续社交的尝试，并可能出现低自尊行为。因此，积极的社会学习更可能在学前儿童既感兴趣又能获得成功的时候发生。幼儿教师应为学前儿童提供一个有准备的环境，并在他们进行社交时提供必要的帮助，如鼓励其采用一些新的社交策略等；应在他们遇到社交方面的问题时，用更多的方式引导他们进行尝试，如移情训练、集体协商等。当学前儿童逐渐熟练掌握了某些社交策略时，幼儿教师就可以"往后退"，让他们独立地尝试各种社交策略，以促进其亲社会行为的发展。

案例 3－3

湾湾用绘本交朋友

湾湾的胆子比较小，她喜欢黏在老师身边，但回家后，她却对妈妈说班上没有小朋友和她玩儿。妈妈将这个问题反馈给了老师。老师观察后发现，湾湾有交往的动机，但缺乏一些发起互动的策略。一次，湾湾带了一本叫《子儿，吐吐》的绘本。点点看到湾湾在看绘本，就对湾湾说："我也想看。"湾湾点点头，于是两个小朋友一起看起绘本来，边看还边讨论绘本中的图画。老师看到了这一幕。事后，老师与湾湾聊天，说："你看，班里也有其他小朋友和你一样喜欢看绘本，今天点点就被你的绘本吸引了。以后，你可以带你喜欢的绘本来幼儿园，再邀请其他小朋友一起看。"湾湾听后点点头。湾湾开始带一些自己喜欢的绘本来幼儿园，后来，她又带了自己喜欢的毛绒玩具。通过这种方式，她与班里小朋友的互动明显增加了。

在案例 3－3 中，老师注意到，湾湾有交往的动机但缺乏交往的策略。一次偶然的机会，老师发现湾湾可以利用绘本与其他小朋友互动，便及时强化了她的这种行为。湾湾逐渐掌握了这种"通过中介物与小朋友互动"的策略，其社交技能因此得到了发展和提升。

需要注意的是，学前儿童对社交策略的尝试，往往需要一个漫长的过程。不同的学前儿童有不同的气质类型和发展状况，可能会在学习阶段上呈现出差异性。例如，一个儿童可能需要几十次的尝试才能熟练掌握"邀请"的策略，而另一个儿童可能很快就学会了这个策略。此外，学前儿童学习社交策略的过程也不是"线性"的，而是会出现"反复"，尤其在其社会生活环境发生变化时，这种"反复"更容易发生。例如，寒暑假期间，他们主要在家庭中生活，而家庭的交往规则与幼儿园的不同，他们在幼儿园习得的一些社交策略，由于缺乏尝试、运用的环境，可能会出现"消退"的情况，这都属于正常现象。

还需要注意的是，学前儿童在某次情境中取得成功的社交策略在另一个情境中可能无法取得同样的效果。作为社会经验不够丰富的个体，学前儿童对于互动关系中种种社交策略的理解具有模糊性和机械性，因此他们需要大量的机会去实践并不断完善这些社交策略。幼儿教师应及时强化他们的良好行为，当他们在练习新的社交技能时，给予他们必要的支持并耐心地坚持对他们进行训练，帮助他们尝试不同的社交策略来发展其能力。

3. 亲社会行为的发展方式具有多样性

在幼儿园这个集体环境中，虽然学前儿童整体基本沿循着相似的轨迹生活，但每个学前儿童又有自己的个性，他们观察、加工和处理来自外界的社交信息的方式各有不同，其亲社会行为的发展路径也具有多样性。例如，有的学前儿童擅长用语言与他人沟通，当遇到问题时，能够用较为清晰的语言表达自己的想法，也擅长倾听他人的观点和想法；有的儿童不善言辞，但会仔细观察周围的环境，根据环境的要求来调整自己的行为。加德纳的"多元智能理论"指出，个体身上有多种智能，如内省型智能、人际互动型智能、动作型智能、语言型智能、数理逻辑型智能、音乐型智能、自然观察型智能、空间型智能等，这些智能在不同的个体身上会呈现出不同的组合，并在社交中衍生出不同的交往行为。当拥有不同智能的个体遇到他们喜欢的并适合他们的习得方式和学习机会时，他们往往会学习得更好，在社交方面也是如此。

因为学前儿童具有自己独特的个性，所以幼儿教师要做一个"有心人"：观察每个学前儿童独特的社交习得方式，为其搭建"支架"，推动其亲社会行为的发展。例如，幼儿教师希望学前儿童学会帮助别人，就需要针对不同的个体采用不同的引导策略：针对有内省型智能的儿童，可以让其阅读某本与此主题有关的书籍；针对有人际互动型智能的儿童，可以让其与同伴协商，合作完成一个任务；针对有自然观察型智能的儿童，可以把照顾班里植物或小动物的任务分配给他，让其体验自己这种个性特质的价值。此外，如果幼儿教师为学前儿童提供的任务或环境是丰富的，那么不同的学前儿童就能在有效开展学习的同时进行社会互动；反之，如果幼儿教师为学前儿童提供的任务或环境是单一的，那么可能会导致部分学前儿童在环境或活动中处于"受抑"状态，其社会互动自然也会受到影响。

案例 3 – 4

会扎辫子的然然

　　然然在班里比较沉默，似乎不太喜欢和小朋友交往。经过一段时间的观察，老师发现，然然的手很巧，她很擅长做手工，还会扎出各种好看的辫子。发现了然然这一特长后，老师在一次午睡起床后请然然当小帮手，给班里一些女孩儿扎辫子。一听说然然会扎辫子，好几个女孩儿凑到然然面前请她帮忙。然然问了这几个小朋友的需求后，便开始扎起辫子来。在扎辫子的过程中，然然和小朋友有说有笑，大家都很开心。后来，当老师有些忙的时候，她就会请然然当小帮手给小朋友扎辫子，这也成为然然和小朋友互动的好机会。

　　在案例 3 – 4 中，老师并未直接去干预然然的交往行为，而是先通过观察了解然然的特长。当老师在日常保教工作中发现可以让然然施展特长的机会后，就请然然帮忙给小朋友扎辫子，自然带动了然然与同伴的交往行为。这种在日常生活中不着痕迹的引导，更能起到良好的教育效果。

　　从学前儿童社会性的发展过程可以看出，其各个方面的发展都有一定的规律，幼儿教师必须在遵循这些规律的前提下对其进行社会教育。同时还要注意，虽然从总体上来看，同一年龄阶段学前儿童社会性的发展呈现出相同的趋势，但不同个体社会性的发展千差万别。幼儿教师应在重视学前儿童社会性发展共性的基础上，充分注意这种个体差异性，并进行有针对性的教育。

第二节　学前儿童社会性发展的影响因素

学前儿童社会性发展的影响因素可以分为内部因素与外部因素。内部因素主要包括生理因素和心理因素，生理因素是学前儿童社会性发展的物质基础，心理因素则影响学前儿童感知、推理判断事物的方式，进而影响其社会性发展。外部因素主要包括家庭、幼儿园和社区等各种因素构成的外部环境，这些外部环境构成了学前儿童出生后的经验源，为其社会互动提供了背景，进而影响其社会性发展的进程。

一、影响学前儿童社会性发展的内部因素

影响学前儿童社会性发展的内部因素包括生理因素和心理因素。

（一）生理因素

1. 生理发育成熟度

格塞尔的"成熟论"认为，个体的发展与个体的生理成熟度密切相关。在个体尚未成熟之前，有一个准备状态，这个准备状态实际上就是生理机制由不成熟向成熟过渡的阶段。处于准备状态的学前儿童尚未具备相应的学习能力，这时如果让他们学习某种技能，难以达到理想的学习效果。尤其是学习难度增大后，学习成绩得不到巩固，可能会使他们失去学习动机和学习兴趣。这个规律在学前儿童社会性的发展方面同样适用。因此，在个体生理成熟的基础上对学前儿童社会性的发展提出适当要求，是一个很重要的教育原则。

在具体的教育实践中，当幼儿教师提出的教育要求与学前儿童的生理成熟度相匹配时，后者能够积极地适应社会化的要求，反之则不然。因此，社会教育要充分遵循"适时而教"的原则。例如，生活自理能力的发展一定要建立在学前儿童大肌肉和小肌肉协调能力、眼手协调能力发展的基础上。又如，学前儿童语言发展能力

与其社交能力息息相关，当他们能够更好地表达自己的意愿和想法时，自然能够更有效地与他人进行沟通和互动，而语言能力的发展不仅与学前儿童的生活经验相关，还与儿童发音器官的成熟度相关。

案例 3-5

爱打人的小雨

小雨刚满3岁，她在与同伴交往的过程中，有时会出现攻击性行为。老师通过持续、仔细的观察后发现，小雨存在说话不清晰的问题。在与同伴交往时，小雨经常会因为同伴不理解自己的意思而着急，而这正是她出现攻击性行为的真正原因。老师建议小雨的妈妈带她到医院的生长发育科做一下检查。医生诊断后发现，小雨舌头的灵活度欠佳，建议她的父母一方面耐心等待，另一方面可以通过一些物理辅助的方式帮助她改善舌头的功能。经过一段时间的努力，小雨说话不清晰的情况逐渐消失，其攻击性行为也逐渐消退。

在案例3-5中，老师如果只关注小雨的行为本身，就很难找到这种行为产生的原因，也无法进行有效的引导。当老师发现小雨的社交问题与其生理发育情况相关时，从这个方面对其行为进行干预并提供帮助，使小雨的社交问题得到了解决。因此，幼儿教师在对学前儿童社会行为进行观察和分析时，有必要将学前儿童的生理成熟度作为一个重要的维度，准确地找到其问题的成因，进而采取更有效的方式和策略。

2. 生理需要满足度

马斯洛的"需要层次理论"认为，生理需要是人的基本需要，这种基本需要的满足非常重要。对学前儿童而言，他们的基本生理需要包括饮食、睡眠、运动等，这些需要的满足对其社会性发展有一定的影响。学前儿童的生理需要得到有效满足后，能够促进其进行积极的社会学习，避免产生问题行为。例如，学前儿童处于大肌肉发展的关键期，有着较强的身体活动的需要，当他们的这种需要得到充分满足时，其出现攻击性行为与捣乱行为的次数都会大大减少。相反，当学前儿童的生理需要没有得到满足时，他们更容易出现各种各样的问题行为。例如，一些缺乏运动经验的学前儿童，其身体知觉和空间知觉表现滞后，这就使得他们在与同伴互动时无法有效辨知与他人的空间位置关系，更容易产生身体上的接触，进而引发冲突行为。从这个层面来说，幼儿教师应该提供机会并鼓励儿童进行活动，而不是总想着使他们保持安静。此外，睡眠、饮食等生理需要是否得到有效满足也会影响学前儿童社会性的发展及行为表现。

案例 3 – 6

瑞瑞为什么会暴躁

刚上幼儿园的瑞瑞有时会无缘无故地暴躁起来，如故意挑衅同伴或号啕大哭。李老师与其父母沟通后发现，在上幼儿园之前，瑞瑞的作息特点是"晚睡晚起"；在上幼儿园之后，他要比平时早起一个多小时。李老师认为，瑞瑞表现出的暴躁行为与因生活作息改变导致的睡眠不足有关。当瑞瑞在幼儿园又发生类似的情况时，李老师明白，瑞瑞需要的是休息，而惩罚对他不会有任何帮助。这时，李老师就会鼓励瑞瑞在教室的读书角找一个舒服的靠枕和一本好书，休息一下。李老师还与瑞瑞的家长沟通，要求他们一起配合，让瑞瑞逐步改掉"晚睡晚起"的习惯，慢慢习惯幼儿园的作息时间。

案例 3 – 6 体现了睡眠需要的满足对学前儿童社会行为的影响。从科学的角度来看，生理需要的满足直接影响到人体各项功能的正常运转，影响到个体的行为表现。以饮食为例，膳食中的各种营养成分对大脑的运转有着重要的作用。葡萄糖是大脑的能量来源，蛋白质帮助大脑发挥记忆和思维的功能，脂肪构成了大脑的营养基础，不饱和脂肪酸、磷脂和维生素对维持大脑的神经功能有着重要的作用，铁、锌、铜、碘等微量元素对中枢神经系统的兴奋性、大脑氧气的供应有着重要的作用。如果学前儿童进食不足，其大脑的功能自然会受到影响，其行为（包括社会行为）表现也会受到影响。睡眠需要的满足与儿童的社会行为也有着关联。科学研究证实，睡眠会影响个体的呼吸系统、心血管系统、神经系统、新陈代新、内分泌免疫功能等，而这些影响都可能反映到个体的行为表现上。在案例 3 – 6 中，瑞瑞的反常行为就是其睡眠需要未得到有效满足的后果，当瑞瑞这方面的需要得到了满足，其相关的反常行为自然就消退了。因此，幼儿教师在保教工作中，一方面，要从科学的角度尽量保证学前儿童各类生理需要得到满足；另一方面，在分析学前儿童的行为时，也要将其生理需要是否得到满足作为重要的标准。

3. 可能的生理疾患

在学前儿童发展的过程中，如果学前儿童的生理发育出现了问题，也会在一定程度上影响其社会性的发展，具体表现为对同伴交往没有兴趣，不善言辞，在情绪激动时容易产生攻击性行为等。幼儿教师最先看到的往往是学前儿童在社交方面的表现，也容易将其归因于学前儿童的社会认知或者情感态度方面出现了问题。如果某个学前儿童在交往方面出现了比较严重的问题，幼儿教师应仔细观察其行为是否有生理上的原因，以便给家长提供建议，进而使学前儿童尽早得到专业的干预或治疗。从这方面来看，幼儿教师除了保教工作外，还应该承担一部分筛查工作。

案例 3 - 7

只爱看书的冬冬

老师发现，班里的冬冬有些特别：她经常不遵守常规，上课时常处于游离状态，会随意走动；她爱看书，在上课时会去图书角坐下来安静地看书；她喜欢唱歌，乐感特别好，只要听过的歌曲很快就能跟着唱。但是在与同伴的交往方面，冬冬存在严重的问题，突出表现为对同伴交往没有兴趣。在交往过程中，她说的话经常让同伴无法理解。有一次，同伴问她："你妈妈给你买玩具了吗？"冬冬回答："我昨天看的一个动画片很好看。"这种语言上的问题会在她与同伴对话时频繁出现。经过一段时间的观察，老师建议冬冬的父母带她到专门的儿童发展机构去做检查。医生检查后发现，冬冬有阿斯伯格综合征倾向，需要进行专门的干预训练。

在案例 3 - 7 中，冬冬表现出不遵守常规、指令性差、对同伴交往没有兴趣等问题。如果老师不清楚其行为产生的生理原因，就有可能将其行为归因于认知或态度问题；如果老师能够发现冬冬的行为是由大脑发育问题导致的，对其行为的解读就会发生变化，也会建议冬冬的家长寻求更专业化的帮助。从这个角度看，幼儿教师需要在平时多涉猎一些医学、特殊教育方面的知识，以具备更全面的视野，能够对学前儿童行为背后可能隐藏的生理因素进行分析和判断。幼儿教师如果缺少这方面的专业知识和素养，其在教学过程中面对学前儿童的一些行为问题时就会失去耐心，甚至会用一些非理性的方式应对问题，给学前儿童社会性的发展带来消极的影响。

（二）心理因素

1. 观点采择能力

为了与他人进行有效的互动并在特定情境下准确地判断出行为正确与否，学前儿童必须知道他人的想法、感觉和经历，这种能力就是观点采择能力。这种能力在年幼的儿童身上尚未充分发展，一般 4 岁左右或

幼儿心理理论发展对
幼儿社会性交往的影响

更小的儿童通常很难站在他人的立场上考虑问题，并不是因为他们不愿意，而是因为他们不能理解或预测他人的想法。因此，学前儿童很难意识到他人的观点，尤其当那些观点与自己的观点相冲突时，他们会错误地认为自己对事件的理解是带有普遍性的。在他们意识到自己的观点并不被他人认同之前，他们常常会注意到自己观点与别人观点的不同之处，这就使得学前儿童之间很容易因为观点冲突而产生矛盾。

案例 3 – 8

我不想你帮我

安安在玩拼图，可可在一旁画画。突然，可可拿起一块拼图并将其拼到安安的作品上。安安一下子生气了，推了可可。可可很委屈，哭了起来。老师过来安慰了两个孩子，而在此之前，老师已经做了足够的观察。老师对安安说："我想可可并不知道你为什么生气，你能用你的话来告诉可可吗？"但此时，安安难过得说不出话来，于是，老师通过复述问题的方式给了安安充分的准备时间，直到安安能说出"我不想让可可碰我的拼图"为止。可可也很委屈："我看安安在拼小狗，就想帮她拼。"安安说："我不想拼小狗，我在拼一只鸭子。"

在案例 3 – 8 中，老师注意到，这两个孩子都没有意识到对方的意图。安安认为可可的行为很讨厌，而可可被安安的愤怒吓哭了。老师鼓励安安表达自己的观点，也请可可解释自己刚才想做什么，帮助两个孩子互相理解对方。结果，老师发现：可可只是想帮助安安，但她并不知道安安想拼什么，只是按照自己的想法去帮助安安。安安和可可正处于皮亚杰提出的"自我中心"阶段，不能区分自己与他人的观点，这是学前儿童在早期社会互动中产生冲突的重要原因，也是理解学前儿童间社会互动的重要"支架"。4 岁左右是学前儿童"去自我中心"的关键期，也是幼儿教师在日常保教过程中需要对学前儿童着力引导的阶段。

2. "中心化思维" 的影响

个体在做事和分析问题时，容易把注意力放在某个情境的某种特征上，而忽视其他的特征，这种思维被称作"中心化思维"。这种思维在学前儿童身上表现得比较明显，他们解决问题的能力受到限制，他们对事件的看法往往很局限并缺乏理解力。"中心化思维"使他们忽视了自己的行为和他人的行为相关的重要细节，他们常常以单一的方式去达成目标。这就能够解释两个问题：为什么有些学前儿童会反复尝试那些失败的方法？为什么他们的注意力很难从交往中的一个方面（"他打翻了我的积木"或"他拿了所有的颜料")转到另一个方面（"他正在帮我把积木堆得很高"或"这里有很多其他的颜料可以选择"）？即使他们意识到抢东西和打架是不合适的，但当他们无法找到其他更好的方式时，他们仍然会采用这种方式来应对问题。年龄越小，这种情况越明显。对学前儿童而言，情境中的情绪色彩越重，他们就越难想到其他的方式和途径来应对问题。如果学前儿童有机会面对多种观念及解决办法时，"去中心化思维"会逐渐产生，此时，幼儿教师可以为学前儿童提供更多的选择，帮助他们想出更多的好办法，来加快这种进程。需要注意的是，"中心化思维"对学前儿童思维的影响会一直持续到他们的青少年时期。

案例 3 - 9

是我先拿到的

晨间活动时，瑶瑶和亮亮在玩积木。亮亮的面前有一大堆的长条积木，瑶瑶走过来，拿走了一根。亮亮立刻不高兴地阻止了瑶瑶，说自己要做一个城堡，但瑶瑶还是要拿走积木，两个人开始争抢起来。瑶瑶联合旁边的女孩儿们一起说："你这个小气鬼，我们下次也不给你玩儿，我们要去告诉老师叫大家都不和你好……"亮亮在女孩儿们的语言围攻下气得涨红了脸，不断高声重复说："这个是我的呀，是我先拿到的呀。"最后，亮亮恼羞成怒，冲上去抢回了积木，两个人又开始争抢起来，旁边的小朋友马上去向老师报告。

在案例 3 - 9 中，瑶瑶并不理解她为什么不能拿走亮亮的积木，认为亮亮很小气；亮亮则认为自己要做的事情被瑶瑶破坏了，因此不让瑶瑶拿走积木。瑶瑶和亮亮的行为体现了学前儿童的"中心化思维"，因此无法有效地解决问题。在面对这样的问题时，幼儿教师应针对学前儿童的这种思维特点，有意识地通过一些方式引导他们看到"其他解决问题的方法及可能性"，让他们知道事情并不是完全如自己理解的那样，而是存在其他解决问题的方法和途径。在此基础上，幼儿教师应鼓励他们采用多样化的解决方法，逐渐地引导他们"去中心化"，使他们能够更灵活地应对社会互动中出现的问题。

二、影响学前儿童社会性发展的外部因素

布朗芬布伦纳是美国著名的人类学家和生态心理学家，他在 1979 年出版了《人类发展生态学》一书，提出了著名的人类发展生态学理论，指出环境对人类的行为

和心理发展有着重要的影响。布朗芬布伦纳在论述环境对人类发展的影响时指出，家庭环境、学校环境和社会环境是影响人类发展的关键因素。在此基础上，他提出了四个系统：微观系统、中介系统、外在系统和宏观系统。[①] 布朗芬布伦纳的人类发展生态学理论强调，在儿童亲社会行为的养成过程中，家庭、幼儿园及整个社会环境都会对其产生积极或消极的影响。为了使儿童能够养成良好的亲社会行为，不但要关注微观系统、中介系统、外在系统和宏观系统对儿童亲社会行为养成的影响，还要建立微观系统、中介系统、外在系统和宏观系统一体化交互作用的理念，并在此基础上理解个体社会性的发展轨迹。

> **小贴士**
>
> ### 布朗芬布伦纳的人类发展生态学理论
>
> 微观系统：指个体周围环境中的活动与互动。对大多数婴儿来说，微观系统主要是家庭。随着婴儿年龄的增长，微观系统逐步拓展，开始变得复杂。微观系统是动态的，个体既影响系统中的他人，也被系统中的他人影响。
>
> 中介系统：指的是家庭、学校及同伴群体等这类微观系统的相互联系和内在联系。个体的发展可能被微观系统间紧密而富有支持性的联系所优化。此外，微观系统中的非支持性关系可能引发困难。
>
> 外在系统：指儿童、青少年并不身处其中，但却影响其发展的环境，如父母的职业工作环境。
>
> 宏观系统：指文化、亚文化或社会阶层关系的背景，微观系统、中介系统和外在系统都受其影响。
>
> 资料来源：谢弗. 社会性与人格发展：第5版［M］. 陈会昌，等译. 北京：人民邮电出版社，2012：93－95.

（一）微观系统

从学前儿童教育的角度来说，微观系统是指学前儿童亲身接触并参与体验的与其有紧密联系的环境，如家庭、幼儿园、同辈群体等，微观系统所包含的每一个环境都会对学前儿童社会性发展造成积极或消极的影响。

---

① 马富成，马雪琴. 尤·布朗芬布伦纳的发展生态学理论与幼儿亲社会行为的养成［J］. 中华女子学院学报，2011，23（4）：112－115.

1. 家庭环境

家庭是学前儿童形成社会性的初始环境，是其获得早期生活经验、形成最初的道德认识和行为习惯的主要场所。这一环境催生了学前儿童第一次社会性的微笑、第一句具有符号意义的人际交往话语，发展了学前儿童对外界和他人的信任感，使学前儿童开始了人际交往，并习得了最基本的社会规范。如果家庭环境出现失序或失衡，学前儿童社会性的发展就可能受到不利影响。一方面，父母可能对孩子社会性发展的重要性有一定的认识，并采取了一些较为正确的教育引导措施；另一方面，父母可能没有注意到家庭环境的整体性和动态平衡性，因此这些教育引导措施的效果可能会在失衡的系统状态中被减弱或抵消，无法对孩子的发展形成良好的促进作用。具体来看，在学前儿童的生命早期，家庭中父母关系子系统、亲子关系子系统、兄弟姐妹关系子系统等各个子系统相互作用，共同影响着学前儿童社会性的发展。若子系统受到损伤，则整个家庭环境会因各子系统的不适应而产生改变，这种改变也是产生压力与危机的开始。

家庭环境对儿童社会性发展的影响主要体现在以下几个方面。

（1）学前儿童依恋需要的满足能够促进其社会性发展。根据埃里克森的观点，0—1岁的学前儿童处于"基本的信任对不信任"阶段，即学前儿童认为他们周围的世界是安全且充满关爱的，或相反。在这一阶段，如果学前儿童表达需要的早期努力能得到成人的积极回应，那么将有助于学前儿童建立伴随其一生的信任与合作的关系；相反，如果学前儿童的需要没有得到满足，他们就会感到不安，并对照料他的人产生不信任感。父母对孩子的高质量的关心，是培养信任感的关键。所谓"高质量的关心"，是指敏感、及时、充分的身体抚摸和情感交流。重要的是亲子交往的质量而不仅仅是交往的数量，这种质量突出体现在学前儿童依恋的质量上。研究表明，不同的依恋类型对学前儿童的发展有着不同的价值意义。首先，在个性特征方面，与不安全型儿童相比，安全型儿童在以后表现出更强的探索欲望与能力，这与他们获得的安全感和自信直接相关。探索能力的发展，来自个体对外部事物的探索活动。其次，在游戏活动与社会交往中，安全型儿童也显得更成熟，他们会表现出良好的个性特征与社会认知能力。在游戏活动中，安全型儿童表现出较强的好奇心与求知欲，乐于探究玩具的特性，并具有良好的坚持性；不安全型儿童发展水平较低，难以适应陌生环境，自我调整能力较差，比较消极被动。最后，在特定问题情境中，安全型儿童会表现出较强的解决额外难题的能力，良好的抗挫折性和忍耐力。这种差异产生的原因在于，安全型儿童能凭借内在的安全感树立探索问题与承担任务的自信，他们有较强的自我价值感受，因而能够相对独立地思考和解决问题；不安全型儿童因为安全需要得不到适当的满足，所以缺乏适应新环境的自信与自我价值感。概言之，学前儿童早期依恋的质量和类型，与学前儿童以后的同伴关系、学前儿童与成人关系的品质之间，存在相关性。

（2）父母的言行对学前儿童社会性的发展有潜移默化的影响。亲子关系是学前儿童自出生后最先接触的人际关系，对父母的行为进行模仿是学前儿童社会化的重要方式。社会学习理论中有一个概念叫"观察学习"，这个概念解释了学前儿童的模仿过程：在社会情境中，学前儿童直接观察别人的行为就能获得并模仿出一连串新的行为；当学前儿童观察到他人行为产生的后果，他们也会受到一种"替代强化"。学前儿童模仿父母的行为、态度的机制是复杂的。有的学者认为，学前儿童通过这种方式来获得父母的情感接纳或者避免惩罚；有的学者则认为，学前儿童的这种行为是受动物性本能的驱动，他们试图通过对父母行为的模仿来获得对周围环境的控制。因此，在家庭环境中，父母应注重自己的言行举止，为学前儿童的模仿提供良好的榜样。以往，父母会有意识地让学前儿童模仿父母好的方面，却忽视学前儿童对父母不好方面的无意识的模仿。前者的做法，是为了肯定和强化学前儿童形成良好的行为规则，否定和抑制其形成不良的行为规则；后者的做法，往往会使学前儿童的不良行为得到强化。一些学前儿童之所以会做出攻击性行为，是因为他们在对父母的行为进行模仿。父母与学前儿童之间的这种亲和关系，可以视为一种生态关系。学前儿童不仅是被动的模仿者，有时也是主动的模仿者。很多时候，学前儿童的主动模仿是在父母"全然不知"时发生的，这种主动模仿可能向好也可能向坏。在生态的意义上，学前儿童与父母是互联共生的。父母既要向学前儿童展示自己的良好行为，又要约束自己的不良行为，使学前儿童不仅能够被动向好，而且能够避免主动向坏。

四种基本的教养类型

（3）父母的教养方式对学前儿童社会性的发展有一定的影响。父母的教养方式是父母在日常养育孩子的过程中表现出的一种固定行为倾向，反映了父母的教育理念和习惯性的教养行为。教养方式分为不同的类型，以往的研究将教养方式分为专制型、权威型和放任型，后续的研究则增加了民主型、溺爱型等类型。不同的教养方式对学前儿童社会性的发展有不同的影响。研究表明，如果父母在教养孩子的过程中表现出更多的民主、支持等积极倾向，孩子的亲社会倾向及亲社会行为也会更多；反之，如果父母忽视、溺爱或过分控制孩子，则孩子会表现出更少的亲社会行为。有研究指出，采用积极的教养方式养育子女的父母，能以平等的身份与孩子进行交流，帮助孩子获得更多的成就感，进而缓解或消除孩子的焦虑情绪。[1] 马诺切里等人的研究指出，使用专制型教养方式的父母通常在意的是自己的需要而不是孩子的需要，在这种从属和惩罚的教养方式下生活的孩子通常容易感到沮丧，且承受着较大的压力，体验着较高水平的焦虑。孩子的亲社会行为倾向与父母教养方式中的惩罚有显著的负相关。[2] 因此，作为教养观念、教养行为、教养情感综合体的教养方式对学前儿童社会性的发展具有全面而深远的影响。

幼儿家庭教养方式对其社会性发展的影响

○问题思考

　　你认为家庭教养方式是否存在好坏之分？家庭教养方式的形成受哪些因素的影响？如果要优化家庭教养方式，可以从哪些方面考虑？

2. 幼儿园

　　幼儿园是幼儿教师按照国家制定的教育目标和一定的社会价值取向，针对不同年龄学前儿童的发展特点，进行有目的、有计划、有组织的教育活动的场所。作为继家庭之后学前儿童进入的第二个稳定的社会组织，幼儿园引导着学前儿童社会性发展的方向和水平，是学前儿童接受社会教育的重要场所。幼儿园在学前儿童社会性发展的过程中产生着重要的影响，这种影响主要体现在以下两个方面。

　　（1）有目的、有计划的教育活动的影响。幼儿园作为一种教育组织，它和家庭环境最大的不同在于它会针对学前儿童发展的需要和社会对学前儿童的要求来开展各种有目的、有计划的教育活动。相关的教育部门会制定出专门的纲领性文件指导幼儿园的教育实践，如《纲要》《指南》《规程》对社会教育的教育目标、教育内容、教育方法等进行了规定。幼儿园以这些纲领性的文件为基础，再结合本园学前儿童的实际情况，为不同年龄的学前儿童设置不同的社会教育目标，选择不同的社会教育内容，运用各种社会教育的方法有针对性地对儿童进行系统、连贯的社会教育，这种社会教育因其明确的教育指向性使学前儿童社会性的发展有了基本的保障。

　　① 王柳. 3—6 岁儿童焦虑与父母教养方式的关系：父母养育压力的中介作用 [D/OL]. 西安：陕西师范大学，2018 [2021 - 06 - 20]. https://kns. cnki. net/kcms/detail/detail. aspx? dbcode = CMFD&dbname = CMFD201802&filename = 1018230594. nh&uniplatform = NZKPT&v = eiHWybPK - 10tZggzXlmMCPQkjrVTXACswOo3xqHa - k0aXk82e1Ih02Qggr_DGfyq.
　　② 雷丽丽，冉光明，张琪，等. 父母教养方式与幼儿焦虑关系的三水平元分析 [J]. 心理发展与教育，2020，36（3）：329 - 340.

当然，这种有目的、有计划的教育活动只有经过恰当组织并结合有意义的学习时，才能对学前儿童社会性的发展起到积极作用。

（2）幼儿园教育环境的影响。幼儿园的环境是学前儿童每天都会接触和感受到的，对他们社会性的发展产生着潜移默化的影响。与其他环境不同，幼儿园的环境是经过幼儿教师精心设计的、带有明确教育指向的环境，因此对于学前儿童社会性的发展具有更加重要的意义和价值。一般来说，幼儿园的环境可以分为物质环境和精神环境，物质环境更多是一种自然静态的存在，而精神环境则带有更多心理影响和暗示的成分。但无论是物质环境还是精神环境，对于学前儿童而言，最终都会产生心灵上的影响，进而会无形地影响到他们社会性的发展。心理学家已经证明，美观、和谐、设计合理的环境有利于陶冶学前儿童的性情，培养学前儿童的品格。一方面，从物质环境来看，幼儿园活泼、协调、清新的建筑风格很容易让学前儿童产生愉悦之感，也更容易激发学前儿童正向的社会行为。在具体的空间布置和安排上，排列整齐的物品更容易培养儿童的秩序感；适当的空间密度，能避免儿童因过分拥挤产生攻击性行为，或因空间过大而产生消极社会行为。例如，幼儿教师可以设置一定的私密空间，如"悄悄话屋"等，这对学前儿童情绪的发展有一定的积极意义。另一方面，幼儿园的精神环境对学前儿童的社会性也有一定的影响。幼儿园的精神环境主要指幼儿园的人际关系及由此带来的心理气氛等，具体表现为教师与儿童之间、儿童与儿童之间、教师与教师之间的相互关系给学前儿童带来的影响。对于学前儿童社会性的发展而言，精神环境的影响非常重要。首先，幼儿教师可以为学前儿童创设一个积极交往的气氛，增加交往的机会。随着城市化进程的加快和少子化社会的到来，幼儿园提供的同伴互动背景对学前儿童社会性的发展有着更加重要的意义和价值。在家庭中，学前儿童与长辈间的交往体现为"垂直交往"；在幼儿园中，学前儿童与同伴的交往体现为"平行交往"。与"垂直交往"相比，学前儿童与同伴的互动更有助于分享、合作、协商、谦让、互助等社会性品质的养成。幼儿教师可以在日常生活中，引导学前儿童相互交流各自的思想、感情，使他们了解别人的需要，学会共情。同时，幼儿教师还可以通过日常随机发生的事件引导学前儿童相互关心、相互帮助。除此之外，教师与教师之间的关系也是影响学前儿童社会性发展的一个重要因素。教师之间互相关心、合作不仅可以使学前儿童产生安全感和归属感，还给学前儿童提供了耳濡目染的学习机会。班级教师乃至全体教师应合力为学前儿童创造一个充满温暖、友好、安全感的精神环境。

（二）中介系统

中介系统是指学前儿童所处的两个或两个以上的系统之间的关系，如家庭与幼儿园、家庭与社区等之间的关系。当学前儿童从一个微观系统进入另一个微观系统时，该系统就会发生作用。例如，学前儿童开始读幼儿园，家庭和幼儿园之间就构成了其发展的中介系统。在现实中，家园的双向沟通是建立良好、持久的家园合作机制的基础，良好家园关系的建立有利于学前儿童亲社会行为的养成。

首先，幼儿园一方应主动地与家长沟通、合作。家庭和幼儿园都是影响学前儿童发展的重要因素，二者的沟通与合作对学前儿童的发展有重要意义。幼儿园需要采取多种方式和途径与家长进行密切的沟通与合作，共同推动学前儿童社会性的发展。常见的方式和途径有接送环节的沟通交流、家园练习册、家长园地、家长开放日、各种形式的家长会、家长培训等，幼儿教师可利用这些方式和途径与家长就学前儿童社会性发展方面的问题进行沟通与合作。此外，幼儿园应积极主动地与社区等社会机构联系，为学前儿童参与社会活动提供便利条件。例如，幼儿园可以组织学前儿童参观社区超市、少年宫、图书馆等社会机构，这样不仅能够促进学前儿童社会化的发展，还能够促进其亲社会行为的养成。

其次，家长除了在家庭中引导学前儿童养成亲社会行为，还应积极主动地加强与幼儿园的联系，在家园互动中发挥家庭的支持作用。家长应及时和幼儿教师进行交流，了解学前儿童在幼儿园的情况，并向幼儿教师说明其在家的表现，以便能够发现其在社会性发展中可能出现的问题并共同应对。除了主动的沟通行为，家长也可以通过家长委员会与幼儿园进行有效的沟通与合作，这样既可以达到配合幼儿园工作的目的，又能表达一些教育意见和教育要求。家长还可以对幼儿园的一些日常管理工作提出建议，对幼儿园的教育质量进行监督，发挥协助幼儿园教育工作的作用。

⊙学习活动

设计幼儿生活习惯调查问卷

活动目的：为了帮助幼儿适应幼儿园的生活，设计一份了解幼儿入园前生活习惯的调查问卷。

本次活动大约需要 3 小时。

步骤 1：梳理幼儿的生活习惯。

步骤 2：结合幼儿园和幼儿家庭的实际情况，设计调查问卷的基本问题。

步骤 3：对每一个问题进行细化，形成完整的调查问卷。

反馈：

1. 幼儿的生活习惯主要包括：生活规律、一日生活各环节的活动习惯（如吃饭、如厕、喝水、睡眠方式等）、社会互动习惯（依恋的主要对象、与父母互动的方式等）等。

2. 设计问卷时，应了解幼儿家庭的人口信息（如职业、学历、年龄、性别、养育子女数量等）。

（三）外在系统

外在系统是指对学前儿童不直接起作用，但对学前儿童发展间接起作用的环境，如父母的工作环境、父母的交友状况、幼儿园领导机构、地方教育行政部门等。这些因素虽然不会对学前儿童的发展起直接作用，但会对他们的发展产生积极或消极的影响。相对其他系统而言，这个系统的影响既不明显也不容易被察觉，但却具有不可低估的作用。这个系统的影响主要表现为以下几个方面。

（1）外在系统影响父母的工作状态进而影响父母对子女的教养方式。外在系统包括父母的工作环境及父母的交友情况等，其看似没有与学前儿童的发展产生直接的联系，但会通过对父母产生影响进而对学前儿童社会性的发展产生影响。以工作环境为例，父母工作的时长、工作的强度、工作是否规律都会直接或间接地影响学前儿童。例如，过高的工作强度（时长、工作压力等）可能会影响父母的心理健康，进而影响其在孩子生活中的参与程度，使其降低对学前儿童行为的监控和指导能力，这等于减少了学前儿童的社会资源，会阻碍学前儿童认知能力、社会行为及生理健康的发展。此外，如果父母工作的时间过长，容易导致其睡眠质量不佳、睡眠不足，会增加心血管疾病或其他疾病发作的风险，也会对学前儿童社会性的发展产生直接或间接的影响。

（2）外在系统会影响家庭的社交，进而影响学前儿童社会性的发展。布迪厄提出了"社会资本"的概念，认为个体或团体之间的关联——社会网络、互惠性规范和由此产生的信任，是人们在社会结构中所处的位置给他们带来的资源。社会资本是人与人之间的联系，存在于人际关系的结构之中，是个体在群体中所能获得的资源、关系、影响与扶持的网络。外在系统中父母的工作环境、父母的交友情况等，会影响其社会资本的获得，这些社会资本对父母的教养方式和教养行为会产生潜移默化的影响，进而影响学前儿童社会性的发展。从现实来看，如果某种社会教育理念在父母所在的社会交往圈中盛行，那么这种理念经过父母的反思内化就可能影响他们原有的观念，进而在其教育子女的过程中有所反映，最终影响孩子社会性的发展。

（3）相关教育政策的出台和实施会影响学前儿童社会性的发展。相较于外在系统中与父母直接相关的工作环境、交友情况对学前儿童社会性发展的影响，相关的教育政策对学前儿童社会性发展的影响具有潜在性和间接性，但这种影响仍然存在。例如，某地出台一项学前教育方面的政策，这可能会直接影响幼儿园的招生方式和教育内容的调整，影响相关学前儿童社会性发展的背景，进而影响他们社会性的发展。随着社会的不断发展，不少地方出台了随迁子女就地入学的相关政策，这类政策的出台，避免了某些随着父母务工的学前儿童到了入学年龄却因户籍原因而不得不返回原籍就读的情况。从这个角度来说，这些政策影响了其所涉及的学前儿童的成长环境，长久来看，对这些学前儿童社会性的发展就会产生影响。

（四）宏观系统

宏观系统是指学前儿童所在的大的社会环境、文化背景以及相关的价值观念、意识形态、道德观念等，它会对学前儿童的发展产生积极或消极的影响。社会文化是凝聚在一个国家、民族世世代代的人的身上和全部财富中的生活方式的总和，它包括衣食住行等物的制作方式，待人接物、举止言谈等交际方式和风度，以及哲学、宗教、道德、法律、文学、艺术、风俗传统、科学中的思想方法等。社会文化一方面构成了学前儿童社会性发展的整体背景，另一方面又从一些微观层面对学前儿童社会性的发展产生影响。从宏观层面上看，不同文化背景中的社会化目标和内容存在着差异。例如，在不同的社会中，人们对理想人格的看法不同；不同的社会倡导的主流品质可能也不同。对学前儿童而言，社会文化除了通过对家庭、幼儿园的渗透影响学前儿童，还通过大众媒介和社区环境两种方式影响学前儿童社会性的发展。在学前儿童社会化过程中，学前儿童的很多行为和习惯都通过模仿而获得，无时无刻不在受宏观系统的影响。当下的宏观系统对学前儿童社会性发展的影响主要表现在以下几个方面。

（1）大众传媒对学前儿童社会性发展发挥着越来越重要的作用。现在，大多数学前儿童一出生就处在大众传媒营造的环境中。作为社会文化的直接载体，大众传媒对学前儿童社会性的发展产生着越来越大的影响。有调查显示，2—3岁学前儿童使用新媒体设备的初始年龄比例最高（占48%），学前儿童使用新媒体设备的初始年龄呈现低龄化态势。[①] 从有利的方面来看，学前儿童通过电视、网络开阔了视野，认识自己的社会角色，学习相应的行为规范，有助于培养学前儿童合作、友好、自

---

① 樊丽娜.0—6岁幼儿使用新媒体的现状研究［D/OL］. 长春：东北师范大学，2017［2021－06－05］. https：//kns. cnki. net/kcms/detail/detail. aspx? dbcode = CMFD&dbname = CMFD201801&filename = 1017138685. nh&uniplatform = NZKPT&v = SOCpecESUDeleYeMHN4rlZ08NU9P87DT2luH8CRzJKlumFDDwYHmr3SIGG% 25mmd2 F5rm8J.

制的行为。但是，大众传媒也会给学前儿童社会性的发展带来一些负面的影响，主要表现为：①电视、网络有可能使学前儿童的认识与现实产生距离。电视、网络中的内容虽然来自现实，但一些内容被以一种艺术化的方式表现出来，可能与现实不符。学前儿童的理性思维还处在发展之中，他们思考问题时以感性思维为主，如果长期接触这些与事实不符的内容，很容易形成社会认知方面的偏差。②电视、网络可能会影响到学前儿童的现实交往关系，影响其社交能力的发展。无论是看电视还是接触网络，基本都是在室内进行的，学前儿童看电视的时间越多，相应的户外活动时间就越少，亲子间、同龄人间的接触也越少，这可能会影响到他们现实的社会交往，进而影响到其交往能力的提升。③电视、网络中的一些不健康内容可能会导致学前儿童的学习、模仿，对其社会性发展产生不良影响。例如，在电视、网络中可能会出现暴力、凶杀、毒品等内容，其消极的价值导向容易使学前儿童产生模仿行为。我国学者杨晓辉等人的研究表明，在很多学前儿童动画节目中，人际问题常常只有靠暴力攻击才能得到解决，如英雄人物在对付反面人物时，通常使用最直接的暴力打击来解决问题，而学前儿童的模仿性极强，很容易将动画节目中看到的身体攻击行为作为一种有效且合理的解决问题的手段。[①] 因此，幼儿教师应趋利避害，做到利用这些大众传媒的优势对学前儿童社会性发展产生正面影响，避免它们对学前儿童社会性发展产生负面影响。

（2）社区环境对学前儿童社会性发展的影响。除家庭外，社区环境是学前儿童早期生活重要的外部环境。就我国的具体国情而言，社区可以被分为很多类型，可以是一个自然村庄、一个乡镇，也可能是一个城市或城市里的某个区域等。这样的社区数量众多，分布广泛，无处不在。对社区的特质进行分析后可以发现，社区成员长期处在共同的地域，会形成人口特性和密切的社会生活关系，社区因此成为具有共同心理及文化特征的结合体，具有心理及文化单位的性质。在一个具有共同心理及文化特征的社区，人们通常有共同的信仰、价值观念、归属感觉、理性目标、生活方式及风俗习惯，这些无时无刻不在影响着学前儿童社会性的发展。因此，社区应积极参与学前儿童的社会教育，尤其应对一些弱势家庭给予积极的帮助，为学前儿童的发展提供良好的社会资源支撑。

概言之，学前儿童所处环境的微观系统、中介系统、外在系统、宏观系统之间相互影响、相互依赖、相互作用。我们应积极倡导建立生态式的教育环境观，形成家庭、幼儿园及社区一体化机制，全方位推动学前儿童社会性的发展。

---

① 杨晓辉，王振宏，朱莉琪. 促进低龄儿童发展的电子媒体使用［J］. 学前教育研究，2016（11）：24 – 37.

单元回顾

⊙ 单元小结

　　本单元主要探讨了学前儿童社会性发展的特点及影响因素。学前儿童人际关系的认知层面呈现出外部认知逐步转向内部认知、从"自我中心"逐步转向"去自我中心"的特点；在社会认知方面呈现出从简单到复杂、逐步深化的特点。学前儿童在社会情感的自我情感感知与表达方面呈现出早期情感两极化、伴随年龄增长感知表达逐渐精细化的特点；对他人情感的认知体现出单一线索的感知逐步转向多样化线索的感知、移情出现并不断发展的特点。学前儿童在社会行为方面呈现出行为的启动速度整体快于抑制速度、行为的不可逆性明显的特点；在亲社会行为方面呈现出发展具有阶段性、发展具有连续性和挑战性的特点。学前儿童社会性发展的影响因素包括内部因素和外部因素。内部因素包括学前儿童生理因素和心理因素；外部因素包括家庭、幼儿园等微观系统，家园关系等中介系统，相关教育政策、父母的工作环境等外在系统，社会文化等宏观系统。学前儿童所处的微观系统、中介系统、外在系统、宏观系统之间相互依赖、交互作用，共同影响其社会性的发展。

⊙ 案例分析

父母参加家长开放日活动之后

　　老师发现，妍妍平时很少和同伴互动，她和老师、同伴沟通时所使用的语言也非常简单。老师想找妍妍的父母沟通，但妍妍平时基本上由外婆接送，老师只好先向外婆反映了妍妍的行为表现，外婆却不以为然。过了一段时间，幼儿园举办了家长开放日活动。老师要求，所有父母必须参加开放日活动。妍妍的父母在这次开放日活动中看到了妍妍在班级活动中的表现，活动结束后，他们主动找到老师沟通妍妍的问题。

　　在案例中，刚开始，妍妍的外婆对妍妍的行为问题并没有产生足够的重视。当妍妍的父母在幼儿园看到妍妍行为的"特殊之处"后，认识到妍妍的问题，进而主动与老师沟通，试图找到应对的策略。从社会性的发展来看，学前儿童在家庭中的交往更多是与长辈的"垂直交往"，少有同辈间的"平行交往"，如果其互助、谦让、妥协、协商等社会性品质出现问题，不容易被察觉。因此，家园之间应增进沟通、合作，在全面了解学前儿童表现的基础上形成教育合力，促进其社会性健康发展。

⊙ 拓展阅读

［1］卡茨．促进儿童社会性和情绪的发展：基于教师的反思性实践［M］．洪秀敏，等译．北京：机械工业出版社，2015.

［2］狄克逊．改变儿童心理学的 20 项研究：第 2 版［M］．王思睿，许应花，译．北京：中国轻工业出版社，2017.

［3］克斯特尔尼克，等．儿童社会性发展指南：理论到实践［M］．邹晓燕，等译．4 版．北京：人民教育出版社，2009.

［4］周宗奎．儿童社会化［M］．武汉：湖北少年儿童出版社，1995.

［5］费尔兹 M V，费尔兹 D．儿童纪律教育：建构性指导与规训：第 4 版［M］．原晋霞，蔡菡，陈晓红，译．北京：中国轻工业出版社，2007.

［6］教育部基础教育司．《幼儿园教育指导纲要（试行）》解读［M］．南京：江苏教育出版社，2002.

［7］杨丽珠，吴文菊．幼儿社会性发展与教育［M］．大连：辽宁师范大学出版社，2000.

［8］张文新．儿童社会性发展［M］．北京：北京师范大学出版社，1999.

［9］俞国良，辛自强．社会性发展心理学［M］．合肥：安徽教育出版社，2004.

⊙ 巩固与练习

一、简答题

1. 学前儿童的亲社会行为有哪些特点？包括哪些基本内容？

2. 学前儿童的社会情感发展有哪些特点？这些特点对幼儿教师开展教育工作有哪些启示？

3. 影响学前儿童社会性发展的内部因素有哪些？外部因素有哪些？

4. 在促进学前儿童社会性发展上，幼儿园老师能够在哪些方面发挥积极作用？

二、案例分析题

大班的豪豪似乎很喜欢有意无意地攻击其他小朋友，小朋友们经常会被他吓一跳。豪豪看到小伙伴被吓到的表情似乎很开心。老师通过观察后发现，其实每次豪豪都没有真正打到小朋友，他只是喜欢做出攻击的动作。老师问豪豪为什么要这样做，豪豪回答："他们都不和我玩儿啊！"老师又找来一些小朋友问："你们为什么不喜欢和豪豪玩儿呢？"有的小朋友说："跟他没有什么好聊的。"有的小朋友说："我们说的很多东西他都不懂，不好玩儿。"有的小朋友说："他喜欢发脾气，我有点儿怕他。"

运用本单元的学习内容来分析，豪豪为什么会出现攻击性行为？分析影响豪豪社交的可能性因素，并提出相应的解决方案。

三、操作练习题

1. 在实习或见习的过程中，选定班里你认为在社会性发展方面表现较好和较弱的两名学前儿童，从社会认知、社会情感、社会行为三个方面对他们进行观察和评估，并在班级教师的指导下对影响他们社会性发展的因素进行分析。

2. 通过小组合作的方式，设计一个促进学前儿童亲社会行为的日常游戏活动。

游戏目的：促进学前儿童某方面的亲社会行为（如合作、安慰、谦让等）。

游戏形式：每天都可以进行，每个学前儿童都可以参加。

游戏方式：自拟。

第四单元 | 社会教育主题教学活动的设计与实施

导　言

　　刘老师在中班组织了一个主题活动——"独特的我"。活动的主题源于刘老师在日常生活中的发现：班级内很多孩子在与同伴交往时存在"容易给同伴'挑刺'"的问题，缺少相互的理解和尊重。于是，刘老师设计了这个活动。在活动中，首先，刘老师让孩子们通过"猜猜我是谁?"的听觉活动来感受同伴声音的独特性；其次，刘老师让孩子们通过"看一看，比一比"的视觉活动来找出同伴外表不同的地方；最后，刘老师通过"给图形添画"的活动让孩子们感受每个人想法的不同，让他们更好地认识自己、认识同伴、关注同伴。

　　在整个活动中，刘老师通过多元通道帮助孩子们感知、发现了自己和同伴的独特之处，活动的氛围非常好。但是，刘老师因为过多关注了"探索别人的不同"这个环节，而忽视了对"同伴交往中的尊重"这个引导社会核心价值环节的设计。因为"独特的我"这个活动的目的，是让学前儿童在认识自己、关注同伴、理解他人的过程中"学会尊重"。

　　与其他领域的教学活动相比，社会教育的教学活动很难显现"即时成效"。它是幼儿教师眼中最难组织的活动类型，教学方式（借助绘本、团体讨论等）比较单一，难以走出"说教"的言语困境；对社会性品质内涵理解得不到位，导致核心目标不明确；教学容量大或杂，抓不住活动的核心；等等。如何才能上好一节"社会课"或开展一个有质量的社会教育主题教学活动？在设计与实施主题教学活动的过程中，为了精准地抓住活动核心，帮助学前儿童更好地习得良好的社会性品质并将其内化，我们应注意哪些方面的问题？本单元将从社会教育主题教学活动的作用与特点、社会教育主题教学活动的设计要点、社会教育主题教学活动的不同类型、社会教育主题教学活动的实施要点等方面展开探讨。

☆ 学习目标

1. 了解社会教育主题教学活动的作用与特点。
2. 了解社会教育主题教学活动的不同类型。
3. 了解和掌握社会教育主题教学活动的设计要点、实施途径与方法。

🖳 思维导图

社会教育主题教学活动的设计与实施
├─ 社会教育主题教学活动的设计
│　├─ 社会教育主题教学活动的作用与特点
│　└─ 社会教育主题教学活动的设计要点
└─ 社会教育主题教学活动的不同类型及实施
　　├─ 社会教育主题教学活动的不同类型
　　├─ 社会教育主题教学活动的实施要点
　　├─ 社会教育主题教学活动实施的途径与方法
　　└─ 家园合作促进社会教育主题教学活动的实施

第一节　社会教育主题教学活动的设计

　　《纲要》在社会领域提出的教育目标是："能主动地参与各项活动，有自信心；乐意与人交往，学习互助、合作和分享，有同情心；理解并遵守日常生活中基本的社会行为规则；能努力做好力所能及的事，不怕困难，有初步的责任感；爱父母长辈、老师和同伴，爱集体、爱家乡、爱祖国。"《指南》也明确提出："人际交往和社会适应是幼儿社会学习的主要内容，也是其社会性发展的基本途径。"因此，幼儿教师应为学前儿童创设与人交往互动的机会和成功的体验，使他们掌握与人交往的基本准则和技巧，能够建构和谐的亲子关系、同伴关系、师生关系等，促进其社会行为向着积极、健康的方向发展；有效利用家庭、幼儿园、社区等教育资源，开展富有趣味性、生活化的教学方式和体验活动，帮助学前儿童喜欢并适应群体生活，使他们能够遵守基本的行为规范，具有初步的归属感。

一、社会教育主题教学活动的作用与特点

　　"主题"是指课程的某一单元、某个时段所要学习的中心话题。幼儿园课程的主题不仅包括中心话题本身，还包括中心话题蕴含的或与中心话题相关的问题、现象及事件等，其目的是使学前儿童获得新的、整体的、有联系的经验。社会教育的主题教学活动是围绕某一社会性品质设计的有计划的系列活动，通过这些具体的活动，学前儿童能够感知、体现、践行、习得这些社会性品质。

（一）社会教育主题教学活动的作用

　　与生活活动、游戏活动和课时教学活动相比，社会教育主题教学活动能够系统规划学前儿童的社会教育，拓展与丰富学前儿童的社会生活经验，增强和提升幼儿教师的社会教育意识和能力。

1. 能够系统规划学前儿童的社会教育

根据学前儿童社会教育的系统性原则，幼儿教师需要根据学前儿童的发展需求对其社会教育的内容进行系统的规划。其系统性，既表现为根据学前儿童的学习特点对一个核心话题中的学习内容进行系统的规划，也表现为对一学期、一学年或三年的社会教育的内容进行系统的规划。幼儿园的课程设计往往将社会教育内容的系统规划作为一个重要的组成部分来加以统筹和考虑。以杭州市某幼儿园"榜样共情社会性体验课程"（见表 4－1）为例，该幼儿园根据爱、乐、勇三个社会核心品质，从人与自我、人与他人、人与环境三个维度梳理了九个品质的内容，并基于不同年龄段学前儿童的特点，开发、优化了一系列的主题①活动。

表 4－1　杭州市某幼儿园"榜样共情社会性体验课程"

课程内容指向		小班	中班	大班
爱	爱自己	★ "我喜欢我自己"（悦纳和肯定自我）	"独特的我"（认识自我）"男孩儿和女孩儿"（认识自我）	★ "我是特别的，我是重要的"（认识自我）
	爱他人	★ "寻爱之旅"（感受爱）★ "播下爱的种子"★ "我想把你揣进口袋里"（表达爱）★ "爱，从晨间的问候开始"（表达爱）	★ "清洁英雄""友爱"（关爱同伴）	"爱的温度"（感受爱、表达爱）★ "哇！勋章"（关爱同伴）★ "我看见了你，你温暖了我"（爱各行各业的抗疫英雄们）
	爱环境	"爱惜物品"	★ "萌娃寻宝记"（爱上大自然）★ "种个春天暖暖我们的心窝"	★ "蝴蝶飞飞"（爱护动物）★ "拜访大树"（爱护植物）★ "竹林里的秘密"（爱护植物）
乐	自信快乐	★ "竖起我的大拇指"（悦纳和肯定自我）	"我做哥哥姐姐了"★ "我真能干""生气不见了"★ "爱的颜色"（识别情绪）	"大手牵小手"★ "情绪魔法师"（调节情绪）
	乐于交往	★ "大声说出来"（学会表达）★ "我和我的好朋友"（交往方式）★ "嘿，你好"（交往方式）	★ "想念你的味道"（学会表达）"约会对对碰"（交往愿望和方式）	"将心比心"（换位思考）

---

① 带有★标记的主题是幼儿园自主生成的主题，其他主题是在园本化课程基础上优化的主题。

课程内容指向		小班	中班	大班
乐	乐于探索	★ "我的班'图'"（探索班级环境） ★ "一线情"（探索环境） "断桥幼儿园的'断桥'故事"（探索环境） ★ "雨天也快乐"（探索环境）	★ "我的园'图'"（探索幼儿园环境） ★ "走进'梅雨'季，探寻'霉'的秘密"（探索环境） ★ "温暖的鸟窝"（探索能力和态度） ★ "一个果核儿引发的故事"（探索能力和态度）	★ "我的旅'图'：幼儿园外的环境" ★ "我们的帐篷，超乎你的想象"（探索能力和态度）
勇	自主勇敢	★ "穿衣服的那些事儿"（服务自我） "我要试一试"（克服困难）	★ "坚持，我有好办法"（坚持）	"挑战小主持"（勇敢） ★ "我的挑战笔记"（勇敢） ★ "新的学期，从坚持开始"（坚持） ★ "足球冠军"（坚持）
	勇于承担	"我是值日生"（培养责任心）	★ "小鬼当家"（培养责任心） ★ "光盘行动"	"我是蛋爸蛋妈"（培养责任心）
	勇于坚守	"我们的约定"（遵守规则）	★ "共享头盔"（遵守规则）	★ "等待的那些事儿"（遵守规则）

2. 拓展与丰富学前儿童的社会生活经验

学前儿童的年龄尚小，生活经验有限，一些社会生活的内容已经超出他们的经验范围，不容易被他们接触到，幼儿教师要有意识地补充这部分内容，让学前儿童对生活有更丰富和全面的了解。例如，在日常午餐管理的环节，幼儿教师经常会教导学前儿童珍惜粮食，因为"粒粒皆辛苦"，但他们通常对此"知其然而不知其所以然"，并未获得珍惜粮食的真正动力。对此，幼儿教师可以开展名为"光盘行动，从我做起"的主题教学活动，通过对比粮食的图片、播放视频、参观农场、参与粮食收割等活动，让学前儿童更直观地了解珍惜粮食的重要性，真正感受播种、收获粮食的艰辛，主动萌发对农民伯伯的感恩之情。在社会领域，还有一些正在慢慢消失的生活形式与内容，如许多与生活相关的制作技艺等，它们也是人类历史的一部分，也是帮助学前儿童了解人类生活变迁的重要途径，幼儿教师可以在主题教学活动中补充这部分内容。

3. 增强幼儿教师的社会教育意识和能力

主题教学活动要求幼儿教师根据学前儿童的发展特点与需要有意识地规划教学

内容与形式。这一过程，是幼儿教师在日常观察的基础上，做出积极的价值判断并进行内容择取和生发的过程，也是幼儿教师将教育目标与内容心理化的过程。主题教学活动的实施、学前儿童的学习状态和主题教学活动的成效，都将成为幼儿教师对课程进行下一步规划的重要依据。幼儿教师也在不断的"观察—计划—实践—评价—反思"中，增强自己的社会教育意识和能力。

（二）社会教育主题教学活动的特点

1. 社会教育目标效果达成的内隐性

所谓"内隐性"，是指社会教育的目标是内在的、隐匿性的，它不易被观察与测量。与其他领域的学习相比，社会领域的学习具有复杂性与内隐性。例如，"礼貌地和他人打招呼"这一学习看似简单，但要做到这一点，还需要一系列相关的知识和技巧。学前儿童首先要知道，与人打招呼是一种起码的礼貌。即使学前儿童知道要有这种态度，他们也不一定能够做到与人礼貌地交往，要做到这一点，学前儿童还要学会判断他人的身份，掌握基本的礼貌用语，并根据情境和对象选择适宜的用语。这种能力不是一天两天或一两个活动就可以培养出来的。

一个主题教学活动能够达成一些教学目标，但这些目标不一定是完全可以被观察和测量的，尤其是一些情感态度性的目标。一些学前儿童可能在学习完一个主题后，并没有明显表现出幼儿教师所期望的态度与行为，但这并不意味着学习没有发生，因为每一个学前儿童吸收、内化、表现新知识、新能力的速度与节奏都不同。从这一点看，社会教育主题教学活动应特别注意价值引导性，即社会教育主题教学活动要用正确的价值观去引导学前儿童，要坚持示范与强调幼儿教师期望的行为。这样，即使不能马上看到效果，这种正确的价值观也会在学前儿童的心中种下好习性的种子。例如，一个小班儿童从来不与人打招呼，她每次来园和离园时，老师都会很热情地和她打招呼，她的回应却并不多，但老师坚持做示范，直到有一天，她也很热情地与老师打招呼问好了。

2. 社会教育主题教学活动内容与形式的寄生性

所谓"寄生性"，是指社会教育的主题教学活动往往要借助于其他领域的内容、方法、材料和手段来进行，如绘画、绘本、故事、音乐等。从这个意义上来说，社会领域是一个有很强渗透性与整合性的领域。判断一个活动是否为社会领域的活动，不能简单地看它的内容、方法、材料和手段，而要看它的目标，即它是否以学前儿童的社会学习与发展为首要目标。例如，一个故事可以用作语言教育的材料，也可以用作社会教育或科学教育的材料。在不同领域的教学中，幼儿教师对某个材料的处理是不一样的，如可以将绘本中的故事设计成语言教育的活动，也可以设计成社会教育的活动，还可以设计成艺术教育的活动。如果设计成社会教育的活动，幼儿教师需要充分思考和挖掘故事的思想性，引导学前儿童在学习过程中充分体会其所蕴涵的价值观。

3. 活动过程的经验依赖性与环境依赖性

课程故事《关于等待的那些事儿》

所谓"经验依赖性"，是指学前儿童的社会学习需要充分的经验积累与准备，否则这种学习容易流于说教，无法为学前儿童所吸收和转化。在进行主题教学活动的过程中，幼儿教师应设计相关的活动内容，为学前儿童提供积累经验的机会，使他们在积累经验的过程中提升自己的认知与情感。因此，社会教育主题教学活动应当具有更明显的体验性与行动性，能够让学前儿童有更多机会在体验与行动中学习。

所谓"环境依赖性"，是指与认知领域的学习相比，社会领域的学习更多依赖于环境的支持和影响。认知领域的学习主要是知识学习，它对学习主体自身的依赖性更强，而社会教育旨在培养学前儿童的社会能力和人格品质，因此环境的熏陶显得极为重要，学前儿童的社会习性往往受环境潜移默化的影响而习得。虽然学前儿童各领域的学习都需要良好环境的支持，但社会教育对环境的要求更严格，其需要的是隐性的、长期的以及精神性的、文化性的环境。因此，幼儿教师在设计与规划社会教育的主题教学活动时，应注重对文化环境、精神氛围的营造和与家庭教育的配合。

⊙问题思考

有学者认为，学前儿童社会性的发展具有潜隐性和长期性，因此并无专门开展社会教育主题教学活动的必要。你认同这种观点吗？为什么？

二、社会教育主题教学活动的设计要点

对学前儿童进行社会教育时，可以采用日常渗透的方式，这种方式很重要。与日常渗透的方式相比，主题教学的方式更具系统性，它整合了健康、语言、科学、艺术等方面的内容。例如，品格主题的学习在时间、空间及和内容的拓展上都比较深入，对学前儿童社会性的发展有着不可替代的作用；品格主题的学习重视行为的实践，这将使品格学习深植于学前儿童的内在意识中，使他们真实地感受到自己与周围世界的关系。以此为例，在设计社会教育主题教学活动时，幼儿教师可以从以

下几个方面来展开。

（一）根据学前儿童的需要确定主题

1. 内容选择符合学前儿童社会性的发展需求

学前儿童社会教育教学活动的主题有以下几个来源：①基于审定教材中班本化课程的优化与调整，对某个社会集体教学活动的现成主题进行扩充与延展；②幼儿教师基于本班学前儿童实际社会性品质的学习需要，在专家指导下创设班本化活动或主题；③幼儿教师在日常观察中发现学前儿童在某一社会性品质方面存在突出问题，在与其他幼儿教师、家长共同讨论后确定活动或主题。例如，"整合教育学习模式"的提出者、美国学者朗格内斯认为，适宜学前儿童学习的品质主要有尊重、善良、友谊、欣赏差异、忍耐、移情、奉献、合作、基于信念的行动、希望、创造力、爱①。这些品格被认为是学前儿童成长为"道德成熟的人"的重要基础。这12种品格可以依次进行学习，也可以根据孩子的需要进行学习。每一种品格都可以以适当的方式教给不同年龄阶段的学前儿童，不同的品格间也会有交叉和重复，这正是学前儿童品格循环学习的一个部分。所有的品质都不是独立存在的，它们相互依赖与影响，一些好品质的获得会影响另一些好品质的形成。

2. 主题选择与学前儿童年龄发展阶段相匹配

因为不同年龄阶段学前儿童的生活内容与学习重点不同，对他们进行社会教育的主题也不同。以"勇敢"这一品格为例，幼儿教师可以对不同年龄阶段的学前儿童进行不同主题的社会教育。小班儿童刚进入集体生活，他们第一次步入"小社会"，最需要做的事情是适应集体生活，尝试与同伴交往，所以幼儿教师可以开展"爱，从晨间的问候开始""我和我的好朋友""我来试一试"等主题教学活动，帮助小班儿童更好地进行自我服务，让他们学会主动、友好地打招呼，学会结交好朋友，自然地融入集体生活。中班儿童已经完全适应了幼儿园生活，有了更多参与活动的需要和能力，但是他们也会遇到各种各样的困难和问题，如害怕电闪雷鸣等自然现象，害怕凶恶的动物，害怕一个人独处，害怕上舞台，等等。因此，幼儿教师可以开展"我勇敢我快乐""独特的我""我做哥哥姐姐了""坚持，我有好办法""约会对对碰"等主题教学活动，帮助他们正确地认识自己，知道"害怕是正常现象"，并通过主题教学活动帮助他们变得更勇敢。对于大班儿童，幼儿教师可以开展"挑战主持人""我是小小兵""采访高手""我的毕业我做主"等主题教学活动，满

---

① 邢莉莉. 幼儿社会教育与活动指导［M］. 武汉：武汉大学出版社，2015：152.

足他们对"挑战"的需要，使他们更深刻地理解、感受"勇敢"这一品格的内涵。

（二）明晰品格内涵后制定主题目标

对社会性品格内涵的明晰是建构品格主题学习内容的基础，幼儿教师可以查阅辞书文献、咨询专家、听取家长意见、调查学前儿童情况，并在理解与分析的基础上对社会性品质的内涵做出适当的阐释。从教学来看，幼儿教师应抓住社会性品格的精神实质及社会教育的落脚点，并将品格内涵做适合学前儿童的分析，即从学前儿童心理学习的角度对品格的内涵进行分析，结合学前儿童现阶段需要解决的品质问题来制定主题目标。

案例 4 -1

"宽容"主题目标的制定

何老师观察幼儿园实际生活后发现，大班幼儿比较容易用挑剔的眼光看待同伴。尽管他们的表达能力比较强，但他们对同伴的评价往往比较片面，这种评价有时甚至是主观的、错误的。例如，在画画时，有的孩子会说"你怎么都用深色来涂色，画得真难看"，这会导致正在画画的孩子不愿再动笔。有的孩子不管同伴是否无意，会说"上次他踩了我一下，我不想再和他玩儿了"。受排挤的孩子要么伤心地告诉老师，要么就会骂人或动手还击。有些孩子斤斤计较、不懂得宽容，这影响了何老师班上孩子之间友好和谐的关系。

起初，何老师制定的"宽容"的主题目标是：

（1）宽容就是忘记别人让我不开心的事，学会原谅他；

（2）宽容就是原谅别人的无心之过，当别人知错就改时再给他一次机会；

（3）宽容就是接受别人和我"不一样"，欣赏人与人之间的差异。

何老师在咨询专家之后获悉："我们的宽容是有条件的。作为对别人造成伤害的人，我们首先要敢于面对自己的错误，并且要做出相应的努力，用积极的方式去求得别人的谅解。"于是，何老师在家长的帮助下对孩子们展开了关于"宽容"的调查，结果发现：孩子们比较在意自己的表现，愿意用积极的方式去宽容、弥补自己的不足；但70%的孩子会对同伴的无心之过和同伴对自己的评价很在意，表现为"伤心地告诉老师或心里不开心"。

何老师最终制定的"宽容"的主题目标是：

（1）通过再现幼儿生活情景或朗读文学作品等方式，使幼儿理解宽容品质的内涵——宽容是学会原谅别人和欣赏差异。同时使幼儿明白，宽容是相互的，要学会知错就改、尊重别人，学习正确地评价同伴。

（2）学习使用"握手桥"和"进入宽容区"等方式表达想法、调节情绪；用语言、绘画、歌曲等形式大胆表达自己的想法，记录自己实施的宽容行为。

（3）感受和体会同伴间"相互宽容、相互欣赏、知错就改"的积极情感，为自己实施的宽容行为而自豪。

从案例4-1可以看出，何老师第一次制定的主题目标并不能称为真正意义上的目标，更像是用学前儿童理解的语言对"宽容"做了一个定义，这个定义只包含了认知部分。调整后的主题目标是对品格内涵进行解读后而制定的，同时也符合制定主题目标的一般要求。幼儿教师应根据知识和能力，过程和方法，情感、态度与价值观三个维度来制定主题目标。在制定主题目标时，首先，幼儿教师应分析主题内容，充分思考和挖掘该主题对于促进学前儿童发展的作用和价值；其次，这个主题目标应包含主题下所有活动最后要达成的目标，而不仅仅指向主题下的某一个具体活动；最后，幼儿教师应对照本班学前儿童的发展状况，使这个主题目标符合学前儿童的基本需要和心理特点。总之，主题目标是根据主题教学活动的目的和任务，在充分了解了主题教学内容的基础上，为整个主题教学活动所设定的最终想要达成的结果。

（三）厘清各活动间应有的内在逻辑

在设计社会教育主题教学活动时，其内容规划应基于学前儿童学习递进的思路，采用阶段筹划的方式，参考"整合教育学习模式"中提到的五轮内容，遵循"品质感受、理解→品质深化、内化→品质实践与拓展"的逻辑架构以及整合深化的原则。整合性不仅体现于品格在各活动中的渗透，还体现于各活动自身有一种内在的逻辑，这种逻辑会因为不同的切入点而有所不同，但总体来说包括时间逻辑、空间逻辑、任务逻辑、兴趣逻辑、难度逻辑等。不论哪种逻辑，其活动间都有着某种内在的关联，这是非常重要的。例如，在进行"善良"主题教学活动过程中，可以按照种子的"播种→发芽→长大→传播"这一逻辑过程展开，于是，我们设计出了传播善良的种子、善良的种子在心底生根发芽、善良的种子长成茂盛的善良树、传播善良这四大块内容，这四大块内容的内在逻辑主要是时间逻辑。

⊙学习活动

以"责任"为主题设计一个大班主题教学活动的主题线索

活动目的：对"责任"品质的内涵有较为清晰的理解，并掌握主题教学活动设计的基本步骤。

本次活动大约需要 2 小时。

步骤1：对"责任"品质的内涵进行分析，并结合大班幼儿的特点确定主题。

步骤2：根据本节所学内容，对主题教学活动的主题线索进行分析，并在此基础上对活动方案进行细化。

反馈：

1. "责任"品质的内涵，从关系的角度可分为对自我的责任、对他人的责任、对集体的责任；从对象的角度可分为对人的责任、对物的责任、对事的责任。

2. 不同年龄阶段的幼儿对"责任"的理解不同，应根据大班幼儿的身心特点和生活需要确定主题展开的维度。

3. 开展品质类主题教学活动时，可以按照初步感受阶段，丰富体验阶段，拓展、行动阶段，回顾、提升阶段来实施，但无须拘泥于其前后顺序。

（四）引导学前儿童将主题内容内化

社会教育主题教学活动各方面的内容是围绕主题核心品格展开的，它的落脚点也在社会性品质上。同时，社会性品格的学习不仅是表面的行为与规范的学习，而且是内在良好习性的学习。因此，社会教育主题教学活动的设计应注意以下几点。

1. 时间的连续性

教学时间的安排不仅会影响课程的开展，还会影响课程进行的深度。幼儿教师在设计社会教育主题教学活动时，应从实际出发来安排教学时间，保障社会教育主题教学活动的有效进行。一般，每个主题的学习应持续 3—4 个星期，并在之后的日常生活中得到持续强化和渗透，这体现了社会学习在时间上的连续性。

2. 空间的渗透性

幼儿教师在进行社会教育主题教学活动时，要将品格教育要素渗透在学前儿童的生活空间中，如布置关于品格的班级标志、挂饰、墙饰、活动海报、过程性记录等，将学前儿童的学习历程，以及同伴、幼儿教师、家长示范的榜样行为等呈现出来，这体现了社会学习在空间上的渗透性。

3. 内容的陶冶性

社会教育主题教学活动不仅涉及品德教育，还涉及其他方面的教育，是不同领域教育的有效整合，其在内容上可能融合了语言、社会、科学、艺术等学习领域，以促进学前儿童情感、能力、知识、技能等方面的提升，这体现了社会学习在内容上的陶冶性。

4. 方式的体验性

社会性品格的学习需要在实践中得到更深入的内化。直接的实践体验是学前儿童与社会环境互动的重要方式，学前儿童能够在参与社会生活的过程中学习各种规范与文化，这体现了社会学习在方式上的体验性。

（五）有效整合幼儿园内外可利用的资源

社会教育涉及社会生活的方方面面，凡是有人生活的地方，社会教育都可以设计出相关的主题教学活动，这是其他领域教育无法实现的。所以，幼儿教师应充分利用幼儿园、家长、社区服务机构、社会热点事件等资源开展幼儿园社会教育主题教学活动。

大班活动"神奇的易拉罐"主题方案

> **小贴士**
>
> **社会学习——生态：幼儿理解保护周围环境的重要性**
>
> 在高瞻课程模式中，生态被列入社会学习领域而不是科学学习领域。当然，了解自然世界，包括了解环境，也是科学教育的一部分。但是，生态更广泛地与人们对环境的责任联系在一起。它涉及人与自然之间相互依存的关系，以及人们如何成为地球的守护者。这种关系对社会行为提出了要求，因此，生态与社会学习存在一致性。这也与世界儿童自然行动协作论坛于 2010 年制定的课程是一致的，该课程陈述了对儿童来说普遍适用的原则：
>
> - 我们相信，与自然世界的定期联系有利于儿童的发展。
> - 尊重当地的文化和气候，将自己作为自然的一部分。
> - 感受作为全球公民的团结、和平和幸福。
>
> 幼儿通过思考自身行为及他人行为对周围环境的影响，逐渐认识到生态与自然紧密相关。随着幼儿对其他时间和地点（历史和地理）越来越感兴趣，他们也能够思考自己生活以外的世界，以及未来环境可能发生的事情。
>
> 资料来源：爱泼斯坦. 社会学习：关键发展指标与支持性教学策略［M］. 霍力岩，黄双，张昭，等译. 北京：教育科学出版社，2018：102－103.

第二节　社会教育主题教学活动的不同类型及实施

　　主题教学是幼儿园中主要的课程教学模式，是学前儿童在幼儿教师的引导下围绕着某一个主题开展的一系列相关活动。通过对中心主题的讨论，以及对主题中蕴含的问题、现象、事件进行探究，学前儿童能够在活动过程中获得新的、整体的、有联系的经验，从而实现多方面的发展。学前儿童社会教育时常以主题教学活动的方式展开，根据不同的目标指向，主题教学活动的类型也不同，所采用的内容、方式和途径也有所侧重和不同。

一、社会教育主题教学活动的不同类型

　　学前儿童社会教育主题教学活动的类型多种多样，嵇珺对当前我国幼儿园教育实践中比较有代表性的 4 种教材共 425 个社会教育主题教学活动中的教育内容进行了具体、深入的分析，她认为，我国学前儿童社会教育的内容大致可归纳为 12 个类别：生活技能和行为习惯、礼仪教育、安全与生命教育、理财教育、社会规则、社会环境、自我意识、情绪情感、个性品质、亲社会行为和人际交往、社会文化与节日庆典、自然和环保教育[①]。从活动指向目标来看，这些活动可以分为社会认知、社会情感、社会行为三类。需要说明的是，这种划分只是一种相对的划分，事实上，在实际的社会教育主题教学活动中，这三者往往都会有所体现，只是侧重点不同。

（一）侧重社会认知类活动

　　在学前儿童的社会认知中，有相当大一部分内容是对社会规范、准则这些陈述性知识的理解和掌握，这些知识是学前儿童社会化的重要组成部分，但有时候，这

---

① 嵇珺. 我国幼儿园社会领域教学活动的内容现状与分析［J］. 学前教育研究，2012（3）：42 – 47.

些知识对他们来说比较枯燥和深奥。因此，幼儿教师在设计主题教学活动时，应利用学前儿童生活中的相关事件，使他们能真实地感受、理解进而掌握相关的规范、准则。例如，幼儿教师在开展品格型主题教学活动前，可以发起一个关于品质内涵的话题讨论，如"什么是善良?""什么是勇敢?"等，在进行一系列活动之后，再让学前儿童感悟和回味"什么是善良?""什么是勇敢?"，以帮助他们实现经验的拓展与提升。

（二）侧重社会情感类活动

情绪、情感是维持和促进个体社会适应的一种基本的心理机能。社会性情绪、情感的发生和复杂的社交关系、人际关系有着直接的联系。情感是学前儿童社会性发展的动力基础，这种切身感受是谁也替代不了的。因此，幼儿教师在教学设计中可以创设一定的情境，通过各种体验性的活动使学前儿童体验各种情绪的存在及价值。例如，在小班的"救救小彩鱼"活动中，因为鱼缸被打破，幼儿教师启发学前儿童共情小彩鱼缺水的感受，创设"让孩子们自己去寻找适宜的材料，用自己的实际行动去救护小彩鱼"的环节，就可以激发出学前儿童对小动物真切、深刻的关爱。

（三）侧重社会行为类活动

学前儿童掌握社会行为的过程，是他们通过所受的教育在生理和心理两方面获得发展，形成适应社会的人格并掌握社会认可的行为方式的过程。班杜拉的社会学习理论指出，学前儿童的社会行为大多来源于直接学习和模仿，而强化是最重要的中介。因此，幼儿教师设计社会行为类活动时，应重视直接学习、提供正面模仿的榜样、合理运用强化。幼儿教师多采用持续性的主题教学的方式或日常渗透的方式来帮助学前儿童逐渐获得知识和内化。例如，在大班"哇，勋章（关爱同伴）"主题教学活动中，幼儿教师在"了解勋章的来历→解读勋章品质的内涵→解读和学习哥哥姐姐的榜样行为→在班级中成立'小蜜蜂帮帮团'→形成爱帮助别人的品格"的系列活动中，将主题最终落脚到帮助学前儿童形成"爱帮助别人"的品格，为培养学前儿童互相帮助的意识、帮助态度，支持学前儿童关心、帮助他人，养成良好的社会性品格提供了实践机会。

二、社会教育主题教学活动的实施要点

对于学前儿童而言，学习活动是其先前经验的延续与拓展，学习内容之间是相

互联系的，并对他们以后的学习活动产生影响。在社会教育主题教学活动的开展过程中，幼儿教师应遵循学前儿童的学习特点，尽可能地在综合性的活动中促进学前儿童社会认知、社会情感和社会行为各方面的相互支持与发展；应为学前儿童提供适宜的社会学习环境、体验活动及相应的活动材料，让他们在主动参与、在与他人的互动中获得社会经验。

幼儿教师可以根据学前儿童社会学习的特点和认知发展历程，按照一定的实施模式开展社会教育主题教学活动，如"初步感受→丰富体验→拓展→行动→回顾→提升"的实施模式。幼儿教师分别在小班、中班、大班实施以"善良"为主题的教学活动时，可参照以下内容进行。

案例 4－2

"善良"主题教学活动的实施

小班活动"种植善良"（见表4－2）：针对小班孩子的年龄特点和基本班况，把"善良"主题教学活动的落脚点归纳为两点，一是引导孩子善待生命，主要表现为惜命爱物，即不乱踏花木、采摘花果，不伤害小动物；爱惜自己的玩具和生活用品，爱惜公物（幼儿园的公共玩具破损较大）；二是引导孩子帮助需要帮助的人，如帮助家人、同学、老师做一些力所能及的事。

表4－2 "善良"主题教学活动在小班的实施

实施阶段	主题线索
1. 初步感受阶段	以孩子们参观幼儿园大厅里"种子成长"展板的活动作为开展主题教学活动的切入点。在班级开展"种子命名评选活动"，引导孩子们许下"种植善良"的愿望
2. 丰富体验阶段	通过欣赏绘本《玩具丢了》、儿歌《花儿好看我不摘》、绘画《多彩的善良》、粘贴画《善良种子》、每天的服务提名"我做善良宝贝"等活动，帮助孩子们理解"善良是'花儿好看我不摘'""善良是'珍惜玩具'""善良是'帮助需要帮助的人'"等主题
3. 拓展、行动阶段	通过自己照顾种子，孩子们可以养成关心与呵护植物的行为。通过"快乐春游""亲子活动""给农村幼儿园募捐"等活动，孩子们可以和爸爸妈妈一起实践善良，并以图文并茂的形式把实践的过程记录下来，将其制作成"善良叶"，帮助"善良种子"长成茂盛的"善良树"
4. 回顾、提升阶段	老师和孩子们一起回顾整个主题教学活动的过程以及孩子们在生活中实施的善良的行为，孩子们为大班的哥哥姐姐表演有关"善良"主题的歌曲，赠送《善良种子》粘贴画，希望哥哥姐姐能将孩子们"善良的种子"传播到小学去，让大家都来做"善良宝贝"，做善良的人

中班活动"善良花开"（见表4－3）：中班"善良"主题教学活动的落脚点是通过一系列的活动引导孩子们，使他们明白"善良"更有意义的表达方式是帮助他人，帮助需要帮助的人，而帮助别人需要智慧。

表4－3 "善良"主题教学活动在中班的实施

实施阶段	主题线索
1. 初步感受阶段	老师从故事《七色花》入手，帮助孩子们了解故事发展的线索，引导孩子们形成对"善良"的初步感受和理解
2. 丰富体验阶段	老师通过对故事中每片花瓣代表意义的分析，带领孩子们做出"假如我有一片七色花瓣"的设想，深化孩子们对"善良"的理解；利用"冲突桥"，引导孩子们思考"我可以怎么做?"，为孩子们提供智慧助人的正确方法
3. 拓展、行动阶段	由善良的"七色花"拓展到对各种花的认识，并且请家长、助教一起用我们杭州市的市花——桂花来制作桂花糕；鼓励孩子们在生活中实施善良行为，以绘画的方式对这种行为进行记录，并完成自编故事书《我的七色花》
4. 回顾、提升阶段	老师和孩子们围坐在一起回顾整个主题教学活动，分享大家的"七色花"故事

大班活动"宽容"（见表4－4）：大班"善良"主题教学活动的落脚点是理解"宽容"（善良的拓展）品质的内涵——"宽容是学会原谅别人和欣赏差异"，使孩子们了解，宽容是互相的，我们要学会"知错就改"；尊重别人，学习正确地评价同伴；学会表达自己的想法，调节情绪，实施宽容行为。

表4－4 "善良"主题教学活动在大班的实施

实施阶段	主题线索
1. 初步感受阶段	再现孩子们的生活情景，引发"什么是宽容?"的讨论
2. 丰富体验阶段	利用文学作品《大熊的拥抱节》《李小牛》和新编歌曲《对不起，没关系》等内容，帮助孩子们理解"宽容是学会原谅别人"；通过欣赏各种水果的优点，引申到欣赏人的优点；一起欣赏故事《是蜗牛开始的》，初步理解"宽容就是接受别人和我不一样，欣赏差异"
3. 拓展、行动阶段	在讨论、自制"宽容"标志和奖品的过程中，加深对"宽容"品质内涵的理解，鼓励孩子们实施宽容的行为，并以绘画的方式记录这种行为，将其自制成绘本《当我……的时候，我会……》《我欣赏……》
4. 回顾、提升阶段	老师展示一些活动照片，引导孩子们回顾整个主题教学活动的过程；分享"宽容宝贝"的故事，为"宽容宝贝"颁发奖品

同样的主题教学活动，因为学前儿童年龄、特点和生活需要不同，有着不同的教育落脚点，但教学活动的实施阶段可以是相同的。在主题教学活动中，每个实施阶段承担着不同的教学任务："初步感受阶段"主要通过参观展览、欣赏故事、再现生活情景等有吸引力的活动，引起学前儿童对该社会性品格的关注；"丰富体验阶段"主要通过故事解析、艺术欣赏、团体讨论等活动，帮助学前儿童进一步理解和解读该社会性品格的内涵；"拓展、行动阶段"主要通过幼儿园的活动、家园合作的亲子活动等，帮助学前儿童有意识地体验、实施该社会品格的行为；"回顾、提升阶段"主要以图文的形式回顾主题教学活动的过程，并通过颁发奖品等形式，对学前儿童在活动中表现出的良好行为进行反馈和评价，帮助学前儿童进一步理解和深化该社会性品格的内涵。当然，在实际的教育实践中，幼儿教师无须机械地按照以上实施阶段开展活动，而是可以根据主题的内涵和学前儿童的实际情况来对这一过程进行调整，如有时可以让学前儿童先获得初步的体验，再在此基础上聚焦其认知并进行拓展。

三、社会教育主题教学活动实施的途径与方法

（一）社会教育主题教学活动实施的途径

幼儿园的教学活动以社会性内容为核心，社会教育主题教学活动是其重要内容。社会教育主题教学活动的实施包括以下几个途径。

1. 从学前儿童的现实需要出发来设定活动内容

社会学习具有潜移默化的特点，尤其是社会认知和社会情感的学习，往往不是幼儿教师直接"教"的结果，而是学前儿童在实际生活和活动中积累有关的经验和体验后获得的。社会教育的内容应贴近学前儿童的生活和现实需要，因为只有学前儿童亲历的事才能让他们产生强烈的共鸣。

案例 4 - 3

小班活动："小老鼠的漂流瓶"

受新冠肺炎疫情的影响，部分孩子不得不休学在家。已经相处一个学期的孩子们很想念自己的同伴，还会说："老师，××再不来，我就要忘记他长什么样了。""不知道我的好朋友××在家开心吗？有没有想我啊？"小三班的邵老师抓住了孩子们"表达想念"的需求，以绘本《小老鼠的漂流瓶》作为载

体，引导孩子们表达自己的想念。在教学体验环节，孩子们把对同伴的想念"放进"漂流瓶，再让漂流瓶"漂"到同伴身边。在教学现场，孩子们隔着屏幕表达着自己的想念："××，我想你了!""××，我想和你一起玩儿!""××老师，我想你了!"一声声稚气、软糯的话语，让老师和孩子们为之动容，这样的"想念"扣人心弦。

在案例 4-3 中，邵老师紧密结合孩子们的现实生活，抓住了他们对因疫情休学在家的同伴的想念之情和强烈的表达需求，巧妙地借助"漂流瓶"这个有趣的表达载体，教会孩子们表达想念，引导孩子们充分表达想念的感觉，以此来拓展孩子们对"想念"的理解，丰富孩子们的表达方式。

2. 将学前儿童社会性核心品格的培养作为活动目标的指向

首先，单个的教学活动是整个主题教学活动的一部分，因此单个教学活动的目标和主题教学活动的目标要呼应，要指向学前儿童核心品格的培养。其次，《纲要》《指南》中的社会教育目标，是学前儿童社会教育主题教学活动设计与组织的总指导，其为社会教育主题教学活动提供教育的价值方向，是教学活动设计的重要依据，因此，社会教育主题教学活动目标及内容的选择应符合《纲要》《指南》的精神。再次，社会教育主题教学活动的实施是为了促进学前儿童核心品质的发展，因此学前儿童的发展水平和需要是制定活动目标的内在依据。

案例 4-4

大班活动："齐心协力一起玩儿"

"齐心协力一起玩儿"是"合作"主题教学活动背景下的一次集体教学活动，幼儿教师在制定活动目标时应考虑的一点是，大班的幼儿已萌发合作意识且有一定的合作经验，他们在自主游戏和小组活动中会自发地进行合作。《指南》认为，5—6 岁幼儿社会教育的目标是"活动时能与同伴分工合作，遇到困难能一起克服"，因此幼儿教师可以把"合作"这个社会行为作为本次活动的目标。大班的幼儿已经有合作的意识，但合作水平不高，在合作过程中常常会发生问题，如意见不统一或大家都争着去做同一件事等。在具体活动中运用讨论、协商、分工、合作等方法来解决问题，站在团队的立场上思考问题，这对幼儿来说是有难度的。因此，幼儿教师可以借助"齐心协力一起玩儿"这个游戏来设计一堂集体教学活动，其活动目标如下所示。

（1）幼儿要在游戏任务中发挥自己的特长，在团队中找到适合自己的位置。

（2）幼儿能用讨论、协商、分工、合作等方法来解决问题，完成团队任务。

（3）幼儿能够肯定自己在团队中的重要性，收获自信与成就感。

在案例4-4中，"目标（1）"指向自我认识的提升，大班的幼儿能根据自己的特长在团队中找到适合自己的位置，其自我意识和认知能力得到提高，这对他们是否能进行更高质量的合作有非常重要的影响。"目标（2）"指向合作能力的提升，幼儿到了大班后已经有了一定的合作经验，对他们来说，根据现场情况运用已获得的经验来解决现实问题是很好的考验，也是运用合作方法的好机会。"目标（3）"指向团队合作后的成功体验，这是幼儿自我效能感提升的体现。

3. 使活动主旨和环节设计与活动目标相匹配

社会教育主题教学活动主旨和环节设计应与活动目标相匹配，要基于学前儿童的兴趣及原有经验，否则会出现话题不聚焦、活动目标未在环节中得到体现或落实等情况。

案例 4-5

中班活动："再多努力一点儿"

中一班的章老师观察到，孩子们在碰到困难时会产生伤心、失望、生气等情绪，会说"算了""太难了（放弃了）""我还小"。孩子们在尝试解决困难的过程中很容易放弃，而如果他们再试一次或许就会成功，这说明，他们在现阶段还是无法接纳和理解自己的困难情绪，以至于很难成功应对困难。为此，章老师创设了"再多努力一点儿"主题教学活动。表4-5为中班活动"再多努力一点儿"的活动设计。

表4-5 中班活动"再多努力一点儿"的活动设计

活动主旨	活动目标	环节设计
理解和接纳自己面对困难时的心情，尝试寻找解决困难的方法，再多努力一点儿，再试一次，体验自己通过努力战胜困难后的快乐	1. 理解和接纳自己遇到困难（我不会）时的心情（难过）	◆困难前置，实操遇到困难初体验 ——第一次做手工花，把纸卷成细条当作花梗
	2. 面对困难时，能尝试找到合适的方法解决困难，并反复进行练习	◆观看视频，经验学习 ——解读视频故事《找到方法更容易》，发现"找到方法，再多努力一点儿就会成功" ◆生活经验迁移 ——分享现实生活中自己学习新本领的照片，谈谈自己遇到的困难及克服困难的方法
	3. 感受通过反复练习解决困难、获得成功的快乐	◆感知困难再体验 ——尝试制作手工花

在案例4-5中，章老师将困难进行了前置，孩子们第一次因为遇见困难而产生了消极情绪；章老师对孩子们产生的消极情绪进行共情引导，用解读视频故事《找到方法更容易》的方式告诉孩子们，在遇到困难或学习新本领时要再多努力一点儿，只要掌握正确的方法就会成功，并请孩子们谈谈自己在生活中遇到的困难及克服困难的方法；在孩子们对之前的困难进行再体验时，章老师不断肯定孩子们的做法，鼓励他们遇到困难时不放弃，要试着继续练习，最终战胜困难，使孩子们体会"再多努力一点儿就会获得成功"的快乐。总体来说，这个活动的环节设计紧扣活动目标和活动主旨，整个活动逻辑清晰、层次分明，符合学前儿童的学习方式和特点。

4. 运用"三维教学支架"策略

在教学活动中，幼儿教师应关注学前儿童的"真需求""真体验"和"真收获"，借助"三维教学支架"（提问支架、游戏支架、评价支架）来开展社会教育主题教学活动。

下面，我们以大班活动"齐心协力一起玩儿"为例，来说明"三维教学支架"的运用。

（1）提问支架。很多时候，幼儿教师开展社会教育主题教学活动是为了解决一些社会认知的问题。提问，是为了使学前儿童将已有经验与社会学习连接，因此，幼儿教师的提问方式就显得尤为重要。总体来看，常见的提问方式如表4-6所示。

表4-6　常见的提问方式

提问方式	举例说明	作用	实施要点
连接式提问：属于开放式提问，指向幼儿的已有经验。通过提问，让学前儿童调出脑海中相关内容的记忆片段，并对其进行重新整合与思考	提问："你玩过团队游戏吗？怎样才能获得团队游戏的胜利？"	该提问指向学前儿童的已有经验，唤醒学前儿童对团队游戏的记忆，如基本规则、技巧等，激活他们的合作意识与团结意识，使他们在接下去的活动中能够更快地了解新规则，更有准备地投入新游戏	捕捉关键词，提取学前儿童已有经验；连接共性问题，激发学前儿童的共鸣
启发式提问：指向学前儿童对当下问题的深度探究，引导学前儿童从自身出发，挖掘共性经验，进行多维考量，实现从已有经验向新经验的跨越	提问："怎样做才能够让我们的团队游戏完成得又快又好？"	该提问出现在第一次团队游戏之后，能够引导学前儿童对第一次的游戏进行深入思考，对"怎样做才能够让我们的团队游戏完成得又快又好？"这一问题的本质进行思考，讨论团队游戏的合作技巧	对问题的本质进行追问，启发学前儿童进行思考；梳理碎片经验，帮助学前儿童总结成长收获

续表

提问方式	举例说明	作用	实施要点
质疑式提问：当学前儿童在学习中遇到"瓶颈"或学习积极性下降时，幼儿教师可以对更深层次的问题进行质疑，激发学前儿童燃起新的探究欲望，最终达成活动目标	提问："现在的阵容是你们团队的最强阵容吗？"	幼儿教师对学前儿童经过团体讨论后的调整结果进行质疑式提问，引导学前儿童进一步思考："每个任务是否安排了最擅长完成该任务的人？"	质疑问题的本质，引导学前儿童进行深度思考

在幼儿教师组织社会教育主题教学活动的过程中，这几种提问方式都会被用到，它们本身并无优劣之分。教学有法但无定法，在教学活动中，幼儿教师应根据活动内容的需要和学前儿童在活动中的现场反应灵活地运用这些提问方式，通过提问引导学前儿童进行思考，以完成教学目标。

（2）游戏支架。游戏是学前儿童重要的学习方式。幼儿教师可在环节设计中利用"真游戏""真情境"来达成学前儿童的"真体验"，这符合学前儿童社会教育情境性的特点。在社会教育主题教学活动中，幼儿教师应善于设计游戏，能够让学前儿童在参与游戏的过程中自然体验到相关品质的内涵与价值，进而形成相关的社会行为。需要强调的是，这里的游戏一定是"真游戏"，即能使学前儿童真正感兴趣、愿意参与其中的游戏，而不是那种预设性很强，学前儿童只能在其中扮演"木偶"角色的游戏。因此，幼儿教师在设计游戏时，应充分考虑学前儿童兴趣点和经验的"最近发展区"，同时关注游戏的趣味性，以达到使学前儿童真正投入、积极体验的效果。

案例4-6

大班活动"齐心协力一起玩儿"① 的环节设计

1. 设计意图

本活动以任务驱动的方式创设游戏情境，两次游戏的设计意图不同：第1次游戏中，幼儿通过抽签获得任务，这样能够使他们对自己和同伴的特长进行思考；第2次游戏中，幼儿需要在团队游戏中找到自己擅长的项目与适合自己的位置，为此，幼儿教师在2次游戏之间设计了"自荐与推荐"环节，运用提

---

① 本活动案例由杭州市西湖区枫华府第幼儿园叶欣老师、陆姬文老师提供。

问与回应策略支持幼儿进行自荐与推荐，帮助他们运用讨论、协商、分工、合作等方法解决问题，以更快更好地完成团队任务。

2. 活动目标

（1）在游戏任务中，幼儿应发挥自己的特长，在团队中找到适合自己的位置。

（2）幼儿能用讨论、协商、分工、合作等方法解决问题，完成团队任务。

（3）幼儿能肯定自己在团队中的重要性，收获自信与成就感。

3. 活动准备

经验准备：对自己和同伴的特长有所了解，对团队分工有一定经验。

物质准备：拼图、绳子、筷子、弹珠、抽签卡。

4. 活动过程

（1）第1次游戏。

①幼儿进场抽签，根据抽签内容，找到相应的椅子坐好。

——每个小朋友都抽到了游戏牌，请你找到和你手上游戏牌相同内容的椅子，坐好。

②幼儿教师叙述游戏规则，每个幼儿根据抽签内容完成自己的任务。

——今天我们要来玩一个团队游戏，你玩过团队游戏吗？怎样才能在团队游戏中获得胜利？

——游戏的名称叫"游戏接龙"，以接力的形式进行。第1个小朋友要跑到老师这个位置，完成游戏牌上的任务，然后跑回去拍第2个小朋友的手；第2个小朋友跑过来，完成游戏牌上的任务。以此类推。

——游戏的内容一共有4个：跳绳、劈叉、夹弹珠、拼图。第1个小朋友要完成10次跳绳，第2个小朋友要完成1个劈叉，第3个小朋友要夹起10个弹珠，第4个小朋友要完成1副拼图。

——最后，我们来看看每个团队完成这些项目所用的时间。

③开始第1次游戏，幼儿教师计时。

（2）游戏结束后，对"团队"进行讨论。

——刚才每个团队完成游戏所用的时间是多少？你们在刚才的游戏过程中有没有碰到什么困难？

——有困难。请你来说一说，你碰到了什么困难？

——没有困难。你们都没发现，但我发现了：刚才××小朋友在劈叉的时候好像很吃力。我们班谁会劈叉，我们请她上来试一试。（原来，劈叉是这样做的，要把双腿完全打开）

——你们对刚才的成绩满意吗？这次，我要提高游戏难度了，把游戏的时间缩短，而且大家的动作要规范。怎样做才能够让我们的团队游戏完成得又快又好？

——刚才是随机抽取的游戏项目，这次我们可以做一下调整。（幼儿自主选择项目，在项目下方贴上自己的名牌）

——每个项目只能有4个人参加，有些项目的人数超了，有些项目没有人挑战，你们想怎么调整？为什么？（鼓励幼儿完整表达理由，幼儿可以推荐自己或同伴）

（3）调整项目后，进行第2次游戏。

①幼儿开始游戏，幼儿教师计时。

②幼儿教师进行总结。

——在团队游戏中，当我们面对一些任务时，要根据自己的特长，在团队中找到合适的位置，这很重要，能够让我们更快、更好地完成游戏！

在案例4-6中，首先，幼儿教师以团队游戏为载体，鼓励幼儿为了获得游戏胜利而不断地对任务分配和人员适宜性等问题进行思考，在这个思考过程中，幼儿能够自然地运用协商、鼓励等策略；其次，幼儿教师借助可视化策略，对游戏的几个关键点进行了可视化处理，让游戏规则与过程始终呈现在幼儿面前，激发他们对游戏的兴趣和参与感，使他们对游戏更专注、投入；最后，在保证游戏公正性的前提下，鼓励幼儿自主地对游戏任务进行分配和调整，自主解决问题。

课程故事
《你好，足球冠军》

（3）评价支架。幼儿教师的评价是十分重要的教学支架，幼儿教师应敏锐地捕捉学前儿童社会核心经验的"最近发展区"，用评价支架促使学前儿童将已有经验转化为新经验。幼儿教师在运用评价支架的过程中，可以从以下几个方面入手。

①梳理学习方法，凸显学习品质。幼儿教师要及时对学前儿童在活动现场使用的学习方法进行梳理，挖掘其中的学习品质，共享智慧。

②关注个体变化，捕捉闪光表现。在活动现场，每个学前儿童的表现都蕴藏着个体发展的闪光点，幼儿教师要做到敏锐捕捉、及时鼓励，让学前儿童意识到自己在活动中的进步，变得更加自信。

③认同情绪感受，鼓励品质萌芽。活动中的师幼互动是温暖的、充满同理心的，这样的良性互动，是学前儿童萌发社会性品质最好的土壤。

⊙问题思考

　　亲身体验、直接感知、实际操作是适宜学前儿童的学习方式，且其社会学习具有渗透性、潜隐性的特点。同时，教学活动具有较强的计划性，由幼儿教师主导。如何为学前儿童创设一个以快乐体验、自主习得社会性品质为主的"实践场"？你认为学前儿童通过专门集体教学活动进行的社会学习与通过其他领域渗透的社会学习，或借助游戏支架的社会学习是否能达成平衡？为什么？

（二）社会教育主题教学活动实施的方法

1. 环境渗透

冲突桥策略的运用

　　学前儿童的社会性品质主要是在日常生活和游戏中通过观察、模仿而潜移默化地发展起来的，除了受到主题教学活动、游戏活动、日常生活中一些"显性教育"的影响，还受到通过环境渗透的一些"隐性教育"的影响。

　　（1）有温度的人文环境。学前儿童在进行社会学习的过程中具有很强的情感驱动性，幼儿教师可以营造良好的情感氛围，创设有温度的人文环境，这对促进学前儿童社会性的发展非常重要。

　　在学前儿童社会认知、社会情感、社会行为的发展过程中，社会情感起着重要作用。一方面，学前儿童的社会认知还比较肤浅，他们对自我和他人行为是非的判断并不是建立在对社会规范的客观认识和理解的基础上，而是在很大程度上取决于个人需要的满足。他们的判断也受到积极情绪的影响：认为某事或某物是"好的"，容易产生共鸣；认为某事或某物是"坏的"，容易产生消极的抵制情绪。另一方面，学前儿童的社会行为也常常直接受到情绪的驱使，在良好的情绪状态和情感氛围下，学前儿童更愿意按照成人的要求去行动。强烈的情感共鸣及共情能促进学前儿童主动产生亲社会行为，而在不良的情绪状态或情感氛围下，学前儿童更容易出现攻击、破坏等不良行为。

　　人文环境主要是指园风、班风、师幼关系等方面。幼儿教师应在一日生活中做好正确的示范，树立良好的榜样，用自己的言行影响学前儿童，用积极的情感浸润学前儿童，让他们喜欢幼儿园，喜欢自己的班级，喜欢自己的老师，逐渐形成温暖和谐的班风，建立起有温度的师幼关系。同时，幼儿园可以创设有利于学前儿童社会性发展的、以学前儿童为中心的人文环境，组织一系列以学前儿童为中心的活动。例如，在迎新活动中，让学前儿童自己来策划一场属于自己的迎新音乐会，全程由他们自己制定计划、采购小组活动材料、打扫和布置教室等。在这个过程中，学前儿童得到买卖物品、与人打交道、小组分工合作完成准备工作、排练节目、表现自我等方面的体验，学会人际交往和统筹规划，获得自尊和自信，而幼儿教师和家长可以在必要时作为陪伴者和支持者出现。以学前儿童为中心的人文环境不仅体现在他们的自由表达中，更体现在他们的"主人翁意识"和地位中。

（2）主题与区域环境创设的联动。区域环境创设不仅能为主题教学活动延伸学习的空间平台，还能支持学前儿童在区域中持续学习。学前儿童在区域环境中互助学习，其社会行为、社会性品质发展等内容将在区域中不断得到呈现，支持他们不断学习、不断发展。当然，在进行区域环境创设时，幼儿教师要将主题目标作为区域环境创设的核心与方向。

案例 4 - 7

大班活动："不一样的'我'"

在进行区域环境创设前，幼儿教师首先进行了思考：首先，要围绕主题目标的三个核心，即"积极的自我认知""接纳、欣赏同伴""互助、团结、友爱"进行不同的区域环境支持；其次，要重点介绍支持幼儿获得"积极的自我认知"的区域环境创设。幼儿教师的做法如下所示。

◆外在（名字、指纹）的认识——创设"名字画"创作区、"名字墙"书写区、名字签到台、指纹探秘区，旨在支持幼儿在自我创作、持续练习、每日签到、自主探究的过程中逐渐发现自己与同伴外在方面的不同，加深幼儿对外在的认识（见表4-7）。

表4-7 幼儿对外在的认识

区域	材料	设计意图
"名字画"创作区	投放各种类型的纸、笔（提供自由的创作空间）	幼儿用个性、富有创意的"名字画"来表达自己对名字的理解
"名字墙"书写区	投放若干记号笔、白纸（提供自由的书写空间）	鼓励幼儿每天坚持写自己的名字。一开始，他们可能不太会写，幼儿教师可以和幼儿一起将每天的作品订成一个小本子，这样日复一日，幼儿可以看到自己成长的变化
名字签到台	投放水彩笔、签到册，创设舒适的签到区域	幼儿每日来园时，可以一边签到，一边查看同伴的名字，在不断翻阅中熟悉班级同伴的名字
指纹探秘区	投放胶带纸、印泥、轻黏土、水彩笔、放大镜、记录纸等	为了更好地观察指纹，幼儿可以利用多种材料对指纹进行拓印，还可以在区域环境中运用工具观察并发现指纹的形状特征与类型

在此过程中，幼儿能够不断地在区域环境中发现自己与同伴在外在方面的不同。根据认知之旅由外到内的顺序，幼儿可以开启对内在的认识。

◆内在（爱好、本领）的认识——幼儿教师期望支持幼儿持续练习自己擅长的事，使他们能够在练习过程中更深入地发现自己与同伴在内在方面的不同，为此创设了本领介绍区、本领大舞台等区域，加深幼儿对内在的认识（见表4－8）。

表4－8　幼儿对内在的认识

区域	材料	设计意图
本领介绍区	投放思维导图、话筒等	幼儿根据自己的导图介绍自己的本领
本领大舞台	投放绘画、手工材料，提供建构辅材、展台与大块的展板等材料以及空旷、自由的练习场地等	幼儿在区域环境中不断练习自己最擅长的事，并进行分组展示。 1. 绘画组、手工组——搭建展台，进行作品展； 2. 建构组——陈列搭建的作品，进行建构作品展； 3. 运动组、才艺组——创设练习空间，制作"拍球小能手""跳绳高手""小小钢琴家""小小歌唱家"等榜样墙

幼儿在以上过程中，不仅能充分认识自我，还能学着接纳、欣赏同伴的闪光点。

◆"解决冲突桥"① （接纳、尊重）——当两人意见不统一或因此产生冲突时，可以借助"冲突桥"这个可视化的载体帮助双方和平地解决冲突。这个冲突可以是真实的，也可以是想象的；可以是最近发生的事件，也可以是曾经发生过的事件。

"解决冲突桥"（见表4－9）可以作为班级中的一个常设区域，是践行各种社会性品质的重要途径。在使用该区域时，两人应面对面站在相对的位置，如果需要，可以有第三者（幼儿教师）站在一边作为引导者。引导者首先引导两人站在"冲突桥"的两端，然后鼓励他们在通过"冲突桥"时实践一些重要的"品质"（如同情、接纳、宽容、信任或其他合适的品质）。幼儿每完成一步，就朝对方迈进一步，然后再开始下一步。

---

① 朗格内斯．教育可以是这样的：整合教育学习模式［M］．卢建筠，刘晓玲，史静寰，等译．北京：北京大学出版社，2004：56．

表4-9　"解决冲突桥"

实施步骤	重点表述
第一步：一人先陈述自己的需要和自己在冲突中的立场，然后"桥"另一端的第二个人陈述他的需要和立场	我想要……
第二步：两人依次用"我感到……"开始描述自己的感受（这种不同的感受导致两人产生了不同的需要和立场）	我感到……
第三步：两人依次用"我有这种感受是因为……"来描述自己有这种感受的理由（这是非常重要的一步，因为这样的陈述给双方提供了一个机会去增进相互间的理解和认同，以便为自己所处的情境和感受形成能够客观加以认识的可能性）	我有这种感受是因为……
第四步：两人都复述一下对方的感受，以表示对对方的理解和认可（这一步使双方都清楚了对方的需要。这时双方开始产生了寻求解决问题方案的愿望，以便对方也能满足自己的需求）	我对你的理解是……（同感步伐）
第五步：两人都设法提供一个或几个解决问题的方案。对方案进行评估的标准就是看它是否能较好地满足双方各自的需要	在几种解决方案中最好的是……
第六步：两人确定了共同的解决方案，然后握手言和	可能我们需要去尝试……

此外，学前儿童的自我意识是从个体自我到关系自我再到集体自我逐渐发展起来的，所以幼儿教师还可以创设互助空间，支持学前儿童在同伴互助的过程中增进情感、促进交往。除了互助学习区域，幼儿教师还可以制定"暖暖互助学习计划"，使班级逐渐形成"互助、团结、友爱"的氛围；通过"点赞墙"、"不一样的我"个人手册、"闪亮宝贝墙"、主题墙等方法，支持学前儿童在互动墙面中关注、发现自己与同伴的闪光点，学习同伴闪光点。

2. 实践强化

自我强化，是指人依靠信息反馈进行自我评价和调节，并以自己确定的奖励来强化和维持自己行为的过程。成人向学前儿童提供有价值的行为标准，对达到标准的学前儿童给予表扬，对未达到标准的学前儿童进行批评，学前儿童在自我强化的过程中逐渐掌握这种标准，进而用自我肯定或否定的方式对自己的行为做出反应。幼儿教师可以使用可视化的强化物，如"天天坚持本""勋章集结""本周冠军""温暖小事记录""我的成长册"等，帮助学前儿童用自评和他评的方式不断激励自己保持良好的社会性品质，直到学前儿童形成习惯性思维和行动。

案例 4 – 8

"爱心收集卡"

在大班以"爱"作为主题的活动中，老师带领孩子们开展了"爱心收集卡"系列活动：首先，孩子们自主设计一张"爱心收集卡"，卡里面的内容是让爸爸、妈妈和家人感到温暖的事情。这是一张动态表格，孩子们可以不断往里面增加新的内容；其次，孩子们回到家后，将自己"爱的行为"付诸实践；最后，由爸爸、妈妈和家人在孩子们的"爱心收集卡"上画"爱心"作为反馈。该活动旨在帮助孩子们在实践过程中强化榜样行为，并将这种榜样行为进行内化。孩子们可以用各种方式，如画画、制作贺卡、送礼物、说温暖的话、唱歌、做出"暖暖行动"等来表达自己心中的爱与感谢。

在案例 4 – 8 中，"爱心收集卡"成为一种可视化的正强化物，使学前儿童在不断收集"爱心"的过程中用各种行动和方式表达自己对爸爸、妈妈和家人的爱。同时，这种积极正向的行为也被爸爸、妈妈和家人所看到，他们以给予"爱心"的方式不断肯定和强化这种行为，使学前儿童在自我肯定和积极反馈中将这种行为进行内化，并逐渐使之成为自觉行动。

小贴士

在示范过程中学习

社会学习理论认为，示范作用之所以能产生学习行为，是因为观察者在原型显示过程中获得了示范活动的符号表象，这些表象指导着他们的适当行动。在这一概念形成过程中，观察学习由以下四个子过程（见图 4 – 1）决定。

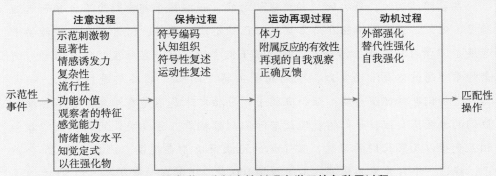

图 4 – 1　社会学习分析中控制观察学习的各种子过程

资料来源：班杜拉 . 社会学习理论［M］. 陈欣银，李伯黍，译 . 北京：中国人民大学出版社，2014：18.

3. 自我效能感的激发

班杜拉认为，自我认知在学前儿童的社会学习过程中起着重要作用，其中，学前儿童的自我效能感决定着个体与环境的互动。自我效能感主要有两个来源：一是个体在某领域取得的成就。如果个体总是成功地作用于环境，他就能获得更好的自我效能感。相反，如果个体总是没有机会和环境互动、展示自己成就，他就无法获得足够的自我效能感——这常常出现于那些受到父母过度保护而无成功体验的个体身上。二是个体对他人活动效能的观察。如果个体处在一个总是受到鼓励与帮助的环境中，其自我效能感将会发展得更充分。因此，教育者应该经常让学前儿童体验与观察榜样行为。①

（1）为学前儿童提供有挑战性的任务，磨炼他们的意志。苏联著名心理学家维果茨基提出了"最近发展区"理论，他认为，教学应着眼于学生的"最近发展区"，为学生提供带有难度的内容，调动学生的积极性，发挥其潜能，使其超越"最近发展区"达到下一发展阶段水平，然后在此基础上实现其在"下一个发展区"的发展。因此，幼儿教师可以让学前儿童尝试有一定挑战性的学习任务，为学前儿童的发展提供一个任务驱动。例如，在小班以"耐心"为主题的活动中，幼儿教师可以有意识地给学前儿童设置一些障碍，为他们提供一些克服困难的机会。耐心要靠磨炼，越是困难的环境，越能磨炼学前儿童的耐心。幼儿教师要告诉学前儿童，做事不能半途而废，只有经过努力才能做好一件事情。学前儿童经过努力完成一件事情时，幼儿教师应及时给予表扬，强化其"做事有始有终"的好习惯。

案例 4－9

"学习拍皮球"活动

在晨间活动时，每次玩"拍皮球"游戏，一些孩子都会因为不会拍而逃避练习，他们三五成群地躲在角落里玩自己的游戏。于是，何老师在日常活动中开展了"学习拍皮球"活动，以鼓励孩子们去挑战有一定难度的体育活动。何老师希望通过体育活动实践，帮助孩子们将"耐心"的品质进行内化。一开始，老师们也持怀疑态度：让小班孩子学习拍皮球是不是有难度？会不会增加他们的挫败感？但孩子们的表现让老师们刮目相看。通过同伴间的相互学习和相互竞争以及家长们的帮练，孩子们的记录每次都在提高。班里共有 25 个孩子，经过一个月左右的学习，不间断拍 100 次以上的孩子有 9 人，拍 50 次以上

---

① 甘剑梅. 学前儿童社会教育［M］. 北京：中央广播电视大学出版社，2007：47.

的有 17 人，拍 10 次以上的有 21 人。看到自己的进步，孩子们的脸上都洋溢着灿烂的笑容。

"拍皮球"这个游戏对小班孩子来说并不陌生，但他们很少能用规范的姿势和动作去拍皮球，日常生活中他们只会随意拍着球玩儿。在案例 4 - 9 中，老师观察到，"用规范的姿势和动作学习拍皮球"对小班孩子来说有一定的挑战性，需要他们付出耐心。学前儿童在"不会拍皮球→会拍皮球→能拍几次皮球→能拍许多次皮球"的练习过程中，形成了耐心、坚持、勇于克服困难的品质，获得了成功的体验，这将大大提升他们的自我效能感。同时，同伴互助、家长陪伴以及幼儿教师的肯定与赞许，也是帮助他们接受挑战、完成挑战的重要动力。

（2）帮助学前儿童获得"服务提名"，共创班级文化。"服务提名法"是朗格内斯在其"整合教育学习模式"中提出的一种日常教育方法①，具体的操作方式如下：选择一天中某个特殊时刻，当发生某种涉及服务的事件，如分发食物或为同学领路时，让学前儿童根据他们的观察，举手提名在最近品德培养中做得最好的人，并说出他们所目睹的行为。同时，他们不能提名自己。当被提名者的行为被说出来后，他将走到讲台上当众亮相并获得当日的最高荣誉：成为值日生，获得为大家服务的机会。这种方法的价值在于帮助学前儿童发现他人身上的闪光点，发现与社会性品质相联系的正面的行为举止，树立"以服务为荣"的观念。实践证明，大多数学前儿童对提名活动感兴趣，尤其当他们得知被提名者将在讲台亮相时。

案例 4 - 10

"善良宝贝"提名

近期，为了创建良好的班级文化氛围，中三班正在开展"善良花开"社会教育主题教学活动。每天的午餐准备环节，是中三班的"服务提名"时间。今天是星期×，服务的话题是"谁实施了善良行为"，被提名者将是今天的"善良宝贝"，老师会将被提名者的名字图卡张贴到"善良宝贝"展示栏（展示栏显示了星期一到星期五的提名情况），并邀请被提名者到讲台前。接下来，被提名者将会为大家分发餐具、食物，进行检查和整理书本等服务工作。

笑笑："我提名一一。今天早上喵喵想妈妈想得哭了，一一拿了餐巾纸给

---

① 朗格内斯. 教育可以是这样的：整合教育学习模式［M］. 卢建筠，刘晓玲，史静寰，等译. 北京：北京大学出版社，2004：21.

她擦眼泪，还说：'别哭了，别哭了，我陪你玩儿，放学了就可以看到妈妈了。'"

可可："我提名棒棒，她今天早上给我们植物角的花浇水了，因为花儿们都快干死了。"

玲玲："我提名嘟嘟，他今天帮何老师放小朋友的水杯。"

……

在案例4-10中，我们可以发现，大多数小朋友对提名活动感兴趣，特别是当他们得知被提名者将上台亮相，其名字会被贴到"善良宝贝"展示栏时。从教育学和心理学的角度来看，"服务提名法"可以帮助学前儿童发现同伴身上的闪光点，能够关注到别人的善良行为。这让有些容易被忽视或是不太受欢迎的学前儿童有机会改变同伴对自己的看法，让大家观察到自己好的表现。同时，学前儿童因为自己的善良行为被同伴认可并提名，才有为大家服务的机会，所以更能体验到为他人服务带来的荣誉感，做到"以服务为荣"。使用"服务提名法"，能够帮助学前儿童不断发现同伴、发现自我，为他们树立榜样行为，也有助于学前儿童相互学习，营造良好的班级文化氛围。

（3）帮助学前儿童充分体验成功，增强其自我效能感。自我效能感会影响学前儿童的学习行为，而学习行为又会影响他们的学习能力。家庭教育、学校教育以及学前儿童的同伴群体都是自我效能感的影响因素。各个领域需要的才能和智慧是不一样的，幼儿教师要帮助学前儿童发挥自己的智能优势，使每个学前儿童都能获得成功的体验。成功的体验对于增强学前儿童的自我效能感，进而提高他们运用自己的潜能在某个或某些领域中获得成功是非常有效的。

案例 4-11

召开"新闻发布会"

大三班的五个小朋友获得了市级幼儿足球比赛的冠军，这在幼儿园可是件大事儿，瞬间，他们成了全体小朋友心目中的偶像。为了更好地激发足球冠军们的自我效能感，幼儿园召开了隆重的"新闻发布会"。在回答"为什么你踢球那么准？为什么你抢球那么快？""你有想要放弃的时候吗？""你被球踢到的时候会痛吗？你会怎么办？""你们花多久时间完成了冠军梦想？"等问题的过程中，足球冠军们"团结合作、坚持不懈、勇于挑战"的优秀品质得到了大家的肯定，他们成了全园小朋友学习的榜样。此时，足球冠军们的自我效能感也得到了充分的激发。

在案例 4 - 11 中，幼儿园很好地抓住了"足球冠军"这个热点，以"新闻发布会"的形式让足球冠军们再一次被全园小朋友看到，并从他们成为冠军的历程中挖掘出他们身上的优秀品质，最大限度地发挥了"足球冠军"的教育价值。同时，幼儿园在让足球冠军们享受成功的同时，帮助他们再次发现自己的特长和优秀品质，助推他们进一步地发展。

⊙学习活动

观摩并重点剖析幼儿园某班一次社会教育主题教学活动

活动目的：如何将课程理念落实到实践中一直是我们努力学习的重点，在本次活动中，你将观摩并重点剖析幼儿园某班一次社会教育主题教学活动，以进一步加深对幼儿园社会教育主题教学活动特点的认识。

本次活动大约需要 4 小时。

步骤 1：请仔细阅读"社会教育主题教学活动实施的途径"这部分的内容。

步骤 2：认真观摩幼儿园某一个班级的社会领域集体教学活动，重点剖析该活动运用了哪些"支架"来支持学前儿童的社会学习，在哪些方面较好地体现了学前儿童社会教育主题教学活动的特点，哪些方面没能很好地体现学前儿童社会教育主题教学活动的特点。

后续活动建议：思考如何改进活动设计以更好地体现学前儿童社会学习的特点和需要，进而提出具体的修改建议，并说明理由。

反馈：

1. 学前儿童社会教育主题教学活动的特点：

（1）社会教育目标效果达成的内隐性。

（2）社会教育主题教学活动内容与形式的寄生性。

（3）活动过程的经验依赖性与环境依赖性。

2. 进一步思考如何将内隐的社会学习目标转化为学前儿童外显的行为表现指标。

3. 借助外显的操作活动，让学前儿童的社会学习更有针对性。

四、家园合作促进社会教育主题教学活动的实施

家园合作对于学前儿童社会教育主题教学活动的开展具有非常重要的意义。社会教育是一个潜移默化的、持续的、漫长的过程，幼儿教师和家长是学前儿童社会

学习的重要影响源，因此，幼儿教师对学前儿童进行社会教育时应争取家长的理解和支持。例如，主题教学活动开始前，幼儿教师可发出通知单，让家长了解活动的大致内容和意图，活动需要得到家长的哪些配合；幼儿教师可通过作业单的形式请家长和学前儿童共同完成某项任务，以此了解学前儿童的学习和发展状况，同时支持学前儿童将其获得的社会认知运用在实际生活中。

案例 4－12

轩轩的成长故事

在大班以"宽容"为主题的教学活动中，老师邀请家长协助进行以下内容：活动开始前，家长利用口述日记的形式让孩子记录"什么是宽容?"；随着活动的开展，家长在每一个不同阶段要求幼儿记录关于"宽容"的命题日记，以便了解孩子的内心世界，真真切切地感受到孩子洞察力、解决问题能力的提高。

轩轩是这学期刚转来的小朋友，他对新环境和新朋友感到非常好奇和喜欢，但他有一个非常大的特点也可以说缺点——总喜欢说别人的缺点和错误，这引起了大家的不满，对于他在新环境中的同伴交往非常不利。活动开始后，轩轩陆续在日记中写了"宽容是什么?""我看到的宽容的事""我做过的宽容的事""说说我的闪光点""说说好朋友的闪光点"等内容，这样的口述日记帮助轩轩改变了观察方向，使他能全面地去了解同伴，发现同伴身上值得学习的地方。现在的轩轩已经不像以前那样"毫不客气"地指出同伴的不足，而是会用适当的话语提出中肯的意见。

通过案例 4－12 我们能够发现，家园合作对社会教育主题教学活动的实施有很重要的促进作用。除此之外，家长还应在日常生活中做好榜样示范，高度关注和参与班级开展的社会教育主题教学活动，有意识地为学前儿童创设实施社会行为的机会，通过可视化的照片、美文、日记以及家园合作的阶段性评价记录表等形式，对学前儿童进行连续的观察和记录，并及时给予他们鼓励和肯定。有了家长的深度参与，家园合作会得到顺利开展，学前儿童的社会性学习也将更显成效。

案例 4 - 13

"学会勇敢"主题教学活动中的"家园联系单"

在某中班开展的"学会勇敢"活动中，老师设计了一份"家园联系单"，其包括以下内容。

亲爱的家长：

你们好！下周是我们"学会勇敢"主题教学活动的体验周，该活动旨在引导孩子运用"创意点子"去克服"害怕的事"，使他们感受到"学会勇敢"的快乐。在幼儿园，我们将针对孩子们比较害怕的几件事开展相应的体验活动，如"小三毛送信——克服'害怕比赛'"活动，"才艺表演——克服'上台表演困难'"活动，等等。孩子们比较害怕的其他几件事需要他们在家进行体验活动，我们希望得到家长以下几个方面的配合。

（1）请孩子体验一次以下活动：

①一个人走进黑黑的房间；

②晚上一个人睡觉；

③主动和陌生小朋友交朋友；

……

孩子每完成一项体验活动，家长在对应活动后面画上五角星。

（2）请家长们用文字描述或拍照片、绘画的方式将孩子的体验结果记录下来：

①孩子在第几次后获得了成功？

②孩子运用了什么点子克服了困难？

③孩子完成体验活动后的感觉是什么？

（3）家长把"家园联系单"送回到老师处，孩子将得到"学会勇敢"结业证书。

（4）请家长协助孩子准备一个节目，以便在下周的星期一、星期二进行表演。

在案例 4 - 13 的"家园联系单"中，老师针对主题教学活动中需要学前儿童体验的内容提出了任务，要求家长在家庭中引导、帮助孩子完成体验活动，并将过程用文字描述或其他方式记录下来。这样的"家园联系单"，一方面让家长了解了幼儿园正在开展的社会教育主题的内容，另一方面也激发了家长对这个主题的关注，让家长在参与过程中与孩子进行了亲密互动，可谓一举多得。

学前儿童社会性的发展本身就具有全时空性，对学前儿童进行社会教育，一方面需要家长与幼儿园的配合，另一方面也需要学前儿童在家庭生活中不断观察、体验、践行所习得的社会性品质，从这个角度看，在进行社会教育时，家园之间紧密的沟通与合作就显得尤为重要。

单元回顾

⊙ 单元小结

对学前儿童进行社会教育时，主题教学的方式比日常渗透教学的方式更具系统性。主题教学是一种有意识的教育影响，它整合了健康、语言、科学、艺术等方面的内容，非常重视行为实践，能够使社会性品质深植于学前儿童的内在意识之中，使他们真实地感受到自己与周围世界的关系。本单元从社会教育主题教学活动的作用与特点、社会教育主题教学活动的设计要点、社会教育主题教学活动的不同类型、社会教育主题教学活动的实施要点等方面展开探讨，能够帮助学习者明晰如何设计和实施有质量的社会教育主题教学活动，从而使学习者做好相应的专业准备。

⊙ 案例分析

小班活动："爱的种子"①

一、主题说明

（一）主题背景

随着社会的发展，越来越多的人崇尚个性与自由，但这并不意味着可以忽略身边人的感受。一个缺乏同理心的人难以获得他人的认同，还会因为自己的冷漠而让他人疏远。因此，家长在发展学前儿童个性的同时，还应让他们"心中有爱"；幼儿园在尊重学前儿童个性化成长的同时，还应促使他们萌发对爱的感受与识别，了解爱、学习爱，成为心中有爱的人。只有这样的人，才能在当今社会中营建良好的人际关系，创造幸福与成功的人生。

"爱是什么？"一般认为，"爱"指人主动或自觉地以某种方式，珍重、呵护或满足他人无法独立实现的某种人性需求。《爱的艺术》一书提出，"爱是关切、理

---

① 本活动案例由杭州市西湖区西溪里幼儿园吴亚芳老师提供。

解、耐心与专注"。爱是温暖，是包容，同时，爱需要我们的付出。

（二）主题脉络

基于以上分析，"爱的种子"活动将主题重点放在了"传递温暖的爱"上，借助两条脉络交叉进行。一条是让学前儿童知道爱是温暖的，从而以"爱的行动"（模仿式）去传递自己的温暖，以使用有典型意义的语言和肢体动作为主。另一条是从自己力所能及的事情做起，改变自己的行为，为他人做一些温暖的事情（自省式），以友好、善意的行为为主。因此，幼儿教师在"爱的种子"活动中设计了三个小主题，分别是"寻找爱的种子""收集爱的种子"和"播撒爱的种子"（见图4－2）。

在第一个小主题"寻找爱的种子"中，学前儿童将注意到自己身边的爱，找找"爱的种子"藏在哪里，找找生活中的"爱的种子"。首先，幼儿教师将结合家园合作，完成"爱的种子在哪里"调查表，这是学前儿童对爱的初体验——关注到爱；其次，幼儿教师要让学前儿童进一步体验、理解爱——"爱是怎样的？"在这里，我们将通过谈话、艺术欣赏、艺术表达等方式让学前儿童充分体验爱的温暖。

在第二个小主题"收集爱的种子"中，学前儿童面对的问题是"爱的感受是什么？"他们将学习怎么去体验、传递爱的温暖，让身边的人（家人、同伴、老师等）感受到温暖，从而获得"爱的种子"。在这里，我们将再次进行家园合作，记录学前儿童在幼儿园和家庭中的"爱的行为"。只要他们实施了"爱的行为"，就能获得一颗"爱的种子"，为第三个小主题"播撒爱的种子"做铺垫。与此同时，幼儿教师还将结合具体的案例，通过谈话、讲故事、讲儿歌、唱歌等方式，让学前儿童学会传递爱的温暖，如帮助有午睡恐惧症的同伴缓解恐惧、尝试关心没来幼儿园的伙伴等。

在第三个小主题"播撒爱的种子"中，学前儿童将对"爱是什么？""爱是怎样的？"和"爱的感受是什么？"等问题进行回答，进一步回顾与提升对爱的理解，并将爱内化于自己的行动。这个过程需要幼儿教师、家长、学前儿童的共同参与。幼儿教师将在家园合作观察、记录学前儿童进步的基础上，开展三个方面的活动，即"他人（家长、老师、同伴）对儿童的鼓励与评价""儿童说说自己是怎样获得爱的种子的""对每个儿童的成长进行颁奖"。这三个活动分别从外部强化、自我强化和替代强化三个方面对学前儿童的进步进行肯定，从而让"爱的种子"在他们心中生根发芽。

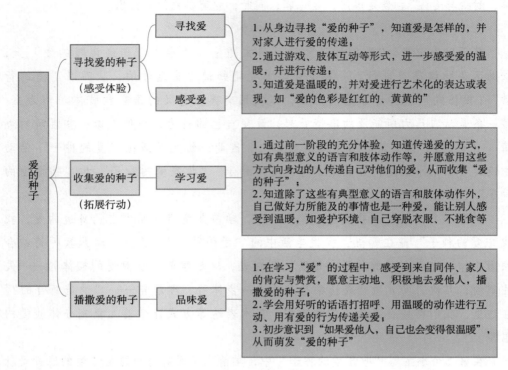

图 4 - 2　主题脉络图

二、主题目标

1. 从家人、老师那里观察、了解、模仿"爱的行为",感受温暖的爱,知道在生活中要用好听的话语、温暖的动作、有爱的行为去关爱家人、同伴。

2. 在生活中愿意调整自己的行为,自己的事情自己做,爱自己。

3. 通过爱自己来学习关爱别人,积极表达自己对他人的关心与爱护,传递爱的温暖,收集"爱的种子"。

4. 在感受爱、传递爱的过程中,感受到爱的温暖与快乐,从而愿意主动地关爱他人,萌发"爱的种子"。

三、主题环境

(一)主题墙

1. "寻找爱的种子"版块。

A. 爱的种子:图片(从"爱的种子在哪里"调查表中选取有代表性的图片)和文字(学前儿童说的话);

B. 爱的温暖:记录学前儿童对"爱"的感受;

C. 爱的色彩:学前儿童用艺术的形式表现"爱"的作品。

2. "收集爱的种子"版块。

A. 我对家人的爱（照片）＋学前儿童的解说（从"自己的事情自己做"出发）；

B. 我对同伴的爱（照片）＋学前儿童的解说。

3. "播撒爱的种子"版块。

A. 我的好朋友：照片＋原因解说；

B. 我收获的礼物：他人的赞赏、获得的奖状；

C. 我们的约定：和学前儿童一起约定"关爱他人"的图文展示。

（二）区域设置

1. 图书区：投放与"关爱"有关的适合小班学前儿童的绘本，如亲子关爱系列的《猜猜我有多爱你》《我爸爸》《我妈妈》《逃家小兔》《我和妈妈》，同伴关爱系列的《月亮是谁的》《织毛线的多多》以及《鳄鱼爱上长颈鹿》《我是霸王龙》系列等，并举办"我最喜爱的绘本"评选活动。

2. 美工区：投放多种手工材料和制作流程图，如颜料、刷子；花束的制作流程图＋半成品；"装饰我们的家"制作流程图；送给好朋友的礼物（玩具项链、玩具手枪等）。

3. 生活区：投放小号扫把、簸箕和抹布，让学前儿童自己清扫桌面和地面，不给生活老师添麻烦。

4. 益智区：给小动物喂食（注意分类）。

5. 自然角：照顾自己的植物。

6. "爱的种子"收集站：每个学前儿童有一个小的种子收集瓶，瓶子上贴着每个人的名字及种子说明图，具体如下所示：

红种子：代表"甜嘴巴"——说好听的、关心别人的话；

黄种子：代表"暖行动"——帮助别人；

绿种子：代表"亮行为"——自己的事情自己做。

四、家园合作

1. 家长和学前儿童一起完成"爱的种子在哪里"调查表，一起完成"收集爱的种子"的任务。

2. 在班级里，幼儿教师开展学前儿童关爱行为的自我评价和相互评价，并奖励学前儿童"爱的种子"。

3. 家长对学前儿童近期的关爱行为进行赞赏，录制短视频。

4. 家长要积极表达对学前儿童的关心和爱护，如主动抱抱、亲亲他们，主动说出对他们的想念，等等。

5. 在班级里，幼儿教师每天早上和来园的学前儿童拥抱问早，离园时和每个学前儿童击掌道别。

五、教学建议

1. 在活动开展过程中，幼儿教师、家长要注重自身的示范引领作用，做好家园合作工作。

2. 幼儿教师、家长要随时关注学前儿童的表现，及时地对他们进行肯定与鼓励。此外，幼儿教师要抓住班级中出现的突发事件，让学前儿童参与到事件的讨论中来，即幼儿教师要将生活事件融入活动中。

六、主题教学活动

主题教学活动的概况如表 4 – 10 所示。

表 4 – 10　主题教学活动的概况

主题名称	小主题名称	活动名称	活动目标	涉及领域	备注
爱的种子	寻找爱的种子	"爱的种子"	1. 听故事，理解故事内容； 2. 根据画面能回忆并说出故事的大概内容； 3. 通过听故事产生"收集爱的种子"的意愿	语言	自编故事
		"爱的种子在哪里"	1. 结合调查表，学会感受爱，并知道"爱的种子"是抱抱、亲亲、说好听的话等，尝试用自己最喜欢的表达方式对家人、老师、同伴表达自己的爱； 2. 结合自己的经验，大胆地说出被"爱"的感觉	社会	在生活活动、游戏活动中进行延伸
		"爱我你就抱抱我"	1. 在游戏中能根据指令进行相应数量的抱一抱的游戏； 2. 在缺少房子的情况下，乐意帮助伙伴躲避大灰狼的追捕	健康	可安排在下午
		"我有一个家"	1. 听歌曲，理解歌曲内容，并用肢体动作表现歌曲的内容； 2. 乐意参与活动，积极表达、感受一家人的爱	艺术	
		"爱的色彩"	1. 说说爱带给我们的感觉，知道爱是温暖的，可以用红色、黄色来表现出爱的颜色； 2. 乐意用自己的方式表达自己对爱的想法，给自己画个暖暖的"爱心窝"	艺术	如果需要，可以增加课时
		活动开始前，进行"爱的种子在哪里"的调查，并收集相关素材			
	收集爱的种子	"爷爷奶奶辛苦了"	1. 观看视频，感受爷爷奶奶（姥姥姥爷）对我们的爱； 2. 愿意尝试"自己的事情自己做"，感受到爱自己就是爱他人	社会	录制爷爷奶奶（姥姥姥爷）辛苦付出的视频
		"老师，我自己来"	1. 观看同伴自理活动的视频，进一步感受到"自己的事情自己做"也是在关爱他人； 2. 乐意主动参与到"自理自爱"的活动中来，做一个会关心自己和关心他人的人	社会	学前儿童自理活动的照片，老师的现场解说

续表

主题名称	小主题名称	活动名称	活动目标	涉及领域	备注
爱的种子	收集爱的种子	"爱的礼物"	1. 学会感恩，学做感恩卡； 2. 乐意将感恩卡送给我们身边的人，表达自己的关心与爱护	艺术	结合感恩活动进行
		"我的好妈妈"	1. 初步感受歌曲中妈妈的亲切、辛苦，知道要关心、爱护妈妈； 2. 学习用亲切的语调唱歌，尝试用动作表现歌曲内容	艺术	备选歌曲《妈妈我要亲亲你》
		"爱"	1. 欣赏儿歌，知道什么是爱； 2. 乐意用爱的方式表达自己对身边人的爱	艺术	自编
		1. 这个版块需要请身边的幼儿教师、家人、同伴配合，给予学前儿童积极的赞赏与鼓励； 2. 家园合作，在幼儿园和家庭进行"爱的种子"收集活动			
	播撒爱的种子	"我的好朋友"	1. 能发现好朋友身上让我们感觉温暖的地方，并用清晰的语言表达出来； 2. 乐意发现他人的优点，并进行表扬	社会	
		"抢椅子"	1. 通过听信号进行"抢位子"的游戏，注意动作的灵敏性，提高自己的速度和力量； 2. 想办法克服人多位子少的困难，愿意帮助别人	健康	
		"爱的奖章"	1. 学会用胶水、各种材料装饰奖章； 2. 乐意把自己做好的奖章送给自己的好朋友	艺术	提前做好奖章的底托
		"爱别人真幸福"	1. 通过他人对自己的肯定和表扬，感受关爱他人的幸福与快乐； 2. 乐意并大胆表达自己的感受和想法	社会	在活动结束后对每个学前儿童进行表彰
		"一同去郊游"	1. 在游戏情境中，初步学唱歌曲； 2. 在表演时大胆地表现自己，并和同伴积极互动，感受大家一起游戏的快乐	艺术	
		1. 录制幼儿教师、家人对学前儿童近期行为的肯定与表扬； 2. 和学前儿童一起把收集的"爱的种子"播种下去			

七、主题材料包

材料一：故事《爱的种子》

大森林的深处住着一个年纪很大的女巫。她是一个好女巫，每个小动物到了她那里，都会得到一份特殊的礼物，小动物们都很喜欢她，叫她"女巫奶奶"。

胖胖熊很喜欢花，可他总觉得自己家种的花都太普通了。"女巫奶奶那里一定有很神奇的花的种子。对，我去请女巫奶奶送我一些种子。"想到这儿，胖胖熊独自向大森林深处走去。

浩瀚的大森林就像无边的大海，胖胖熊走呀走呀，走了好久好久，也没有找到女巫奶奶。他又累又饿，忍不住哭了起来。这时候，草丛里突然出现红色的光，胖胖熊跑过去一看，原来，那是一颗发着红光的豆豆。胖胖熊连忙拿起了红豆豆，突然，红豆豆在胖胖熊的手掌里蹦蹦跳跳地开了口："胖胖熊，你不要哭、不要怕，我可以一直陪着你。"胖胖熊好奇地问："你是谁啊？"红豆豆说："哈哈，我是神奇的豆豆——红豆丁，有了我，你就能说好多好听的话。"胖胖熊听了很高兴，就带着红豆丁继续往前走。

胖胖熊走到了一条小河边，小河太宽，胖胖熊过不去，急得大哭起来，红豆丁怎么安慰都没有用。这时，从水里飞出一颗黄豆，它飞到胖胖熊的眼前说："胖胖熊，胖胖熊，你怎么了？我有什么可以帮你的吗？"胖胖熊看着这颗丁点儿大的黄豆豆说："我想过河找女巫奶奶，可我过不去。你这么小，怎么可能帮我啊？"黄豆豆说："那你就小瞧我了，我可是本领超级大的黄豆丁，看我的！"说完，黄豆丁飞到河面上开始快速旋转，不一会儿，河面上就出现了一座黄色的小桥，胖胖熊高兴地过了河。胖胖熊对黄豆丁表示了感谢，然后带着红豆丁、黄豆丁一起去找女巫奶奶。走着走着，突然，黑黝黝的树林中出现了一点儿亮光，胖胖熊急忙跑过去。哇，太好了，这里正是女巫奶奶的家。女巫奶奶给胖胖熊端来许多好吃的东西，还送给胖胖熊一颗发着绿光的种子。女巫奶奶说："胖胖熊，你很能干，能自己一个人走进森林来找我，所以我要把这颗神奇的绿种子送给你，只要你关心别人，就会有神奇的事情发生……"胖胖熊高兴极了，向女巫奶奶道谢后，迫不及待地带着种子们回家去了。

一路上，胖胖熊总会用好听的话安慰伤心的小动物，看见摔倒的小动物也会帮忙扶它们起来，还安慰它们。回到家后，胖胖熊也不再让妈妈帮忙，而是自己穿衣服、自己刷牙、自己吃饭，自己的事情自己做。就这样，神奇的事情发生了，红豆丁、黄豆丁、绿豆丁变得越来越大，它们发出的光也越来越亮。被亮光照到的草地上，长出了漂亮的小花，小花又吸引来很多小动物，胖胖熊和小动物们成了好朋友，每天都开开心心地在一起玩耍。

材料二：自编儿歌《爱》

爱像糖果，吃起来甜甜的。

爱像花朵，闻起来香香的。

爱像歌曲，听起来美美的。

爱像棉花，摸起来软软的。

爱，就是抱抱；爱，就是亲亲；

爱，就是我的玩具给你玩儿；

爱，就是一声"对不起"；

爱，就是一句"没关系"；

爱，就是大胆地说——我爱你！

材料三：给家长的一封信

亲爱的家长朋友们：

你们好！

从下周起，我们将和孩子们一起进行"爱的种子"主题教学活动。本活动的目标是：

1. 让孩子从家人、老师那里观察、了解、模仿"爱的行为"，感受爱的温暖，知道在生活中要用好听的话、温暖的动作、有爱的行为去关爱家人、老师、同伴。

2. 让孩子在生活中愿意调整自己的行为，即自己的事情自己做，爱自己。

3. 让孩子通过爱自己来学习关爱他人，积极表达自己对他人的关心与爱护，传递爱的温暖，收集"爱的种子"。

4. 让孩子在感受爱、传递爱的过程中，感受爱的温暖与快乐，从而愿意主动地关爱他人，萌发"爱的种子"；在发展个性的同时，形成"同理心"，学会"爱自己"和"爱身边的人"。

基于此，我们需要家长朋友们和我们一起，为孩子社会性的发展做出共同努力。请家长朋友们关注以下具体内容：

1. 请家长朋友们（包括所有平时和孩子有接触的家人）积极表达自己对孩子的爱，如说一些表达爱意和关心的话，做出一些帮助他人、关心他人的行为，给孩子们做一个榜样。

2. 每日早上来园和离园时，鼓励孩子主动和值班的老师、家长、保安、小朋友问好或道别，主动和班级老师拥抱（老师也会同样地给孩子做出榜样，希望家长能够积极地鼓励孩子）。

3. 请家长朋友们协助孩子完成"爱的种子在哪里"调查表，其目的是让孩子通过观察家人对爱的表达与表现，了解什么是爱，如何表达爱等（具体要求在调查表上有详细的描述）。

4. 从主题教学活动开展的第二周起，我们会给每个孩子发一个"种子收集瓶"，到时会有具体的要求发给您，如果您发现孩子表现出"爱的行为"时，请您给孩子一颗相应颜色的豆豆（红豆、黄豆、绿豆），让孩子放进收集瓶中。

我们将持续引导、观察和记录孩子们表现出来的"爱的行为",也希望家长朋友们积极地、实事求是地参与活动,再次感谢大家的配合,谢谢。

××班××老师

××××年××月××日

材料四:"爱的种子在哪里"调查表

姓名:

(贴照片或图片,同一类的贴在同一个框框里)	
(贴照片或图片,同一类的贴在同一个框框里)	
(贴照片或图片,同一类的贴在同一个框框里)	

你找到了( )颗 ,红色 有( )颗,黄色 有( )颗,绿色 有( )颗。

注:

1. 和幼儿一起找一找藏在家里的"爱的种子"(幼儿观察家长的行为,目的是让幼儿知道:爱有很多种表达方式),"爱的种子"有以下几种:

红种子:代表"甜嘴巴"——说好听的、关心别人的话,如"我爱你""宝贝你真好",等等;

黄种子:代表"暖行动"——帮助别人,如帮他人拿东西,送家人礼物,等等;

绿种子:代表"亮行为"——自己的事情自己做,如吃完饭自己收拾碗筷,自己的内衣裤自己洗,等等(让幼儿知道:这样做也是关心他人)。

2. 在左边"眼睛"这一列,用"照片+文字"或"图片+文字"的形式进行记录。每记录一次,就把右边"种子"那一列涂上相应的颜色。例如,在左边一列贴了一张幼儿自己收拾碗筷的照片,在右边一列就把一颗种子涂上绿色。

在案例的主题方案中,无论是主题的设定,还是主题的展开,幼儿教师都遵循了社会教育主题教学活动的特点。活动过程中,幼儿教师既充分考虑到学前儿童的生活经验,也注意运用各种可用的教育资源推动活动层层推进。从整体来看社会教育主题教学活动的设计与实施,其主题的确定、主题脉络的设计、教学资源的准备、活动过程中的调整、目标的达成，这是一个系统性的过程。一方面，幼儿教师需要做大量的准备工作。另一方面，幼儿教师需要在活动过程中根据现实情况对主题内容灵活地进行调整。这样，主题教学活动才可能达到预期的教育目标，最大限度地起到促进学前儿童社会性发展的功能。

⊙ 拓展阅读

　　[1] 教育部基础教育司.《幼儿园教育指导纲要（试行）》解读 [M]. 南京：江苏教育出版社，2002.

　　[2] 李季湄，冯晓霞.《3～6岁儿童学习与发展指南》解读 [M]. 北京：人民教育出版社，2013.

　　[3] 刘黔敏. 学前儿童社会教育 [M]. 北京：高等教育出版社，2016.

　　[4] 甘剑梅. 学前儿童社会教育 [M]. 北京：中央广播电视大学出版社，2007.

　　[5] 嵇珺. 我国幼儿园社会领域教学活动的内容现状与分析 [J]. 学前教育研究，2012（3）：42－47.

　　[6] 张明红. 学前儿童社会学习与发展核心经验 [M]. 南京：南京师范大学出版社，2018.

　　[7] 爱泼斯坦. 社会学习：关键发展指标与支持性教学策略 [M]. 霍力岩，黄双，张昭，等译. 北京：教育科学出版社，2018.

　　[8] 朗格内斯. 教育可以是这样的：整合教育学习模式 [M]. 卢建筠，刘晓玲，史静寰，等译. 北京：北京大学出版社，2004.

⊙ 巩固与练习

　　一、简答题

　　1. 社会教育主题教学活动的作用与特点是什么？

　　2. 社会教育主题教学活动的设计要点是什么？

　　3. 社会教育主题教学活动的实施要点是什么？

　　二、案例分析题

　　大班幼儿已经有了一定的荣誉感和自我主张，因而在日常游戏中经常出现争抢做队长、输了比赛生气、维护规则而惹怒他人等事件。

　　你认为这些共性事件存在着怎样的教育契机？如果由你来设计一个社会教育主题教学活动，你会从中提炼出怎样的社会性主题？

三、操作练习题

1. 设计一个社会教育主题教学活动，体现学前儿童年龄特点和发展需要，注意品质核心与目标、环节设计的匹配度。

2. 设计一个社会教育主题教学活动计划，其内容包括主题背景、品质内涵解读、环境创设、预设活动安排、家长配合等。

第五单元 | 幼儿园一日生活中的学前儿童社会教育

🎓 导 言

　　袁老师是一位刚参加工作不久的幼儿园老师。某天，孩子们离园后，她感到身心俱疲，觉得这一天过得又忙又乱：上午，集体教学活动结束后，孩子们去盥洗室。有几个孩子追逐嬉戏，教室里显得很吵闹，即使她提醒了好几次，孩子们的行为仍然没有改变。下午，进行区域游戏活动时，袁老师让孩子们自主选择游戏区域及同伴，扬扬和奇奇不遵守游戏规则，争抢玩具。远远发现两人在争抢，就帮着扬扬把玩具从奇奇手里抢了过来，奇奇见玩具被抢走，就抓起远远的手咬了一口。区域游戏活动结束后，袁老师整理物品，她发现有些材料并未归位，还有些材料少了。

　　这个案例展示了幼儿园一日生活中幼儿教师可能会遇到的情况。个别学前儿童的行为让幼儿教师难以应对，如同伴间不时发生的冲突行为及其引起的混乱。这也揭示了幼儿园一日生活蕴含的一些社会教育主题：如何为学前儿童创设有利于其社会性发展的环境？幼儿教师如何抓住一日生活中的教育契机对学前儿童进行社会教育？面对偶发事件，幼儿教师在采取适宜的应对方式前应考虑哪些教育因素？本单元将从创设有利于学前儿童社会性发展的环境、幼儿园一日生活环节中社会教育的渗透、幼儿园一日生活偶发事件应对的适宜性策略等角度对这些问题展开探讨。

☆ 学习目标

1. 理解幼儿园创设有利于学前儿童社会性发展的环境的重要性。

2. 了解创设有利于学前儿童社会性发展的物质环境和心理环境的常见方法和策略。

3. 掌握通过不同途径渗透社会教育的方式和策略。

4. 理解幼儿园偶发事件蕴含的社会教育因素及幼儿教师在其中扮演的角色。

🔲 思维导图

幼儿园一日生活中的学前儿童社会教育

- 创设有利于学前儿童社会性发展的环境
  - 创设有利于学前儿童社会性发展的物质环境
  - 创设有利于学前儿童社会性发展的心理环境

- 幼儿园一日生活环节中的社会教育
  - 一日生活中蕴含的社会教育因素
  - 一日生活环节中的社会教育策略

- 幼儿园一日生活偶发事件中的社会教育
  - 偶发事件中社会教育的特点
  - 偶发事件蕴含的社会教育契机
  - 偶发事件应对的适宜性策略

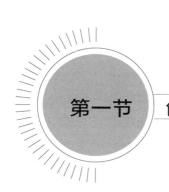

第一节 创设有利于学前儿童社会性发展的环境

学前儿童生活在幼儿园中，幼儿园的环境包括物质环境和心理环境。不同的环境对学前儿童的行为有着不同的"暗示"。从个体的角度看，良好的环境能够促进学前儿童形成自主探索、爱物惜物等良好品质，使他们成长为有责任感和独立性的个体；从群体的角度看，良好的环境不仅能增加学前儿童之间的互动，还能增进他们之间的合作。反之，不良的环境不仅会阻碍学前儿童的学习，而且会在无形中增加学前儿童发生行为问题的概率。因此，基于学前儿童社会性发展的视角，幼儿园应创设有利于学前儿童社会性发展的物质环境和心理环境。

一、创设有利于学前儿童社会性发展的物质环境

幼儿园的物质环境不仅为学前儿童提供了生活的空间和活动的材料，还会影响他们的行为方式和互动方式。一方面，学前儿童会直接与环境互动；另一方面，环境也会影响学前儿童之间的互动方式。从创设有利于学前儿童社会性发展的物质环境的角度来说，幼儿教师尤其需要关注空间环境的创设以及材料投放和管理两个方面。

（一）空间环境的创设

教室、活动室、午睡室、盥洗室、户外场所等构成了学前儿童每日生活的空间环境，学前儿童的所有行为都在这些空间中发生，因此，创设有利于学前儿童社会性发展的空间环境成为幼儿教师重要的工作任务。

1. 空间环境各要素的考量

空间环境的要素包括密度、光线、声音等，这些要素会对学前儿童的心理产生不同的影响，进而使他们产生不同的社会行为。

空间密度如果太大，可能会给学前儿童带来心理压力，使其在活动中发生相互推挤和干扰的行为，如在区角游戏中排斥同伴，出现攻击性行为、破坏性行为、退缩行为等，这些行为都不利于学前儿童之间产生积极的社会互动。相关研究表明，扩大班级规模或师生比例，减少该年龄段学前儿童所占的平均面积，都会导致与拥挤相关的纪律问题。① 但是，空间密度小也不一定意味着对学前儿童社会性的发展有利。一个过于宽敞且不需要学前儿童运用大肌肉的环境，可能会诱发学前儿童产生奔跑、打闹等行为，同样带来安全隐患。空间密度过大或过小不仅会导致安全问题，而且会影响到师幼的互动方式。如果环境不够安全，幼儿教师就会无意识地对学前儿童的行为提出诸多限制，这不仅会阻碍学前儿童自主探索行为的发展，还会减少他们进行同伴互动的可能性。

空间设计中光线的作用也应引起充分的重视。一般而言，自然的光线更温和，更令人心情愉快，容易让人感到安宁和平和。因此，幼儿园在创设室内环境时应尽量运用自然的光线，以满足学前儿童的活动需要。但是，当学前儿童处于疲惫或需要休息的状态时，明亮的、自然的光线不利于其神经系统更快地进入抑制状态，在这种情况下，可以对自然光线进行遮蔽以满足学前儿童的需求。

声音会影响人的心理感受进而影响其行为。例如，幼儿教师在教室里播放自然舒缓的乐曲与激烈劲爆的乐曲，给学前儿童带来的情绪体验肯定不同。具体而言，声音的数量、音高、音量等如果超出个体的接受范围就容易给个体造成压力，对学前儿童来说更是如此。在使用背景音乐时，自然舒缓的乐曲有助于学前儿童保持良好平和的情绪状态；需要调动学前儿童的情绪时，节奏感较强的音乐更为适宜。为了减少噪声，幼儿教师可以增加环境的柔软度和隔离度。例如，在进行一些容易发出声响的活动时，可以在地面铺上地垫或使用物理隔断等。

2. 空间环境多样性的考量

在空间设计中，除了一些必须考虑的要素，根据实际情况进行多样性的设计以引发学前儿童良好的社会行为也非常必要。具体而言，空间环境的创设还应考虑开放性、流动性、复杂性、移动性等因素，这对幼儿教师而言非常具有挑战性。

在空间设计的多样性方面，并没有特定的规则，只能根据具体的情境和学前儿童活动的性质进行创设和调整。例如，空间过大容易使学前儿童到处乱跑，此时就应限制他们的可活动的空间，如增加室内的摆设，让学前儿童能够更有效地进行游戏。从开放性的角度来说，有时学前儿童需要在一个开放的空间内活动，以与同伴

① 菲尔茨 M V，梅里特，菲尔茨 D M.0—8 岁儿童纪律教育：给教师和家长的心理学建议：第 7 版 [M]. 蔡菡，译. 北京：中国轻工业出版社，2019：99.

产生更多的互动，进而锻炼自己的社交技能；有时学前儿童因为疲惫或情绪方面的原因可能需要自己的空间，因此在进行空间设计时应考虑到学前儿童对空间开放和隐秘性的需求。又如，从移动性的角度来说，学前儿童在幼儿园的空间内应该能够移动自己的身体或材料，因此户外空间应具有更高的移动性，让学前儿童可以进行实现大肌肉充分运动的活动，如扔球、攀爬、奔跑等，这能够为学前儿童的能量宣泄提供途径，减少攻击性行为和挑衅行为的发生；相反，阅读区则应具有较低的移动性。学前儿童在一天之中既需要安静的活动也需要活跃性较高的活动，因为长时间的静坐不动违背学前儿童身心发展的规律，容易使他们感到无聊和烦躁，进而产生一些消极的社会行为。为了预防这类情况的发生，在设计动静空间时，需要经常更换设备或调整空间的使用功能。

小贴士

空间安排的有效策略

1. 选择安静的区域，远离喧嚣的区域。

2. 在硬面地板上进行容易把环境弄脏的活动，在地毯上进行容易产生噪声的活动。

3. 用尼龙绳把织物与开放的书架绑在一起，这样在进行小组活动时，书架就能被封闭起来。

4. 不要设置过长的小路，过长的小路容易诱发幼儿的奔跑、追逐和打闹行为。

5. 使用书架，这个书架能够存放纸张、胶水、铅笔、蜡笔和剪刀等材料，这些材料要靠近活动区等幼儿容易拿到的地方，这样就能防止幼儿在教室里穿梭。对大一点儿的幼儿，可标明供给量。

6. 依据社会性发展的目标来评价家具的设置。

7. 如果幼儿之间的冲突在同一个地方多次出现，就要重新考虑组织空间。

资料来源：克斯特尔尼克，等 . 儿童社会性发展指南：理论到实践 ［M］. 邹晓燕，等译 .4 版 . 北京：人民教育出版社，2009：355.

（二）材料投放和管理

1. 材料投放

在幼儿园中，材料的数量、种类以及材料投放的方式、时机也会对学前儿童的社会行为产生暗示，诱发其产生各种行为。从教育的角度看，幼儿教师要注意材料的投放与管理，这样做一方面可以预防学前儿童产生不良行为，另一方面可以增加学前儿童产生良好行为的概率。

（1）材料投放要与需求相匹配。从数量的角度来看，幼儿教师应按照学前儿童的活动需求投放适量的材料。幼儿教师需要为学前儿童提供数量适宜的材料，但如何做到"适宜"，则考验着幼儿教师的实践智慧。数量不足容易导致学前儿童发生争抢行为，这并不意味着材料越多越好，如果给学前儿童的材料太多，容易引发其不珍惜物品或浪费的行为。而且，投放材料的适宜性本身也具有动态发展性。如果某个区域特别受学前儿童欢迎，就容易出现材料不足的现象，幼儿教师应考虑在这个区域投放更多的材料；如果某个区域的材料取用量和使用频率很低，幼儿教师应考虑对这个区域的材料进行调整，以避免这个区域的空间和材料处于闲置状态。从年龄的角度来看，对于低龄的学前儿童，材料投放的趋同性可以更强一些，因为低龄的学前儿童更容易产生模仿行为；对于年龄大一点儿的学前儿童，材料投放的多样性可以更强一些。

一般情况下，当学前儿童过于频繁地在活动区之间移动或经常发生争执时，幼儿教师就有必要检查空间的设置和可利用材料的数量，因为材料过多或过少都可能导致这样的结果。这也说明，物质环境的创设本身是一个持续的、动态的发展过程。因此，幼儿教师要做一个"有心人"，做到细心观察、时常反思，尽量保证物质环境与学前儿童的需求和发展水平相匹配，以促进其社会性的发展。

（2）材料投放要有"弹性"。材料是学前儿童活动的工具，幼儿教师在投放材料时应考虑学前儿童的发展水平。但现实情况是，即使同年龄段的学前儿童，他们在某个方面的发展水平也有高有低。因此，幼儿教师在投放材料时应给学前儿童一定的选择空间，使其能够根据自身需求进行操作，这也有助于学前儿童接受挑战并产生成功体验。此外，学前儿童的兴趣和天然倾向不同，他们的需求也不同，因此材料投放要有一定的"弹性"，以满足学前儿童的不同需求。这种"弹性"，一方面意味着材料的提供要有"梯度性"，以满足不同发展水平学前儿童的活动需求；另一方面意味着材料的功能要有一定的"可变性"，即材料不一定只有一种"正确的"使用方法，这样不同学前儿童就能在活动中找到自己的"最近发展区""最佳愉悦区"，而不容易产生比较、竞争等行为，也不容易因为无法有效利用材料而产生挫败感。

案例 5-1

书写区材料的"弹性"投放

在大三班的"书写区",老师投放了丰富的材料,这些材料适合不同能力水平的孩子,能够满足不同孩子的书写兴趣,帮助他们锻炼书写技能。这里备有各种类型的纸,如白纸、信签纸等,也有大张的纸和小卡片;还备有各种笔,包括铅笔、蜡笔、彩笔、记号笔、勾线笔、水彩笔等。麦麦喜欢"假装"书写,东东喜欢乱涂乱画,佳佳喜欢一笔一笔地写字……老师发现,孩子们会在这里将书写的功能多样化,如凡凡喜欢在这里设计"名片",涂涂抹抹之后把它们送给自己的玩伴;琳琳喜欢将不同类型的蜡笔和勾线笔标上不同的记号;月月会非常有耐心地把自己知道的故事创作成漫画;等等。

在案例 5-1 中,老师在"书写区"中投放的材料非常丰富,为孩子们根据自己的"最近发展区"使用材料并完成自主活动提供了条件。孩子们在这里"各取所需",获得了自由与自主性,这既增加了区域的使用频率,也避免孩子们在区域中感到无所事事。学前儿童如果能够在幼儿园的物质环境中"玩有所乐""学有所乐",感到安定与愉快,就会对其社会性的发展起到推动作用。

(3)材料投放的可控性。幼儿园的物质材料包括设施、装饰以及学前儿童使用的物品等,物质材料的设置包括软与硬的设置、开放与隐蔽的设置、简单与复杂的设置、移动性强与弱的设置等,这些因素影响了物质环境的舒适度和氛围,能够引发学前儿童不同的社会行为。例如,软硬不同的材料会令学前儿童产生不同的触觉反应和心理感受:木质桌椅是硬的,有助于学前儿童在桌面上进行操作性活动,而沙发是软的,容易让学前儿童感到放松;硬地面便于学前儿童进行需要速度的活动,如奔跑、追逐,而草地或者塑胶场地相对柔软,便于学前儿童嬉戏玩耍。又如,对不同结构性材料的选择会影响学前儿童使用材料的限度:高结构性材料(如拼图、整齐摆放的棋盘、描图图样等)的使用方式相对固定,这些材料具有可重复使用的特征,其功能和玩法具有"预成性",能够让学前儿童多次重复某种活动,对学前儿童学习一些固定规则、形成秩序感、培养专注度等都有帮助;低结构性材料或构造材料(如积木、陶泥、橡皮泥等)的使用方式具有开放性,这些材料可以使学前儿童产生好奇心和探索性,增加他们和同伴的互动等。因此,幼儿教师在对材料进行投放时,应根据实际的情况进行选择。

2. 材料的有效管理

除了材料的投放，材料的管理也是引发学前儿童行为的重要因素。材料的管理意味着，幼儿教师要引导学前儿童学会取用材料、使用材料、收拾清理材料等。幼儿教师对材料的有效管理也是促进学前儿童产生良好社会行为、避免学前儿童产生不良社会行为的重要因素。

（1）材料应易得、易取，避免学前儿童产生不必要的消极行为。如果材料易得、易取，就可以在一定程度上避免学前儿童产生一些消极行为。一般而言，幼儿教师需要把材料放到一个相对固定的地方，以此让学前儿童明确知道他们应该把材料放在哪里。存放材料的地方要有明确的标志，如有必要，可用文字、符号或者图片对材料进行区分；还可以把学前儿童将要用的材料储存在耐用的柜子中，将柜子放在他们容易拿取的地方，以使他们能够很轻松地拿到、使用这些材料。在幼儿园中，幼儿教师与学前儿童的活动往往是"此消彼长"的关系，如果学前儿童能够自主做一些事情，幼儿教师就可以有更多时间来组织活动而不是忙于维持秩序。活动之始，如果幼儿教师忙着发放材料，学前儿童就可能会产生消极等待的行为，在等待时间里，他们可能会因为无聊而采用一些方式打发时间，如开玩笑、干扰同伴、松弛自己的身体、乱涂乱画等。因此，材料应易得、易取，这样不仅可以方便学前儿童拿取材料，也有助于幼儿教师开展日常教育工作。

（2）设置可视化的规则和标志，帮助学前儿童明确材料的取用规则。让学前儿童明确材料的取用规则，一方面有助于学前儿童顺利开展活动，减少他们之间发生争执的可能性；另一方面可以帮助其建立秩序感和规则意识。幼儿教师在帮助学前儿童掌握这些规则时，可以采用语言提示的方式，也可以采用其他的方式。如果幼儿教师用标记、标签或照片来说明规则，会更有助于学前儿童掌握这些规则。例如，幼儿教师可以把一个涂色的球放入一个塑料袋中，再把塑料袋粘在一个不透明的储存箱的表面，以此说明箱子里装的是这样的球形物体；也可以在容器上贴一个标签，在标签上画一个立方体并涂上颜色，同时在放储存箱的架子上也贴上相同的标签，这样，当学前儿童取用材料时就能够明确知道立方体放在哪里以及如何放置。

（3）做出示范行为，引导学前儿童明确材料的使用规则。学前儿童除了借助可视化的方式理解材料的使用规则，形成秩序感和规则意识，还可以从幼儿教师的示范中学习这些规则。幼儿教师要为学前儿童制定明确的使用规则，并为其介绍制定规则的理由。学前儿童只有理解了制定规则的理由，才能够从内心深处认同这些规则，进而遵守这些规则。

在实践中，幼儿教师需要用明确的语言将正确的使用规则告诉学前儿童。例如，当学前儿童玩过拼图后，幼儿教师应告诉他们："请先把每一片拼图放回盒子里，再数一数拼图的数量，数好后，核对一下盒子上标明的数量，这样拼图就不会丢失。"又如，当学前儿童读完书，幼儿教师应告诉他们："看一下书脊上的数字，记得按照数字顺序把书放回书架上，这样其他的小朋友下次就能很容易地找到这本书。"此外，幼儿教师还可以为学前儿童演示保护材料的正确方法。如果有必要，幼儿教师可以一边做示范，一边准确地告诉学前儿童应该做什么，然后把材料再次拿出来让学前儿童模仿。尤其是一些收拾材料或玩具的方法，幼儿教师无法仅仅依靠语言指令来教会学前儿童，而是需要为他们提供模仿、练习的机会，使他们在多次实践后熟练掌握这些方法。

二、创设有利于学前儿童社会性发展的心理环境

积极的心理环境能够促进人际的有效互动，为学前儿童提供一个温暖且有安全感的氛围，有利于学前儿童社会性的发展。一般而言，良好的心理环境是以关系的建构为基础的。在幼儿园里存在多种关系，包括幼儿教师与学前儿童之间的关系、学前儿童与同伴的关系、幼儿教师与学前儿童家庭之间的关系。学前儿童正是在这三重关系中确立自信、自尊和自我效能感，进而发展出相关的社会行为，因此，这些关系对于创设有利于学前儿童社会性发展的心理环境有着重要的作用。因为家园关系具有双向建构的特质，所以幼儿教师应注意构建良好的师幼关系，支持学前儿童发展同伴友谊。

（一）构建良好的师幼关系

对于学前儿童而言，幼儿教师是其社会性发展中的"重要他人"，师幼关系的质量直接影响到学前儿童社会性的发展。一个班的班级氛围由幼儿教师主导，影响师幼关系的关键性因素也是幼儿教师。紧张的班级氛围显然无助于学前儿童社会性的发展，而这种氛围实质上也反映出师幼关系的紧张。幼儿教师既要注意自身言行的示范性，也要通过一些方法和策略努力构建良好的师幼关系。

1. 幼儿教师的示范与反思

（1）"平行加工"原则是建构良好师幼关系的前提。从学习的角度来看，模仿学习、指导性学习和合作性学习是促进学前儿童思维和行为发生改变的社会互动形式。处于幼儿期的学前儿童具有天然的"向师性"，幼儿教师是其模仿的重要对象。正因如此，要想建构良好的师幼关系，幼儿教师首先要规范自身的言行，发挥示范作用。平行加工，是指一种关系的本质在另一种关系中重复的过程。[①] 幼儿教师希

---

① 卡茨. 促进儿童社会性和情绪的发展：基于教师的反思性实践［M］. 洪秀敏，等译. 北京：机械工业出版社，2015：46.

望学前儿童形成怎样的社会情感和社会行为，就应该用同等的方式对待学前儿童，这便是"平行加工"原则的体现。幼儿教师在班级里对待学前儿童的方式影响着学前儿童对待他人的方式，幼儿教师的示范行为奠定了班级氛围的基调。以尊重差异为例，幼儿教师如果能把学前儿童的不同视作"差异"而非"差等"，不将这些差异赋予等级化的评判，而是做到一视同仁、均爱勿偏，那么学前儿童会更容易养成平等待人的品质。

案例 5 – 2

小李老师的示范

一天，几个孩子不停地吵闹，小李老师忍不住快要发脾气了。她稍微等了一会儿，然后对孩子们说："孩子们，我现在不太高兴，所以我要找个安静的地方待上两分钟，做几个深呼吸。如果我能够平静下来，我再与你们一起玩儿。"在孩子们的目光中，小李老师走到教室的一个角落，闭上眼睛，做了几个深呼吸，又喝了一小杯水。这样做之后，她平静了许多。这时，她用温柔的声音对班级里的孩子们说："现在我平静一些了，可以和你们一起玩儿了。"随后，当孩子们与小李老师说话时，他们也被小李老师的平静情绪所感染，班里终于平静下来。

在案例 5 – 2 中，小李老师用具体的行动，如暂时离开现场、深呼吸、喝水等，向班里的孩子们展示了使自己情绪平静下来的方法。这种在具体情境下发生的可见的行为示范，有助于学前儿童进行模仿和学习，其效果往往比幼儿教师直接解释或说理更好。小李老师等情绪平静来后才与孩子们进行互动，此时，她所营造的氛围效应对孩子们也产生了潜移默化的影响，这使小李老师更进一步体会到了采用适宜策略的好处。

（2）提升幼儿教师与学前儿童气质的拟合度，优化师幼关系的实践。一个班级由幼儿教师与学前儿童组成。幼儿教师的气质有其自身的特点，学前儿童的气质也各有其特点，不同的气质影响着个体对不同情境的感受与应对方式。因此，在一个班级中，幼儿教师与学前儿童进行互动时，会形成不同的拟合度。卡茨认为，教师会将气质的各个方面带入与幼儿交往与互动的经验中，幼儿亦是如此。[①] 幼儿教师

---

① 卡茨. 促进儿童社会性和情绪的发展：基于教师的反思性实践 [M]. 洪秀敏，等译. 北京：机械工业出版社，2015：39.

与学前儿童之间气质的拟合度将极大影响到师幼活动的质量。例如，一个幼儿教师是一个很有时间观念的人，而班级中有一个动作比较慢、时间观念不太强的学前儿童，那么幼儿教师与这个学前儿童之间的气质拟合度就比较低，这容易诱发幼儿教师对学前儿童的负面批评，也容易使学前儿童对幼儿教师的要求产生排斥；如果这个学前儿童面对的是一个具有同样时间观念的幼儿教师，他就更容易感到悠闲、自在。又如，一个幼儿教师是活泼、外向、善于沟通交流的人，当其面对一个敏感而不善言辞的学前儿童，可能就会感到挫败，进而产生压力。无论是幼儿教师还是学前儿童，他们都难以改变自身的气质。幼儿教师需要做的，是通过反思意识到自己与某些学前儿童之间存在不同的行为模式。卡茨认为，"儿童气质与自我气质的拟合度评价"有助于教师更好地了解自己和幼儿的气质拟合度，并在此基础上开展教育活动。①

> ## 小贴士
>
> ### 托马斯等人对儿童气质九个维度的划分
>
> **活动水平**：反映了一个儿童参与某种行为的迅速程度和频繁程度。
>
> **节律性**：主要关注的是儿童身体功能的规律性。体现为每天入睡、苏醒、感觉饥饿及如厕的节律等。
>
> **趋避性**：主要关注的是儿童如何处理新事物。新的事物可以是人、地点、玩具或者是生活的日程。
>
> **适应性**：这个维度与趋避性稍微有一些重合，但趋避性维度关注的是儿童的初始反应，而适应性维度关注的则是儿童的初始反应能够朝着人们所希望的方向进行调整的难易程度。
>
> **反应强度**：关注的是儿童对事物做出反应时，他在反应上耗费了多少能量。
>
> **反应阈**：关注的是某事物带来的刺激达到何种强度时才能引起儿童的注意。
>
> **心境质量**：关注的是儿童整体上的心境是趋于积极还是消极。
>
> **注意力分散度**：关注的是儿童做某件事情时容易受到干扰的程度。
>
> **注意广度和坚持性**：关注的一方面是儿童在做特定任务时面对轻微干扰能保持投入时间的长度，另一方面是儿童可以无视干扰继续做某件事情的时间长度。
>
> 资料来源：狄克逊. 改变儿童心理学的20项研究：第2版［M］. 王思睿，许应花，译. 北京：中国轻工业出版社，2017：324－327.

---

① 卡茨. 促进儿童社会性和情绪的发展：基于教师的反思性实践［M］. 洪秀敏，等译. 北京：机械工业出版社，2015：39－40.

⊙学习活动

学前儿童气质与自我气质的拟合度评价

活动目的：根据拟合度理论，对班级中某个学前儿童的气质与自我气质特点的拟合度进行评价并反思。

本次活动大约需要 1 小时。

步骤 1：请按照下面的表格，对自己及某个你认为互动有些难度的学前儿童的气质特点进行评价，完成此评价表。

维度	与其他幼儿相比	低	中	高
敏感性	感觉刺激有多容易使个体厌烦或觉醒	1	2	3
反应强度	对某一事件反应的强烈程度	1	2	3
活动水平	有多活跃	1	2	3
趋避性	对生活常规或期望变化的回应有多期待	1	2	3
适应性	接近新情境的适应性	1	2	3
坚持性	继续活动直到完成的坚持程度	1	2	3
规律性	活动、睡眠、觉醒等周期有多规律	1	2	3
情绪质量	情绪有多积极	1	2	3
注意稳定性	有多容易离开一个活动	1	2	3

步骤 2：请算出自己和学前儿童的得分，并将两个分数进行对比。

步骤 3：请分析，在哪个维度上你们的气质是相似的？在哪个维度上你们的气质是不同的？

步骤 4：如果你和一个学前儿童的气质相异，你将如何运用拟合度理论来改善你们之间的互动？

反馈：

如果你与学前儿童气质特点的拟合度较低，说明你与该学前儿童在这个方面存在较为明显的差异性。请结合所学理论进一步分析，针对这种差异性，应如何提升你们的拟合度。

资料来源：卡茨. 促进儿童社会性和情绪的发展：基于教师的反思性实践 [M]. 洪秀敏，等译. 北京：机械工业出版社，2015：38 - 39. 引用时有改动。

从教育的角度来说，如果幼儿教师的教育风格与学前儿童的气质特点相匹配，就能取得更好的教育效果。对胆小、容易退缩的学前儿童来说，温和而非严厉的教育方式更有助于其发展出良好的社会行为；对勇敢且无所畏惧的学前儿童来说，更

适合采用坚定而具有幽默感的教育方式。当幼儿教师通过反思意识到自身的气质特点与学前儿童的气质特点匹配度较低时，幼儿教师就应思考如何提升与学前儿童的拟合度。提升拟合度需考虑三个要素：幼儿教师、学前儿童和情境。幼儿教师可以思考，自身、学前儿童和环境这三个要素需要通过哪些方式进行调整或被调整，以此改变师幼互动的方式，促进学前儿童发展正向的行为。

案例 5 - 3

小王老师如何引导小蓝

小王老师精力充沛，做事总是风风火火，活动效率很高。在她的班级中，规则明确，幼儿活动的时间被安排得非常清晰。在平时的保教活动中，她习惯性地要求孩子们做事要快一些，尽量在规定的时间内完成相关活动，有时她难免会催促孩子们。小蓝比较内向，动作比较慢。每次当小王老师提示还有多少时间活动就要结束时，小蓝就会感到焦虑，有时会出现烦躁和抗拒老师指令的表现或行为。

在案例 5 - 3 中，幼儿教师可以从提升拟合度的角度在三个方面做出调整。首先，小王老师需要意识到，她习惯的行为方式对小蓝这样的孩子可能并不太适合。小王老师精力充沛且有时间观念，这容易让小蓝感到不安。因此，小王老师可以试着慢一点儿，或者给小蓝更多的弹性时间。其次，小蓝需要得到帮助。小王老师可以与小蓝的父母沟通，明确小蓝动作缓慢的原因以及是否有改善的空间。最后，小王老师还可以为小蓝这样的孩子提供某种环境，当他们觉得环境太有压迫感时，老师要允许他们离开，去一个安静的角落从事自己喜欢的活动。

（3）树立适宜的"教师权威"，成为学前儿童行为的指引者。幼儿教师可以依赖于命令、榜样、奖励、惩罚和性格赋予来教会学前儿童如何行为，其使用的技巧和方式各有不同。已有的研究确定了四种成人控制模式——专制型、放任型、拒绝否定型和权威型。其中，权威型的控制模式结合了专制型和放任型控制模式的优点，避免了二者的消极影响。权威型的教育者通过热情和细致的照顾来满足学前儿童的需要，但也确立明确的行为期望和高标准。[①] 权威型控制模式是与学前儿童自律发展联系最为

当前幼儿园教师
权威存在的问题

---

① 克斯特尔尼克，等 . 儿童社会性发展指南：理论到实践［M］. 邹晓燕，等译 . 4 版 . 北京：人民教育出版社，2009：394.

紧密的一种控制方式，也是最易于促进学前儿童行为的模式。幼儿教师一方面需要与学前儿童建立和谐的师幼关系，另一方面也需要树立适宜的"教师权威"，运用情感、认知和经验等推动学前儿童社会性的发展。

权威型控制模式意味着幼儿教师对学前儿童的行为表示接受，并同时表明对学前儿童行为的期待，学前儿童会很清楚地知道：幼儿教师在关怀着自己，自己知道何为正确适宜的行为。具体而言，幼儿教师通过对认知到的学前儿童视角的理解，清楚地告诉学前儿童幼儿教师对其行为的感觉，指出其哪些特定的行为会增强这种感觉并解释原因，向学前儿童描述可替代的正确行为方式，使其逐渐明确地认识到哪些行为可以选择、哪些行为应该避免，增加学前儿童的社会认知。学前儿童学会了在幼儿教师允许的规则下满足自己的需求，因而能最大限度地发挥潜力。

小贴士

对儿童行为表述期望的方法：制定规则

1. 探究儿童的发展常模。

2. 意识到要把儿童看作独特的个体。

3. 理解儿童要顺利完成一种规则需要掌握哪些知识和行为的结合。

4. 制定合理的规则。

5. 告诉儿童规则是什么。

6. 当儿童接近规则时要予以奖励。

7. 使用积极的性格赋予去促进儿童积极的自我印象及其社会认可行为的增加。

8. 修正不合理的规则。

9. 使用清晰和明确的语言陈述对儿童行为的要求。

10. 告诉年龄小的儿童或没有经验的儿童一些其他的选择，而让年龄大些和有经验的儿童自己想出解决的途径。

11. 说和做同时进行。

12. 邀请儿童帮助制定规则。

资料来源：克斯特尔尼克，等. 儿童社会性发展指南：理论到实践 [M]. 邹晓燕，等译. 4 版. 北京：人民教育出版社，2009：415–418. 引用时有改动。

2. 构建积极的互动环境

（1）积极沟通，创建积极的语言环境。语言环境即在幼儿园中发生的语言交流所形成的氛围，它的构成因素包括说了多少、说了什么、怎样说的、谁说的以及谁在听。在积极的语言环境中，学前儿童与幼儿教师进行有机的互动，幼儿教师的语言能够满足学前儿童的需要并且提升他们的自尊。幼儿教师与学前儿童说话时，不仅要注意说话的内容，还要注意自己语言将会产生的情感影响。积极的语言环境不是偶然发生的，而是有目的地制定和实施计划的结果。在与学前儿童的沟通过程中，幼儿教师如果能够很快记住并说出他们的名字、鼓励他们表达、认真倾听他们的心声，传递出欣赏、宽容、耐心，学前儿童就容易感受到温暖和价值感；反过来，学前儿童的这些感觉又会传递给幼儿教师，增强幼儿教师自身工作的效能感，实现师幼互动的良性循环。

具体而言，积极的语言环境要求幼儿教师采用一些具体的策略来与学前儿童进行交流。例如，幼儿教师要用语言告诉学前儿童自己对他们的喜爱，并想知道他们的活动；认真听学前儿童说话并注意他们的用词，用他们可接受的、敏锐的方式对其做出反应；尽量避免拒绝、批评或忽略学前儿童的评价；有礼貌地和学前儿童说话，尽量不打断学前儿童，允许他们说完要说的话；尽量不用审判性的语言和学前儿童说话，也不让学前儿童听到类似的语言；把学前儿童的兴趣作为对话的基础，观察他们的活动并评价他们的活动，和他们谈论他们想谈的话题；鼓励学前儿童表达自己的想法；向学前儿童提出发人深省的问题，并希望他们真诚地回答；当学前儿童有可能形成良好的自我感觉时，幼儿教师应在积极的环境中多使用学前儿童的名字；等等。

真正的倾听不是简单地保持沉默，而是用自己的语言对学前儿童的语言做出反应。积极的、反应性的或同情的倾听，可以表达积极的关注。事实上，面对学前儿童，幼儿教师对他们的回应方式不止一种。从幼儿教师的行为着眼，幼儿教师需要首先反思自己的倾听风格，并在此基础上与学前儿童展开有效的互动。研究显示，人们倾向于采用其偏好的倾听风格去听别人说话。倾听风格是指对信息接受和编码过程的相关信息（如何、何地、何时、何人、内容）的一系列态度以及倾向。幼儿教师的倾听风格会直接影响其更倾向于关注信息的某些方面而不是其他内容。研究发现，主要的倾听风格可以分为四种，即他人导向、行动导向、内容导向、时间导向。[①] 幼儿教师应反思自己偏好的倾听风格，这对提升学前儿童的倾听技能很有帮助。

---

① 卡茨. 促进儿童社会性和情绪的发展：基于教师的反思性实践［M］. 洪秀敏，等译. 北京：机械工业出版社，2015：160–161.

小贴士

四种倾听风格[①]

倾听风格	描述	事例
他人导向	兴趣点在于表现出对他人情绪和兴趣的关心以及寻找共同点	小王花时间和小东一起坐一会儿，这样她就能听听小东对搬家有什么想法和感受
行动导向	兴趣点在于为了谈判和达成目标所使用的简单、直接、零错误的沟通	小林很难对拉拉冗长的关于她为什么不想和小静玩儿的解释感兴趣。小林认为，拉拉不过就是想要自己和她一起玩儿，就是这样而已
内容导向	兴趣点在于智力上的挑战及复杂的信息，因为这样他们就能在做出决定之前仔细分析所有信息	小李希望一整天都和同事进行头脑风暴，他很享受这种制定决策的过程
时间导向	兴趣点在于简短、简明、迅速直击重点的沟通	王老师不想知道小丁在转校后遇到了什么困难，他只想知道为什么小丁今天又和同学发生了冲突

（2）识别回应学前儿童的非言语线索，创建积极的非言语沟通环境。幼儿教师和学前儿童不仅通过有声的语言进行交流，还通过非言语沟通的方式进行沟通。非言语沟通是指通过非文字信息传递和接受信息的过程，其方式有手势、面部表情、目光接触和身体语言。很多时候，学前儿童还会通过玩耍、舞蹈和行为传达其内心的情绪和需求。学前儿童能否运用清晰的语言与幼儿教师进行交流受到诸多变量的影响，如学前儿童的年龄、语言发展水平、当时的情绪状态等，而非言语沟通就成为学前儿童与他人互动的重要方式。很多时候，幼儿教师需要观察学前儿童表达内心的方式，并能够读懂他们的认知或者情绪线索。如果关注到学前儿童的非言语层面，幼儿教师就会更容易获得他们行为、语言的重要线索。

对于学前儿童的非言语信息，一方面，幼儿教师需要学会读懂他们的面部表情和肢体语言，并在此基础上做出适宜的解读，确定他们当时真实的情绪和心理状态。幼儿教师想要获得这种能力，需要不断地实践，而这种能力会随着幼儿教师工作经历的增加而自然地得到提升。另一方面，幼儿教师要能够对这些非言语信息给予积

---

① 卡茨. 促进儿童社会性和情绪的发展：基于教师的反思性实践 [M]. 洪秀敏，等译. 北京：机械工业出版社，2015：161.

极的反馈，让学前儿童感知到幼儿教师的理解和尊重。

案例 5 - 4

小磊的绘画作品

　　小磊最近时常攻击同伴。老师密切关注小磊的面部表情，他的表情看起来充满着骄傲感和权力感，他的神态似乎表明——攻击同伴并没有什么不对的地方，老师为此感到困惑。有好几次，老师阻止小磊的攻击性行为后把他叫到一边交谈，但小磊无法说清他为什么要这么做。

　　在一次绘画活动中，老师要求孩子们画一幅画并讲述一个故事，这个故事的主题是自己长大后想做的事情。老师关注到，小磊画的是一个持枪的警察。他告诉老师，长大后，他要当一名警察，这样就可以打倒坏人，如他玩的电子游戏一样。

　　在案例 5 - 4 中，老师关注到了小磊的攻击性行为，但通过一般的语言沟通方式无法得知其行为产生的原因。当老师让孩子们用"绘画"的方式讲述故事时，小磊的内心世界才通过这种无声的方式得以呈现。老师可以凭此对小磊行为的成因进行分析，进而采取有针对性的措施引导小磊的行为。

⊙问题思考

　　在与学前儿童互动的过程中，幼儿教师的有效倾听受到哪些因素的影响？根据所学内容，你认为自己在倾听能力方面存在哪些不足？你可以通过哪些方面的努力提升自己的倾听能力？

（二）支持学前儿童发展同伴友谊

　　一个班级中，如果学前儿童之间的相处不够融洽，不仅会影响他们的学习和生活，还会影响到他们的集体归属感和心理感受。与同伴相处不融洽的学前儿童容易感到孤独，他们常常被孤立或者遭受同伴的口头或身体攻击，其社会性发展也会受到相应的影响。幼儿教师应通过各种方式支持学前儿童发展同伴间的友谊，为他们营造一个良好的同伴环境。

　　1. 构建以学前儿童活动为中心的环境，为他们提供发展友谊的情境

　　如果一个班级中的活动倾向于以幼儿教师为中心，就意味着学前儿童常常忙于

完成幼儿教师布置的任务，他们更多时候处于一种"独自活动"的状态。相应地，他们与同伴交往或解决社交问题的机会也会减少。而尊重、合作、分享、妥协、谦让等社会性品质很难通过阅读、数学等活动形成，这些社会行为必须借助同伴间的平行交往才能逐步得到发展。神经科学相关研究表明，自愿的开放式活动、运动和游戏事件，对学前儿童的社会性学习非常重要。通过这些更具有自主性的活动，学前儿童之间得以产生深度互动，这些互动中蕴含了社会性发展的种种主题，他们能够从中真正体会、感悟、学习、掌握相关的一些社会行为。从教育的角度而言，这些活动也为幼儿教师观察、了解、评估学前儿童的社交能力提供了机会。幼儿教师可以利用这些信息对学前儿童的社交能力进行评估，进而采用适宜的策略以推动学前儿童社会性的发展。

案例 5-5

丫丫在幼儿园和在家的表现为何不一样

丫丫刚入幼儿园没有多久，老师就反映她喜欢推别的孩子、尖叫、抓玩具、不听从指令等。丫丫在家里并没有这些表现，爸爸妈妈因此觉得很困惑，也对老师反映的情况将信将疑。在一次幼儿园的开放日活动中，老师邀请丫丫的爸爸妈妈入园观察她的情况。在半日的活动中，老师安排了区域活动、唱歌活动、户外自主性的游戏活动等。通过半日的观察，爸爸妈妈发现，丫丫的确存在这些问题。他们主动与老师沟通，询问丫丫在幼儿园和在家的行为反差为何如此之大。老师解释道：因为丫丫之前从来没有和这么多同伴在一起过，所以她缺少相应的社会技能。在家庭生活中，很多社会技能既不需要也没有锻炼的机会。但是进入幼儿园后，如何交朋友、应对与同伴的观点冲突、资源不够时怎么办等问题在同伴互动的过程中都会凸显出来，这就要求幼儿发展出相应的社交能力。因此，丫丫在幼儿园和在家的表现不一样，也就可以理解了。

在案例 5-5 中，丫丫的爸爸妈妈一开始并不完全相信老师对丫丫行为情况的反映，在看到丫丫与同伴互动的表现时，他们才改变了态度。究其原因，家庭生活环境提供的是以代际间"垂直交往"为主的社交情境，幼儿园中提供的则是以同伴间"平行交往"为主的社交情境，二者对学前儿童提出的要求存在差异。在幼儿园中，幼儿教师可以创设一些条件让学前儿童有更多与同伴互动的机会，以此发现他们社会性发展中的问题，进而推动其社会性自然发展。例如，幼儿教师可以为学前儿童

安排一些时间，让他们在轻松的氛围中享受与他人的相处；建立一些合作学习活动小组，鼓励内向的学前儿童进行互动。反之，在幼儿园的活动中，幼儿教师如果过于高控，就可能使幼儿园呈现出更多"垂直交往"的社交情境，无益于学前儿童社会性的发展。

2. 采用灵活的支持策略，有效训练学前儿童的交友技能

学前儿童的互动方式在很大程度上影响着他们"是否受同伴欢迎"的自我认知。积极的行为通常引起积极的反应，消极的行为（如身体攻击或语言攻击）则容易引起他人的消极反应。研究表明，从学前儿童友谊的发展阶段来看，他们必须成功地经历几个交友阶段：接触、维持积极的关系、谈判解决冲突，有时是结束友谊。[①] 同伴间友谊的质量和水平就与学前儿童在这几个阶段的技能水平密切相关。幼儿教师要想帮助学前儿童与同伴发展友谊，推动其社会性的发展，就必须使用一些策略。事实上，学前儿童交友成功的策略和交友失败的策略之间有明显的区别，他们需要学习与同伴进行良好互动的方法，还需要通过观察、模仿、练习并经历各种事件，在各种感受和结果中逐渐获得体悟。

在幼儿园生活中，学前儿童可能会在与同伴的互动中遇到困难，幼儿教师需要为他们提供帮助。研究发现，以下六种策略能够帮助学前儿童改善友谊。

（1）塑造。塑造是一种使用奖励或鼓励来维持某种期望的行为。

（2）示范。示范是一种在行动上演示某种技能的过程。

（3）训练。训练，即直接告诉学前儿童如何使用技能和策略，帮助他们练习，给他们反馈，改善他们的表现。

（4）同伴指导。同伴指导，即把一个善于交朋友的学前儿童和一个不善于交朋友的学前儿童放在一组，这样的配对能够改善被忽视学前儿童的社会行为和地位。

（5）社会问题解决。社会问题解决，即通过讨论和表现交友技能的角色扮演，帮助学前儿童在认知和行为方面练习解决社会问题的技能。

（6）合作活动和游戏。合作活动和游戏，即通过任务指向带动学前儿童产生合作行为，避免他们关注竞争，提升他们的社会技能。[②]

幼儿教师需要根据学前儿童的实际情况和具体情境，灵活运用这六种策略。

---

① 克斯特尔尼克，等. 儿童社会性发展指南：理论到实践［M］. 邹晓燕，等译. 4 版. 北京：人民教育出版社，2009：301.

② 克斯特尔尼克，等. 儿童社会性发展指南：理论到实践［M］. 邹晓燕，等译. 4 版. 北京：人民教育出版社，2009：304 – 305.

小贴士

帮助儿童发展友谊的方法

1. 为儿童及其朋友提供非正式交谈、做游戏、享受彼此在一起的机会。

2. 计划儿童配对的方法来促进儿童的相互作用。

3. 把一个害羞的儿童和一个不是很老练的小一点儿的儿童配对。

4. 严肃地对待儿童的友谊。

5. 开展小组讨论使儿童发现彼此的相似性。

6. 帮助儿童记住每一个人的名字。

7. 给儿童提供即时信息以帮助他们认识到别人友好的提议。

8. 帮助儿童了解他们的行为怎样影响其交友能力。

9. 使儿童在一开始就进入游戏情节中，这样他们就不会被看作闯入者。

10. 帮助儿童忍受友谊的失败。

11. 帮助儿童发展谈话技能。

12. 开展小组讨论来强化和友谊相关的概念、事实、原则。

13. 帮助被忽视和被拒绝的儿童发展令人满意的关系。

14. 帮助儿童结束关系。

15. 跟家长讨论由于家庭的迁移给儿童造成的友谊失落。

资料来源：克斯特尔尼克，等.儿童社会性发展指南：理论到实践［M］.邹晓燕，等译.4版.北京：人民教育出版社，2009：305－311.

第二节　幼儿园一日生活环节中的社会教育

　　幼儿园的一日生活由若干环节构成，在这些环节中渗透社会教育是重要的教育途径。学前儿童随时都在观察他人的言行举止和态度，观察周围环境中的一切，而且这种观察常常是在无意中、在幼儿教师未意识到的情况下发生的。换言之，社会学习本身具有无意性和随机性，这一突出的特点为幼儿教师提供了广阔的教育空间，要求幼儿教师要有一定的教育敏感性，能够明确一日生活各环节适合渗透哪些方面的社会教育内容，进而在具体情境中因地、因时、因人地开展随机性的社会教育。

一、一日生活中蕴含的社会教育因素

幼儿园一日生活各环节的常见顺序是：晨间入园、早锻炼、点名、游戏活动、教学活动、餐前活动、午餐、散步（或者其他一些活动）、午睡、起床整理、点心环节、游戏活动或区域活动、离园等。秩序感是人类天然的需求，幼儿园一日生活各环节的安排有助于学前儿童形成秩序感，对其社会性发展有帮助。这些环节中不同程度地存在着社会教育的契机，幼儿教师可以把一些要求有意识地渗透进每一个环节中。幼儿园一日生活各环节每日都在重复，这种渗透性的教育有助于学前儿童养成一些良好的行为习惯。作为受过专业训练的幼儿教师，我们要提升社会教育活动的敏感性，明确在不同的环节中蕴含的社会教育因素和隐藏的社会教育内容。

（一）一般环节中蕴含的社会教育因素

1. 晨间入园时的社会教育

晨间入园是幼儿园一日生活的开始，在这个环节中，幼儿教师的主要工作是迎接学前儿童入园，接待家长。对学前儿童来说，该环节是幼儿园生活的开始，他们要在这个环节与家长分离。在这个环节中，幼儿教师主要应关注学前儿童的礼仪、礼貌教育，如打招呼、问好、与家长告别等，借此帮助学前儿童学习一些基本的礼貌用语，培养他们讲文明、懂礼貌、守纪律的良好品德，锻炼他们的口头语言表达能力。学前儿童入园时与幼儿教师的相互问候、微笑的表情示意、肢体的友好互动都体现出无声的教育的影响。幼儿教师需要做好相应的示范，表现为精神饱满、热情周到、可亲可敬，给学前儿童和家长留下良好的印象。此外，幼儿教师还可以让先到的学前儿童也加入迎接活动中，如请他们给后到的学前儿童一个拥抱，引导同伴相互问候，促进其同伴关系。

晨间点名环节社会教育渗透的个案分析

2. 点名时的社会教育

在学前儿童全部入园并进行晨间锻炼后，幼儿教师就要开始点名。在该环节中，点名的方式有很多种，幼儿教师可以借此机会渗透社会教育，如引导学前儿童看看班级中谁没有来，让他们学会关心同伴；让学前儿童看看自己左右的同桌有没有来，让他们记住自己的同桌；等等。对于中、大班的孩子，幼儿教师也可以将一些学习任务穿插在点名过程中，如让被点到的学前儿童说一个成语或用某个字组词等，让他们学会向同伴学习、学会倾听等。

案例 5 - 6

晨间"词语接龙"

早上，大三班的点名开始了，老师先请当天的值日班长上来介绍天气情况。这个任务是提前就布置好的，每天的值日班长都要负责收集天气预报并介绍天气情况。当值日班长介绍完天气情况后，他可以根据其他小朋友的倾听情况给予其五角星。然后，老师开始点名。今天，由词语"春天"开始，大家按照学号依次进行"词语接龙"。当出现说不出词语的小朋友时，老师先要求大家不要给予提示，然后请大家耐心地给他多一点儿时间思考，如果他仍然答不出来，他就可以请别人帮忙，并在别人回答后表示感谢。对于那些忍不住说出答案的小朋友，老师会说："虽然你很想帮助他，但是他现在不需要你的帮助，明白了吗？"在接龙过程中，老师经常会评价说："很好，你给出了一个非常别致的词，没有受其他小朋友的影响。""大家看，他站起来时很大方，声音也很响亮，大家要向他学习哦。""你的声音可以更响亮一些，这样我们就都能听到了。"

---

3. 自由游戏（区域）活动时间的社会教育

在自由游戏活动时间里，学前儿童能够更自由地选择自己喜欢的玩具和区域，其交往状态具有自然、随机的特点，也比较容易发生矛盾和冲突。在这个环节中，幼儿教师可以着重教会学前儿童学习分享材料或玩具，学习用合理的方式从别人手里获取玩具的技能；在游戏时间快结束时，幼儿教师可以使学前儿童学会收纳玩具，养成将物品归位的习惯，以此培养他们的责任感。在这个过程中，幼儿教师可以考虑采取一些有效的方式帮助他们达成目标。例如，在学前儿童玩玩具时，幼儿教师可以向他们渗透这样一些教育要求：掌握玩具的基本玩法，并能尝试创新；爱护玩具，小心使用，随用随取，放回原处；随时捡起地上的玩具，保持活动区的整洁；使用玩具要讲究"先来后到"，共享玩具，轮流交换；专心游戏，做完一件事再做另一件事；不大声喧哗，不影响别人；及时结束游戏，玩具按类收放整齐；等等。

4. 教学活动时间的社会教育

教学活动是幼儿园一日生活中经常出现的活动类型，这类活动以幼儿教师为主导，学习内容也相对固定和明确。从社会教育的角度，幼儿教师更需要关注对学前儿童良好学习习惯和集体学习规则的渗透。这些要求本身可能不构成具体的教学活动目标，但应该在每一堂课中进行渗透，如让学前儿童尊重他人发言、认真倾听他人讲话，这就包括耐心地听、安静地听、专注地听老师和同伴讲话。此外，在教学活动中，经常会有讨论环节，学前儿童会有较多回答问题的机会，在这个过程中，幼儿教师可训练他们勇敢、清晰地表达自己的思想，这对其自信心来说也是很好的锻炼。

案例 5 - 7

让其他小朋友也听到你的答案

在一堂关于恐龙的课上，老师问了一个问题："你们知道哪些恐龙会飞吗？"小朋友七嘴八舌地说开了。老师把手放在嘴边做了一个"闭合"的动作，小朋友渐渐不说话了。老师接着说："刚才你们都很想说话，结果我没有听清楚任何一个小朋友的答案。现在安静了，谁想说就可以举手说了。"小朋友举起手来，老师发现，平时不太主动回答问题的小豆豆举起了手又马上放下，便说："小豆豆是不是也知道答案呢？"小豆豆点头。老师说："那请你起来告诉大家吧。"小豆豆没有回应，老师继续说："那这样吧，小豆豆你可以选择告诉你周围的同学，让他告诉大家，你也可以走过来悄悄告诉老师。"小豆豆想了一下，走到老师跟前告诉了老师。老师说："你知道得可真多，可惜只有我知道，你能不能让大家都知道这些有趣的知识呢？"小豆豆便在老师的鼓励下说了更多关于恐龙的知识，虽然他的声音仍然不够响亮，但老师对他的表现给予了充分的肯定。

5. 盥洗、喝水时的社会教育

盥洗、喝水是幼儿园中每天都有的环节，而且一天往往要重复几次。在该环节中，也蕴含着一些社会教育的内容。例如，学前儿童在进入盥洗室时需排队依次进入，遵守规则，耐心等待，不能推挤；在盥洗过程中，幼儿教师需要提醒学前儿童节约用水，洗手结束之后记得关掉水龙头，及时将手擦干，不要将水弄到地面上、弄湿地板；等等。在该环节中，所有学前儿童都排队盥洗、喝水，但一般都会有先后之分，学前儿童需要排队等候，这时容易出现聊天说笑、推挤打闹的现象，幼儿教师需要思考如何尽量规避这些问题。例如，在点心时间，幼儿教师可以安排一部分人先去放椅子、拿杯子，其他人去解小便、洗手，两个活动错开进行，谁都不用等待；接下来的区域活动照常进行，要解小便的人先去解小便，要喝水的人先去喝水，可让学前儿童自己决定。

6. 进餐、午睡前后的社会教育

进餐和午睡是幼儿园的常规环节，在这两个环节中也不同程度地蕴含着社会教育的内容。例如，进餐前的洗手环节能够培养学前儿童良好的卫生习惯；幼儿教师可以让学前儿童在进餐准备过程中做一些辅助性的工作，如分发餐具、摆放座椅等，使他们养成爱劳动的习惯；进餐过程中，幼儿教师可以要求学前儿童独立进餐，减少他们对幼儿教师和保育员的依赖；进餐结束后，幼儿教师可以让学前儿童协助保育员收拾餐具；等等。午睡环节能够培养学前儿童生活自理能力，自己穿脱衣物、整理被褥等活动都能让他们的生活自理能力得到锻炼。

7. 户外活动时的社会教育

《规程》要求，在正常情况下，幼儿户外活动时间每天不得少于 2 小时。因此只要天气允许，幼儿教师都应安排学前儿童到户外活动，并保证户外活动的质量。户外活动环节是学前儿童喜欢的环节，幼儿教师可以在这个环节中渗透一些社会教育的要求，如出入听指令、在户外玩耍时遵守规则、大胆探索、互帮互助等。学前儿童在进行户外活动时，容易发生安全事故，幼儿教师应在保证学前儿童安全和促进学前儿童发展之间找到平衡。在户外活动的过程中，幼儿教师应引导学前儿童勇于探索、勇于冒险、坚持完成活动，这有助于培养学前儿童一些良好的社会性品质。

8. 离园时的社会教育

离园环节如何
渗透社会教育

离园也是一个不可忽视的教育环节，起着承上启下的作用，幼儿教师同样可以在这个环节渗透一些社会教育的内容。例如，通过教室门口的宣传栏向家长宣传育儿知识，引导家长共同担负教育学前儿童的责任；认真总结学前儿童一天的学习、游戏情况，对学前儿童的良好表现做出肯定，增强其行为的效能感，对其提出新的期待以提升其自信心；鼓励学前儿童回家后与家长沟通在园生活情况；等等。在接待家长的过程中，幼儿教师还可以与家长沟通交流学前儿童的表现，向学前儿童展示幼儿教师与家长的良好互动，增强学前儿童对幼儿园的归属感。如果说晨间入园是学前儿童在幼儿园一日生活的开始，那么离园则是学前儿童在幼儿园一日生活的结束。

（二）转换环节里蕴含的社会教育内容

在幼儿园一日生活中，学前儿童要面临一系列的转换环节，如活动结束去盥洗、进餐、午休、午休后起床、室内到户外活动，以及家长接送学前儿童等。每个转换环节都要求学前儿童从一个活动模式转换到另一个活动模式，大多数转换环节还要求学前儿童集体从一个地方转换到另外一个地方。学前儿童的很多问题行为就发生在转换环节，因此幼儿教师需要关注转换环节里学前儿童容易出现的问题并采取有针对性的教育策略。

1. 尊重个体差异，给予学前儿童弹性转换时间

如果幼儿教师开始催促学前儿童，学前儿童就容易产生叛逆心理。由于能力和气质存在差异，不同的学前儿童在完成任务和反应指令方面的速度是不一样的，所以，在转换环节中，幼儿教师不要过度地催促学前儿童，这不仅容易让学前儿童产生紧张感，也容易让学前儿童产生叛逆心理，不利于教育活动的开展。对于速度较慢的学前儿童，幼儿教师可采取提前提醒的方式，给学前儿童留一个转换的时间，如轻轻地提醒"还有 5 分钟我们就要结束了"，帮助他们在规定的时间内完成转换。尊重个体差异是使学前儿童顺利完成转换的一个重要指针，可以通过更有弹性的要求和更有弹性的计划来实现。

案例 5 - 8

转换时间给儿童更有弹性的选择

在自选活动时间结束后，赵老师班里的孩子不愿配合整理，也不准备休息。赵老师发现，很多孩子不愿意停止正在做的事情，因为他们的时间不够。一些孩子在安定下来做他们自己选择的事情之前，已经到处跑了 10 分钟，因此当赵老师要求他们整理时，他们确实没有足够的时间来完成整理。

赵老师决定尝试其他方法：由孩子们做出待在教室玩儿或到户外玩儿的选择，在休息时间，如果孩子们愿意，赵老师就会允许他们到户外活动。这项计划的效果不错，用休息之后的整理取代了休息之前的整理，整理活动也变得更顺利了。天气好时，室内的一些活动都可以转移到室外进行，这样孩子们就不必在自选活动与室外活动之间做出选择了。

2. 避免统一行动，让学前儿童分批转换

在转换环节，如果让学前儿童统一行动，往往容易产生拥挤、推搡现象。幼儿教师可以通过多种方式，如游戏的方式，让学前儿童完成分批转换。

让儿童分批离开

在集体活动结束后，为了防止孩子们一下子蜂拥到点心桌旁，老师会通过做游戏的方式让孩子们分批离开。有时，她会说"今天戴臂章的人可以去点心桌了"，接下来，再轮到衣服上有格子图案的人。有时，老师会念名字卡片，每次让一名孩子离开，其他孩子们则练习阅读自己和朋友的名字以判断轮到谁了。这些游戏吸引了孩子们的注意力，他们在短暂的等待时间中又进行了学习。

在案例 5-9 中，孙老师运用一些分类的策略让孩子们分批行动，一方面增加了活动环节转换的有序性，另一方面避免了统一行动可能导致的混乱。

3. 给予任务，避免学前儿童消极等待

在幼儿园常规的转换环节里，有的学前儿童动作快一些，有的学前儿童动作慢一些，当有的学前儿童已经做好进入下一个环节的准备时，另外一些学前儿童还处在转换之中。幼儿教师需要让这些处于等待状态的学前儿童有事可做，避免处于消极等待的学前儿童产生行为上的问题。

起床后无事可做的豪豪

起床时间到了，小朋友都学着自己穿起了衣服。豪豪很快穿好了衣服，可是他不愿意叠毯子，也不愿意去看书，而是在午睡室里跑来跑去。午睡室里放置的都是木头床，要是撞到很容易受伤。老师请豪豪坐下来，可是豪豪似乎很生气，他把两只手握成拳头插在腰上，嘴里还不服气地哼哼。等别的小朋友穿好衣服去吃点心了，老师心平气和地问豪豪："还在生气呢，男孩子不能这么小气的，我都没有生气呢。"豪豪听了之后，表情有点儿松弛。"是不是很不服气老师让你坐了一分钟啊，那我问你，起床时老师和保育员都在干吗呢？""在帮小朋友穿衣服。""对啊，老师和保育员都在忙，你在午睡室里跑来跑去，午睡室里面都是床，万一把你绊倒了，谁会疼呢？""我会疼。""对呀，"老师把豪豪叉在腰上的拳头拿了下来，轻轻摊开他的手掌，说："你要是受伤了，不仅你会疼，妈妈和老师见了都会很心疼，所以我们要好好地保护自己啊，要不这样，如果你穿衣服比较快，你就去当老师的小帮手，帮老师去拿后面活动要用的材料和教具，好吗?"豪豪一听，便高兴地同意了。

案例 5 - 10 展示了幼儿园午睡起床后可能出现的情况。午睡起床后，老师会用很长时间逐步检查、整理孩子们的衣着，在冬季，这个时间可能更长。一般在转换的环节中，老师可以让动作快的孩子去帮助那些动作慢的孩子，促进同伴间的相互帮助；或分配一些其他的任务给动作快的孩子，如看书、发放后面活动所需的材料、帮助老师或保育员完成一些任务等。给学前儿童布置一些他们力所能及的小任务，既可以更高效地利用转换时间，也可以避免他们因为无聊而产生一些消极的行为。

二、一日生活环节中的社会教育策略

幼儿教师设立常规的本意是为了保证学前儿童在幼儿园有序地生活，帮助学前儿童树立规则意识、养成良好的行为习惯。如果对常规处理不当，其可能会演变为束缚、压抑学前儿童主体性的工具。如何设立适宜的常规，在自由与控制之间找到一个平衡，对幼儿教师来说是一个挑战。因此，幼儿教师应设立适宜的常规，将特定的教育期待和教育目标转化为一些行之有效的方式和策略，帮助幼儿理解常规、遵守常规。

（一）设立适宜的一日常规

1. 合理的常规

为设立合理的常规，幼儿教师必须考虑到学前儿童的发展、过去的经验、现在的能力和必要的任务类型。例如，如果幼儿教师期望一个学前儿童根据形状把算术棒放到盒子中，那么幼儿教师首先要确定其是否有完成这项任务的能力。这种能力包括能熟练使用算术棒、区分颜色，知道把相似的算术棒放在一起，也知道所有的算术棒要朝一个方向放置。如果学前儿童没有这些方面的知识和能力，那么幼儿教师就要根据学前儿童的发展水平对期望加以修改。

要设立合理的常规，就要探究学前儿童的发展常模。幼儿教师要知道对于特定年龄段的学前儿童来说，哪种行为和理解是最切合实际的；幼儿教师要熟悉各年龄阶段学前儿童的知识和能力，这样才能对群体中学前儿童的能力有最大程度的了解，这也会帮助幼儿教师意识到学前儿童在各种情境中必须掌握的技能和观念的逻辑顺序。对学前儿童发展常模的理解，不仅需要专业的理论知识做支撑，还需要幼儿教师对日常观察进行总结。

2. 可以定义的常规

可以定义的常规是指幼儿教师设定的常规应该指向学前儿童的行为，这些常规能够让学前儿童知道自己如何行为。如果幼儿教师采用一些开放性的、有多种解释的语言，学前儿童就容易感到困惑，不理解常规的真正要求。当幼儿教师告诉学前儿童要"行为得体""表现好""有风度"时，这些话虽然指向良好的行为表现，但具有一定的笼统性和抽象性，不同学前儿童可能理解出不同的含义。例如，"好"的意思可能指"把手放在腿上安静地坐着"，而对于活动性较强的学前儿童而言，"没有戏弄同学"已经是"好"的表现了。如果幼儿教师试图让学前儿童说话声音小一点儿，与其说"在心里说就可以了"，不如说"小声说话"；如果幼儿教师希望学前儿童不要把脚放在桌子上，与其说"不能这样，要有规矩"，不如说"不能把脚放到桌子上"；如果幼儿教师希望学前儿童用语言表达需求，与其说"好好说话"，不如说"你可以告诉对方'我很生气'，而不是用手去打对方"。

3. 积极的常规

幼儿园中存在不同的常规引导方式，其中一种方式属于"防范式"，即幼儿教师处处防备学前儿童，担心学前儿童"做错"什么。幼儿教师通常采取的是高控的手段，将常规视为对学前儿童行为的限制，不敢放手让学前儿童自主地活动，以求得表面的井然有序。在活动中，如果幼儿教师经常发出"不行""不要""不许""不能"等禁令性字眼，则意味着其要对学前儿童的不良行为进行约束和限制。这种常规如果过多，容易失去对学前儿童行为的指引作用，甚至会引起学前儿童，尤其是年龄大一些的学前儿童的反感、挫败感。从另外一个角度看，这种禁令性的常规容易让常规教育呈现高控的特征，即学前儿童只能按照幼儿教师的要求去行动，缺失了自主性的规则意识，这种自主性的缺失反过来又可能在一定程度上加剧幼儿教师对学前儿童的控制。这就不难理解，为什么在现实中有的班级看起来很有秩序却缺乏活力，为什么学前儿童对老师的"怕"多于"敬"。幼儿教师在制定常规和表述常规时，不应仅仅让学前儿童知道"不能做什么"，还要让学前儿童知道他们"能够做什么""可以做什么"。事实上，作为"他律"的常规，若表现为消极的命令，则会让学前儿童更难理解，因为他们更容易遵循那些帮助他们改正行为的指令，而不是彻底改变或阻止现在行为的命令。例如，应该对学前儿童说"把手放在兜里"，不说"不要推"；说"走"，不说"别跑"；说"吃东西"；不说"别玩食物"；说"多吃水果、蔬菜有益身体健康"，不说"不能挑食"；等等。这样更容易让学前儿童树立正确的观念，使其将外在的要求转化为自身的行为。

⊙学习活动

引导幼儿为图书区设定积极的常规

活动目的：引导幼儿为班级的图书区设定积极的常规。

本次活动大约需要 1 小时。

步骤 1：向幼儿展示图书区容易存在的问题，引导幼儿思考产生这些问题的原因。

步骤 2：为幼儿示范什么是积极的常规，什么是消极的常规。

步骤 3：针对平时图书区存在的问题，引导幼儿分组讨论应该强调哪些常规，并用积极的方式表达出来。

步骤 4：建议幼儿用图示的方式将协商好的规则表达出来。

反馈：

1. 图书区容易存在的问题主要有：不爱惜图书导致图书破损，看完图书不将其放回原位，看书过程中存在争抢行为，等等。

2. 针对这些问题，积极的常规应该是让幼儿思考在图书区可以怎么做，这样做的好处是什么。

4. 可理解的常规

在常规教育中，常规往往表现为幼儿教师的要求，即"是什么"和"应该怎么做"。基于幼儿教师的立场，这些规则肯定有存在的合理性和必要性；基于学前儿童的立场，幼儿教师制定的常规从一开始就具有了"他律"的特质，学前儿童往往不能理解其意义和价值。在学前儿童缺失对常规的自我理解和建构的前提下，幼儿教师即使采用一些高控的方式令学前儿童遵守常规，也很难真正使学前儿童形成规则意识和执行意识。因此，学前儿童作为理解与执行规则的主体，其对规则的体验与理解不应被忽视。幼儿教师在设立常规时需要转换立场，从学前儿童的视角去思考如何理解、认同这些常规。

事实上，设立常规一方面是为了让学前儿童养成良好的习惯，另一方面是基于集体生活的需要，遵守常规既具有利他性也具有利己性。如果仅仅一味强调常规"是什么"和"应该怎么做"，学前儿童就无法真正体验到这些常规具有的互惠性，对常规的认识容易停留在"知"的层面，难以真正认同常规。因此，在设立常规时，幼儿教师应该让学前儿童真正体验到常规对自己和他人的益处。例如，玩具归位是为了让每个人下次都能容易地找到自己喜欢的玩具；洗完手后，用毛巾擦手而不是将水洒在地上，是为了避免自己和同伴滑倒；等等。幼儿教师可以尝试采用体验的方式帮助学前儿童理解常规对自己学习和生活的意义。

案例 5 - 11

借助录像引发对规则的讨论

开学第一周，班级的常规活动"认识和熟悉新老师、新环境"开始了，新的活动区和活动材料吸引着孩子们的目光，他们跃跃欲试。在参与活动时，问题和纠纷不可避免地产生了，为了争着当演员，三个孩子各不相让：游戏材料散落一地；"爸爸""妈妈"抢着做饭，打落了碗；"宝宝"边哭边来告状。

为了让孩子们充分了解规则的重要性，老师将产生纠纷的情景录了下来，在团体讨论环节播放给孩子们看。当询问孩子们的观感时，孩子们纷纷表示："他们很吵很乱，听不见说什么，也看不出在玩什么。"于是老师又请录像中的当事人谈谈当时的感觉，三个孩子表示：自己玩得不好，因为周围全是小朋友，他们太吵闹了，自己听不见别人讲话；放在桌子上的玩具太多了，别人用完后又不放回原处；游戏材料被碰掉，别人也不帮忙捡。

老师抓住情景再现中的教育契机和孩子们展开了讨论：应该怎样玩儿？孩子们表示，应该在班里提要求，让他们知道什么该做、什么不该做。老师请孩子们进一步思考，应该由谁来提要求？经过一番讨论，孩子们决定自己来定规则，老师立刻给予充分的支持和肯定，并将孩子们的积极性一下子调动起来。

在案例 5 - 11 中，当老师发现孩子们在活动中出现了无序、混乱的状态之后，并没有急于进行现场干预，而是等活动结束之后，利用活动录像引导孩子们讨论刚才游戏中发生了什么、有什么后果、如何避免这样的情况等问题。这样的应对方式，一方面能够让学前儿童体验到规则的重要性，另一方面能够激发学前儿童制定合理规则的积极性和主动性。

（二）常规的引导策略

在设立合理的常规后，如何实施这些常规，使其最终内化到学前儿童心中、体现在学前儿童的行为中，也是幼儿教师面临的重要任务。由于常规的呈现方式是条款式的，实施的过程中容易出现简单化的问题，具体表现为说教多、命令多，从而导致学前儿童无法把规则内化在自己的行为之中，无法把规则进行迁移运用。在日常的教育活动中，幼儿教师可尝试使用以下策略来实现常规教育。

1. 利用图示，引导学前儿童理解常规

学前儿童的思维以直观思维为主，他们容易受直观、生动的事物影响，对语言的敏感性还处在发展阶段。幼儿教师可以充分发挥环境的作用，通过图示的方式将某些常规展现出来，如在适当的位置张贴醒目的图示，以此提醒学前儿童遵守规则。对于小班学前儿童，幼儿教师可以设计图示帮助其理解常规；对于中、大班的学前儿童，他们的理解能力和绘画能力都有了一定的提升，幼儿教师可以引导其自主设计图示。如果能让学前儿童自己用图示的方式将常规画出来，效果会更好，这样也能体现出常规教育的主体性。

案例 5 - 12

设计标志

在设计区角规则的过程中，每个孩子都对规则的设计提出了意见，他们都希望自己的画能贴在各个区角里。但地方毕竟有限，怎么办？经过整理，老师决定将相同类型的规则放在一起展示。在展示过程中，老师发现，孩子们在表现"不大声说话"这一规则时，都画出了一张半开的嘴，只是嘴大些或小些。老师启发他们找出这个共同点，并提议在这个标志的基础上做一些改动，使画面更简单、明确。最后，孩子们达成共识，用"微微张嘴"的幼儿形象来表示"不要在'娃娃家'大声说话"。此外，孩子们还用"一只手拿着玩具"的形象，表示"不要扔玩具"；用"整齐摆放的柜子"的形象，表示"把玩具放回原处"。在图表上用"√"和"×"来区分"对"和"不对"，也是孩子们的创意。最后，老师将孩子们设计的标志整理完毕后贴在各区域的醒目位置，这些标志成为一种无声的语言，时刻提醒孩子们去执行和遵守。

此外，幼儿教师可以将绘画这种方式运用到学前儿童对遵守常规的反思中。幼儿教师可以给学前儿童提供一些条件，让学前儿童根据自己在实际操作中获得的经验，用绘画的方式对常规进行记录，对规则有更直观的感知。例如，在阅读区，幼儿教师可以向学前儿童出示两张图，一张画着"安静的、闭合的小嘴"，一张画着"七嘴八舌说话的小嘴"，组织学前儿童讨论"你喜欢哪幅图，为什么？"，再让学前儿童一起设计其他区角规则的图示。这样的方式更具象化，也能够带动学前儿童明确不同区域对行为的不同要求，进而对不同区域的规则进行深入思考。

2. 采用象征性暗示，提醒学前儿童遵守常规

成人更多通过语言提示的方式告诉别人该做什么和不该做什么，对学前儿童而言，语言指令有一定的作用，而其他一些象征性的暗示也同样有助于学前儿童遵守常规。这些象征性的暗示可以提醒学前儿童，使其理解在当时的情境下何为适宜的行为。学前儿童的思维处于以形象思维为主的阶段，对他们来说，具体的动作、画面、声音提供的行为线索更胜于语言提供的线索。例如，常见的象征性暗示使用内部声音和外部声音来促进学前儿童对自身音量的监控：放慢脚步，是提醒学前儿童在走路时注意监控自己的身体；把一只手指放在嘴唇上，是提示学前儿童要保持安静；把双手放在背后，是提示学前儿童要管住自己的双手。又如，音乐节奏的变化意味着活动性质的不同，因而学前儿童也要随之调整自己的行为规范。通过这些象征性的暗示，幼儿教师可以用更加简单易学的方式来帮助学前儿童约束自身的行为。

案例 5–13

有节奏的琴声

吃完早餐后，是一段轻松的时间。在老师收拾桌子、碗筷时，孩子们开始活跃起来：有的孩子把小椅子当马骑，有的孩子相互追逐、推搡着做游戏，有的孩子则热烈地和同伴交流……收拾完毕，老师看着孩子们的行为表现，弹起了电子琴。老师弹的琴声有着清晰的节奏，前排的孩子一看到老师开始弹琴，便迅速地回到了自己的座位上。其他的孩子在听到琴声后，也回到了自己的座位上。

在案例 5–13 中，老师运用弹琴达到暗示孩子们调整行为的目的。看到老师弹琴，孩子们马上知道活动就要进入下一个环节，而有节奏的音乐声能够帮助孩子们明白环节的转换。这比老师一味用语言提醒孩子们改变行为的方式更温和，也更有效。

3. 利用游戏，帮助学前儿童习得常规

学前儿童天生喜欢游戏，游戏是学前儿童主要的学习方式。活动和实践是学前儿童社会性形成的基础，游戏为学前儿童提供了实践的机会。学前儿童的活动具有情绪性，他们的情绪具有动机性和适应性特征，趣味游戏能够激发学前儿童做游戏的兴趣，是他们特别喜欢的活动。对学前儿童来说，他们的高级认知调控和评价技能尚在萌芽和发展过程中，相比之下，他们的情绪所依赖的结构更为成熟。"游戏

法"将规则贯穿于游戏中，以角色的身份要求学前儿童遵守规则。"游戏法"的运用能寓教于乐、事半功倍，也能体现学前儿童的自主意识。杨丽珠等人采用现场实验探索趣味游戏对学前儿童自我控制能力的影响，实验结果表明，趣味游戏能够促进学前儿童自控能力的发展。

案例 5 - 14

不该你说就不说①

老师让孩子们围在一个水池周围，水池里放着各种各样的水果。老师告诉孩子们："今天我们做个游戏，请你们用毛巾蒙上眼睛后去摸水池里的水果，并说出水果的名称。"游戏开始后，老师用毛巾蒙上一个孩子的眼睛，让其开始游戏。当这个孩子摸到水果，正要说出水果的名称时，旁边的孩子替她说了出来。老师对旁边的这个孩子说，既然你说得快，那就请你来玩这个游戏吧。可当第二个孩子摸到水果，正要说出名称时，其他小朋友又替他说了。老师又用毛巾把说话的孩子的眼睛蒙上。如此一来，每个孩子都蒙上了眼睛去摸水果，但总有其他孩子替他说出了水果的名称。老师便对孩子们说："当你正要说出水果名称时，别人替你说了，你觉得怎样？"孩子们异口同声地说："真烦，就显他了。"老师进一步启发孩子们："那你们说应该怎么办？"孩子们说："不该你说就别说。"老师说："那好吧，我们大家按照这个规则，再重新做这个游戏。"在新一轮的游戏中，有的孩子忍不住又说了。大家再次讨论该怎么办，有的孩子提议，要说时用手捂着嘴。于是，孩子们又第三次玩起了这个游戏。

案例 5 - 14 中的游戏生动而有趣，孩子们在参与的过程中就体验了倾听等交谈礼仪的意义和内涵。在日常的保教工作中，幼儿教师可以通过游戏角色扮演、移情训练、价值澄清、情感体验、榜样示范等方法，帮助学前儿童在认识现象和体验行为的过程中逐步领会公正、合群、协作、耐劳等社会道德的要求和期望，使其不断调整和选择自身的行为规范，改正缺点和不良习惯。幼儿教师通过游戏帮助学前儿童在认知和行为之间架起一座桥梁，使他们明白，要做到知行合一，将认知付诸行动，再转化为行为。这样反复练习后，学前儿童就能够形成稳定的行为习惯。

---

① 杨丽珠，邹晓燕. 提高幼儿品德教育的有效性［J］. 学前教育研究，2004（9）：5 - 8. 引用时有改动。

⊙问题思考

　　根据你的实践经验，你认为学前儿童不能理解班级常规的原因可能有哪些？针对这些原因，可以采取哪些方式引导他们更好地理解常规？

第三节　幼儿园一日生活偶发事件中的社会教育

　　在幼儿园的一日生活中，时常会出现一些偶发事件。从社会教育的角度看，偶发事件的出现，一方面能够反映出学前儿童发展中的状态或问题，另一方面也是幼儿教师进行社会教育的重要途径。根据现象学的观点，空间性、实体性、时间性和相关性四个范畴是人类生活世界的基本结构。[①] 幼儿园中各种偶发事件便是这四个范畴的结合体，幼儿教师应抓住这些偶发事件提供的教育契机，对学前儿童进行随机性的教育引导。

一、偶发事件中社会教育的特点

（一）偶然性与即时性

　　从对教育时机的把握来看，偶发事件中的社会教育是指在某一具体情境里，幼儿教师利用偶发事件中的教育因素对学前儿童进行的教育。幼儿教师在这个教育过程中所利用的教育因素，不是事先准备好的，而是偶发的。与结构性较强的教学相比，偶发事件中的教育不是有组织的、连续的、系统的，而是有零星偶发的特点。从幼儿教师教育行为发生的时间来看，偶发事件的教育是幼儿教师利用即刻出现的

---

　　① 李树英. 教育现象学：一门新型的教育学——访教育现象学国际大师马克斯·范梅南教授 ［J］. 开放教育研究，2005（3）：4 - 7.

教育因素，及时对学前儿童进行教育的过程，是幼儿教师在现场的即兴发挥，而不是迟滞的、后发的教育。在实践中，幼儿教师通过捕捉学前儿童产生良好表现的时机，及时强化他们的正当行为；或者通过分析了解学前儿童产生不当行为的时机，及时纠正他们成长过程中出现的问题，使他们获得明确的指导，形成正确的认知，养成良好的行为习惯。当幼儿教师抓住时机，及时对学前儿童无意显露的潜质进行鼓励和培养时，学前儿童的潜能会被发掘并逐渐发展成为现实的能力。当幼儿教师指出事件中反映出的学前儿童的一些不良行为并对其进行引导时，就可能将这些问题及时遏制在初始阶段。

因为幼儿教师对偶发事件的应对是及时的，所以学前儿童能从幼儿教师那里获得有针对性的教育引导，这体现了幼儿教师对学前儿童无时不在、无处不有、细致入微的关心和爱护。值得注意的是，某些幼儿教师对于对偶发事件的忽略和对这种偶然性与必然性之间关系的忽视，使其在教育视角上出现了盲点。有的幼儿教师认为，只有上课才是教育，于是忽视了非正规教育时间和场合出现的难得的教育机会，错过了一些教育契机。此外，偶发事件多为偶然发生的细微小事或生活小事，有的幼儿教师会因为对其缺乏应对准备而放弃教育机会；有的幼儿教师会因为对偶发事件熟视无睹，而在不经意之中丧失教育良机。因此，在幼儿园中应纠正"只关注专门的社会教育活动"的偏向，同时，注重偶发事件中的随机性、渗透性的社会教育。

（二）情境化与对应性

每个学前儿童都在具体的环境中成长，偶发事件中的社会教育，就是幼儿教师在学前儿童的实际生活过程中，利用具体情境中的特定教育因素对其进行的即时教育。整个教育过程见人见事，教育因素表现得直观、生动和情景化。更为突出的是，随机教育的情境化特征增强了教育的对应性。偶发事件中随机教育的产生是基于幼儿教师对具体情境中学前儿童活动过程的关注和对学前儿童不同特点、不同发展水平的一对一的体察，因此这种教育的内容及方式因人、因事、因时、因地而异。它是幼儿教师利用教育情境，有意识地接受来自学前儿童的信息，积极地与学前儿童建立对应关系，在他们的"启发"下，以不同的方式、态度、行为对应于不同的学前儿童。师幼之间在此过程中会产生特殊的、不同于他人的相互作用方式。这样的教育指向具体，对应性强，不仅有利于对学前儿童进行个别教育，避免学前儿童教育中的"一刀切"现象，而且在提高幼儿教师对学前儿童主体性及影响力的敏感程度、应对水平和教育的实际效果等方面都有潜在的作用。

（三）教育性与迁移性

从社会教育的特点来看，教育无小事，事事有教育。学前儿童活动的各个空间都是教育源，学前儿童生活中每一件事情都可以成为教育的内容。在升华教育主题方面，偶发事件中的社会教育不是一种"就事论事"的教育，它的产生不仅是幼儿教师的"有感而发"和受教育者的"为情所动"，而且是幼儿教师提升教育主题，使教育产生由此及彼、由表及里、举一反三的迁移作用的有意行为。幼儿园偶发事件中的社会教育关注学前儿童活动的每个环节，让幼儿园日常生活的细节在学前儿童的身体发育、认知发展及道德形成中发挥教育的作用。偶发事件中的社会教育产生于具体的情境之中，人真物实、鲜活生动、现场感强，容易激发人的感情，引发人的感悟和联想，其教育主题能够很自然地得以迁移和升华，避免牵强、生硬的教育内容及方式，表现出"顺乎自然而教"的境界，对促进教育的内化有十分积极的意义。

二、偶发事件蕴含的社会教育契机

（一）在偶发事件中引导学前儿童

1. 对学前儿童个体化的教育引导

偶发事件往往发生在具体学前儿童身上，幼儿教师首先要思考，通过事件的处理，可以让当事的学前儿童从中学习到什么。是纠正他们的不正确的认知，帮助他们形成公平、正义等观念；还是促进他们习得正确的行为方式，如轮流、协调、沟通的语言技巧等。只有这样，学前儿童才能知道在以后类似的情境中该怎么办，而不是每次都将幼儿教师视作帮助者和裁决者。

案例 5-15

帮助瑞瑞参与到游戏中

三个孩子正在玩"餐厅"游戏，此时，瑞瑞走到他们旁边开始尖叫，但是没有说一句话。三个孩子看了看瑞瑞，没有停下游戏，瑞瑞就一直站在那里尖叫。

老师过来调解，她弯下腰问瑞瑞："你是不是很心烦？"瑞瑞点点头，告诉老师他也想一起玩儿，想去"餐厅"当"服务员"。老师问瑞瑞，他是否已经用语言告诉其他孩子自己的想法？瑞瑞摇头，说"没有"。于是，老师让瑞瑞想一想，他可以用什么语言来表达他的想法。瑞瑞笑了，他对正在玩游戏的三个孩子说："我看到你们很忙，我可以进来当服务员吗？"孩子们答应了他的要求。

在案例5-15中，当瑞瑞遇到困难时，老师并没有直接去帮助瑞瑞，如告诉另外三个孩子瑞瑞想加入他们或建议瑞瑞到其他区角去玩儿，而是引导瑞瑞去思考，在这种情况下他如何去做才能达到自己的目的。老师使用这种应对方式，是希望瑞瑞通过这次尝试获得成功经验，这样可以帮助他学会用正确的方式表达自己的想法，即用语言去表达而不是用尖叫去表达。学前儿童社会性发展的相关研究指出，有些学前儿童之所以容易与同伴产生冲突，可能是他们意识不到策略的重要性，或者他们有好的想法却不会用恰当的方式去表达。这类学前儿童经常通过推、抓、妨碍、抱怨、威胁、忽视、祈求、批评或霸道的方式与别人接触。使用这些方法的学前儿童经常被拒绝，因为他们已经习惯失败的经验，所以他们倾向于退缩或者产生敌对行为，而这两种反应又增加了他们的困难。[①] 因此，幼儿教师在处理此类事件时，要让学前儿童通过事件学会正确的交往知识或者交往技能。

2. 个体教育与集体教育结合

幼儿教师在处理此类事件时要思考，除了当事的学前儿童可以从事件处理中学到一些知识和技能外，旁观的学前儿童是否也能够学到一些知识或技能，如同情心和助人的品质、尝试解决问题的方式、避免抱怨及搬弄是非等。这样，幼儿教师就能够将个体教育与集体教育结合起来。

案例5-16

针对儿童告状的一次谈话

一天，很多孩子陆续跑去跟老师告状："老师，赵赵刚刚拉我的头发。""老师，赵赵用拳头打我。""老师，赵赵刚才推我。"刚开始，老师没有去直接帮孩子们解决冲突，而是对孩子们说："你自己去跟他说不要这样。"不过，那天告状的孩子实在太多，而且奇怪的是，他们告状的对象都是"赵赵"。

饭前，老师把所有的孩子集中起来进行了一次谈话。老师说："今天有很多人来找我告状。你们碰到问题应该怎么办？以后你们上了小学，难道还跑回幼儿园来找我帮你们处理问题吗？有些很小很小的事情，比如别人碰一下你的

---

① 克斯特尔尼克，等. 儿童社会性发展指南：理论到实践［M］. 邹晓燕，等译. 4版. 北京：人民教育出版社，2009：301.

头发，拉一下你的衣服，你们可以自己解决。你可以跟老师说：'我已经解决好了。'这句话很好听，我很想听到这样的话。我希望听到小朋友说：'老师，刚才有小朋友拉我的衣服，我对他说不要拉我衣服，我不喜欢这样。'我听到这样的话会很开心，知道你们长大了，遇到问题会自己和小朋友商量着解决。有的小朋友遇到一点点事，比如别人碰一下她的头发，她也要来告状。你跟我告状，你想老师怎么做？让老师批评赵赵吗？那你有没有弄过别人的头发？你如果不喜欢赵赵弄你的头发，你直接跟赵赵说就可以了，你跟老师说能解决问题吗？你跟老师告状，让老师再跟赵赵说，还不如你直接跟赵赵说来得快。有些事情，小朋友之间是可以解决的，不用老师来帮忙，你们自己也可以处理好。如果你遇到的问题很难，你实在处理不了，不知道该怎么办了，那你可以来找老师帮忙。有一些很简单的问题，你们可以自己去解决。对于这一点，我要表扬多多，他能自己解决的事情绝对不来找老师帮忙，如果多多来找老师了，那一定是遇到大问题了，他自己处理不好。没关系，遇到大问题，老师肯定会来帮助你们。但当你们遇到小事情时，老师希望你们自己去解决。你们自己能解决了，那就说明你又长大了一点儿。"

停顿了一会儿，老师看着赵赵说："赵赵，今天很多人来告你的状。你自己要好好想一想，为什么有那么多的人来告你的状？这说明，其他人不喜欢你这些行为。你的手挥来挥去、打来打去，这个样子让别人很不喜欢。如果别人也这样对你，你会不会觉得不舒服、不开心？他们不喜欢你这个动作，所以要来告状，那你就把它改正好不好？大家来告你的状，说明你这个动作让大家不开心，让大家不开心的事情你还要不要继续做？你要牢记一点，你要看大家的脸是开心的还是不开心的，如果是不开心的，那你就不能再做让别人不开心的事情，如果你再做，大家就会更不开心。大家都不开心了，你还能开心吗？你也不会开心。大家开开心心地在一起，多好。"

在案例5-16中，老师面对比较多的冲突和告状现象且问题相似时，采用了"集中谈话"的方式来解决问题。在应对过程中，老师用"专业的眼光"看待赵赵与同伴间的冲突，意识到这个冲突对学前儿童社会性发展的意义，于是利用孩子们日常生活中典型的"冲突情境"来"生成"教学，组织、引导全班孩子对冲突的解决策略进行讨论，引导孩子们学会独自、恰当地处理同伴冲突。在谈话过程中，老师既对赵赵个体的行为进行了分析和评价，又针对孩子们共性的问题——"有事就找老师告状"这一行为进行了引导，得到了个别教育与集体教育相结合的效果。

（二）通过对随机事件的反思提升专业能力

1. 对学前儿童行为成因的反思

在一些偶发事件应对过程中，幼儿教师可能仅仅注重处理事件本身，以使学前儿童的情绪和行为恢复到常规状态。但在处理完事件后，幼儿教师还需要思考：该学前儿童产生这种行为的原因是什么？从行为产生的频率上考虑，其与同龄的学前儿童相比，频率是高还是低？如果偏高，那么是否意味着该学前儿童的行为超出了正常的范围？如果学前儿童的行为超出了正常的范围，那么导致该学前儿童产生此类行为的原因是什么？如果学前儿童类似行为的产生频率较高，那么幼儿教师应分析产生这种行为的原因，并在后续的教育中采取针对性的方法，以减少发生此类事件的可能性。

具体来看，分析学前儿童行为产生的原因可以从影响学前儿童社会性发展的因素方面来考虑。一般来说，影响学前儿童社会性发展的因素包括生理、情感、技能、社会环境等方面，因此可以从以下几个方面来考虑学前儿童的行为：学前儿童是否有生理上的问题或未满足的生理需要？学前儿童是否缺乏情绪方面的一些能力或者有未满足的情感需要？学前儿童是否缺乏一些社会行为？学前儿童的行为是否由一个不当的角色榜样引起？学前儿童的行为是否与家庭中主要抚养者的教养模式有关？等等。

如果学前儿童的行为是由生理原因引起的，那么简单的教育引导不会有太好的效果，教育的重心应放在促进学前儿童生理发展方面；如果是由技能上的欠缺引起的，幼儿教师可以对学前儿童进行有针对性的技能训练；如果是由不当的角色榜样引起的，幼儿教师要从该角色上面寻找解决的办法；如果涉及家庭教养模式方面的问题，则需要家园进行有效的沟通和合作，才能更好地解决问题。

2. 对环境和课程设计的反思

事件发生以后，幼儿教师在分析事情发生的原因时，除了考虑学前儿童自身的因素外，有时还需要考虑环境和课程设计的因素，即学前儿童的行为是否与环境设计和课程安排有关。现代心理学的研究证明，建筑物、装饰、材料和自然环境的要素是具体的、可见的资源，可以用来促进学前儿童社会能力的发展，学前儿童学习和玩耍的环境与混乱行为出现与否有很大的关系。许多课堂中的"纪律问题"可以直接追溯到教室内的装饰、材料的安排和选择。另外，自我控制则能在一个设计和安排得很好的物质环境中得到发展。[①] 简言之，环境对个体的行为有诱发的功能，

---

① 克斯特尔尼克，等. 儿童社会性发展指南：理论到实践［M］. 邹晓燕，等译. 4 版. 北京：人民教育出版社，2009：331.

积极的环境诱发学前儿童积极的行为，消极的环境诱发学前儿童消极的行为。

案例 5 - 17

不愿待在绘画区的亮亮①

老师安排亮亮在绘画区，亮亮不同意，他要去积木区，老师便将他关进了教师办公室。研究者走进来，发现亮亮在墙角一边抽泣一边用手在墙上画画。

亮亮哭着说："我要爸爸买积木，我想回家，我不喜欢这里。"

研究者问："你为什么不喜欢这里？"

亮亮说："老师不好。"

研究者问："是因为老师没让你玩积木，所以你说老师不好吗？"

亮亮说："是的。"

研究者问："老师怎么不好？"

亮亮说："老师心不在焉，不像个老师，整天生气，挺不好的。"

研究者问："真的？"

亮亮说："老师还无理取闹，不关心人，总是批评人，从不批评自己。"

说完，亮亮就过去把门使劲一推，门锁上了。

亮亮说："我不要她进来，老师真坏，坏老师。"

在案例 5 - 17 中，亮亮产生情绪的根本原因是他不愿意接受老师的安排，从行为表现来看，他也更喜欢玩积木。因此，幼儿教师需要反思，在学前儿童自主性与教学安排的计划性之间该保持怎样的弹性平衡，才能更好地促进学前儿童的发展。具体而言，当随机事件发生后，幼儿教师除了考虑学前儿童的因素外，还要从课程设计和管理的角度进行反思：这类事件是否经常发生，发生的频率高是否表示课程安排或者环境需要调整？环境是否能充分满足不同学前儿童的需要？课程计划安排是否能满足学前儿童对挑战性的要求？等等。对问题进行分析和反思后，如果幼儿教师认为课程设计和管理上存在一定的问题，就要对这些方面进行改进以降低发生此类事件的频率。

三、偶发事件应对的适宜性策略

在幼儿园中，每天都会发生一些偶发事件，如争抢玩具、破坏规则、互相告状

---

① 郑三元. 幼儿园班级制度化生活 [M]. 北京：北京师范大学出版社，2004：98.

等。当这类事件发生时，往往需要幼儿教师立即做出处理。从社会教育的角度看，这类事件蕴含着教育契机，幼儿教师一方面可以通过对事件的处理让事态平息，不干扰正常的教育教学秩序，另一方面可以让学前儿童在此过程中进行有效的社会学习，促进学前儿童的发展。

（一）先关注情绪，再应对事件

在偶发事件发生后，幼儿教师容易先关注事件的起因和行为的对错问题，而忽视事件中学前儿童的情绪体验。从学前儿童的心理发展来看，由于其大脑皮质的兴奋机制相对抑制机制有较大优势，所以他们的自我控制能力比较低，在事件发生后，其情绪容易产生波动，很难用自身理性进行调节，对事件的认识也易受情绪波动的影响。因此，幼儿教师在事件发生后，首先应关注学前儿童的情绪状态，扮演情感关怀者的角色。当学前儿童在事件中出现了强烈的情绪和身体反应时，他们就不能进行正常的思维过程，也往往听不进任何人的话，不能表现出让人接受的行为。学前儿童的情绪平静下来后，他们才可能接受幼儿教师所施加的教育影响。具体来说，幼儿教师可以从以下两个方面关照学前儿童的情绪。

1. 帮助学前儿童平复情绪

当事件发生后，学前儿童一般会产生一些情绪，这些情绪可能通过表情也可能通过语言表达出来，幼儿教师首先关注的应是学前儿童的情绪表现，其次才是行为的对错辨析和行为引导。等学前儿童的情绪平复下来后，幼儿教师就可以慢慢对其进行思想和行为的引导了。

案例 5—18

挑食的天天

天天是一个 4 岁的中班男孩儿，不爱吃蔬菜，吃饭时总是挑食。一天，午饭里有很多天天不爱吃的蔬菜，他便开始闹情绪，生气地把不喜欢吃的蔬菜用筷子挑出来，弄得满桌都是。老师见到此景，走到天天的面前说："天天，你把食物弄得到处都是，这样很不干净，你要做个讲卫生的乖宝宝，还要乖乖地把碗里的蔬菜吃掉哦。"天天听了老师的话后非常不耐烦，生气地哭了起来，开始对身边的小朋友发脾气，还用手打旁边的小朋友。老师连忙过去制止天天，并提醒他不可以打人，可天天不听，自顾自地大哭起来。

在案例 5 – 18 中，面对天天的挑食行为，老师更关注的是告诉天天什么是正确的行为，他应该怎么做，却忽视了天天的情绪表现。天天的挑食行为并非偶然，他对自己的行为也有着正确与否的认知，但知行脱节的现象在孩子身上很常见，如果老师能够基于"儿童立场"来理解天天的感受，平复他的情绪，后面的引导工作也就相对容易一些。

2. 倾听、接纳学前儿童的情绪

虽然在冲突事件中可能存在谁对谁错的问题，但学前儿童的情绪却不能用对错来判断。在处理事件时，幼儿教师可以否定学前儿童的行为，却不能否定学前儿童的情绪。无论哪一方的情绪，都需要得到幼儿教师的关照，都需要得到幼儿教师的安慰。如果幼儿教师因为事件的对错而否定某方的情绪，就容易激怒学前儿童。幼儿发展心理学研究认为，学前儿童对积极情绪的理解能力要高于对消极情绪的理解，3 岁是学前儿童获得情绪理解能力的关键期，4 岁的学前儿童已基本获得了该能力。对学前儿童而言，他们需要的更多是来自幼儿教师积极的情绪支持，而不是消极的情绪宣泄。幼儿教师可以向学前儿童传递这样的信息：老师理解你的感受，但是老师并不赞同你的行为方式。这种信息的传达能够让学前儿童感受来自幼儿教师的关爱，觉得有人能够理解他、爱护他，因事件引发的紧张不安、恐惧害怕等情绪也能够在一定程度上得到缓解。此外，从积极效果来看，幼儿教师对学前儿童情绪的关怀和接纳也能够使幼儿教师与学前儿童的关系更融洽，为教师后续的引导奠定良好的心理基础。幼儿教师用冷静而温和的态度来处理事件，学前儿童也更容易平息消极情绪，接受幼儿教师的引导。在具体的引导情绪表达的策略中，幼儿教师可以帮助学前儿童说出自己的感受，帮助学前儿童给自己的情绪命名，给学前儿童情绪表达的示范，认可和倾听学前儿童的情绪表达等，这些都是有效的教育策略。

（二）帮助学前儿童进行沟通

皮亚杰对幼儿道德发展阶段的研究显示，学龄前幼儿主要处于前道德阶段。这个阶段的幼儿思维是以自我为中心的，他们总是按自己想象的规则活动，而不能理解别人的或一般的规则。科尔伯格的研究也表明，幼儿在道德判断上突出地表现为关注行为的结果，不太会结合行为的动机来考虑行为的性质。正因如此，学前儿童对同伴行为的动机和目的缺乏判断，于是更容易产生对对方行为的误解，引发冲突。在事件的处理过程中，幼儿教师应作为沟通者来帮助学前儿童明白对方的想法和自身行为的后果。

1. 帮助学前儿童理解对方行为的动机

学前儿童由于思维能力发展的局限，在与同伴互动的过程中一般只会关注到对方做了什么，而不会关注对方为什么这么做。正因如此，如果同伴出现一些看似负面的行为，学前儿童就很容易对其行为产生"敌意性认知"，即认为对方有主观上的恶意，这也更容易引发同伴间的冲突和矛盾。因此，幼儿教师在具体的处理过程中应通过一定的方式帮助学前儿童理解对方，消除同伴间的误会。在具体操作的过程中，对于表达能力强的孩子，幼儿教师可以引导他们自己说；对于能力弱一点儿的学前儿童，幼儿教师则需要帮助他们来表达。

2. 帮助学前儿童明确自己行为的后果

学前儿童的行为和成人的行为之间有一个重要的区别，即学前儿童的行为缺乏预判性。一方面，由于移情能力比较弱，学前儿童不会主动也没有能力去体会他人的情绪和感受。另一方面，他们对自己的行为后果缺乏预判性，也就无法明确知道自己的行为会给别人带来怎样的后果，无法进一步理解他人的情绪感受。因此，幼儿教师需要在学前儿童间搭建一座理解的桥梁，让双方明确自己的行为给他人带来的后果，包括心情和实际上的伤害等。这既能让学前儿童认识到自己行为的不合适之处，又可在一定程度上避免他们以后出现类似的行为。

案例 5−19

椅子引发的冲突

小朋友们把椅子排好后去拿杯子，乐乐的椅子没有挨着别人的椅子。小米过来了，想把自己的椅子塞进空隙里，就把乐乐的椅子搬开了。正在这时，乐乐回来了，他很生气地说："这是我的位子。"小米说："是你自己没有排好。"乐乐一把推开了小米的椅子，小米生气地打了乐乐一下，乐乐用力推了小米，小米被推到地上，伤心地哭了起来。

老师过来后，把小米扶了起来，问乐乐为什么推小米，乐乐说："是她先打我的。"老师问小米是不是她先动的手，小米委屈地说："是乐乐推我的椅子。""我本来就放在这里的。"乐乐马上反驳道。老师说："椅子要怎么排，你们这么大了还不知道吗？"乐乐说："要挨着。"老师说："对呀，后面来的椅子要放哪里啊？"乐乐立刻说："后面。小米就是把我椅子搬开了，自己……"老师打断乐乐说："对，在后面排起来，小米你能这样塞进来吗？"小米不说话，摇摇头。老师说："塞椅子是小米不对，但是乐乐你不能动手推小米，她被你推到地上，摔得很痛的。"乐乐说："小米先打我的。"老师继续说："小米打你，你可以对她说不能打人，也可以告诉我。下次，你不能动手了，知道吗？好了，现在，小米去把椅子放好。"

在案例 5 – 19 中，老师在应对事件时不仅关注到儿童行为的适宜性，而且关注到儿童行为的后果，并把这种后果告诉了当事儿童。这样，当事儿童不仅知道自己的行为是不恰当的，而且知道这种不恰当的行为可能会给其他人带来什么影响。

⊙ 问题思考

当学前儿童无法感知自身行为的后果时，幼儿教师可以通过哪些方式让其理解这些后果？在儿童理解这些后果后，幼儿教师还可以通过哪些方式帮助他们对自己行为的后果负责？

（三）指导学前儿童的行为

偶发事件出现后，具有丰富经验的幼儿教师能敏感地意识到通过事件的处理可以给学前儿童带来哪些积极的影响，其不仅会关注如何将事态平息，更会从长远的角度考虑如何通过事件的处理来促进学前儿童的发展。对学前儿童而言，冲突事件的发生虽然有偶发的因素，但也会暴露出学前儿童发展中的一些问题。作为受过专业训练的幼儿教师，我们应该将事件的发生当作一次潜在的教育契机进行思考：通过此次事件的处理，我们可以让学前儿童从中学习到什么？正如凯兹所言："受过专业训练的教师会运用其专业知识，考虑幼儿的发展和各年龄阶段幼儿的行为常模，以及家长、学校、社区等各方面人士的期望，再根据个人或园所的教育哲学、学习理论、个人或学校的目标，采取适当的技巧及反应来教导幼儿。"[①] 具体而言，幼儿教师应该在事件处理中关注以下问题。

1. 引导学前儿童而非代替学前儿童做出选择

在事件的处理中，幼儿教师可以帮助学前儿童做出明智的选择，但不能代替他们做出选择。如果幼儿教师代替学前儿童做出选择，那么学前儿童所习得的只能是具体的行为方式；如果幼儿教师帮助学前儿童做出明智的选择，那么学前儿童就能

---

① 凯兹. 与幼儿教师对话：迈向专业成长之路［M］. 廖凤瑞，译. 南京：南京师范大学出版社，2003：188.

学会对问题进行思考，锻炼分析问题、协商解决问题的能力。对于中、大班的学前儿童，幼儿教师可以尝试用这样的方式处理问题。

案例 5-20

两位幼儿教师的不同应对方式

　　两个孩子正在抢一个拼图玩具，他们都嚷着："我先拿的！"这时，谢老师走过来问："到底是谁先拿的？"两个孩子还是争吵不休，于是，谢老师说："那就让女孩子先玩儿一会儿，小刚去那边玩儿，一会儿两个人再交换。"两个孩子还是不满意，谢老师便说："如果你们再吵，我就把它收走。"

　　两个孩子正在抢一个拼图玩具，他们都嚷着："我先拿的！"这时，丁老师没有立刻过来拿走拼图，而是说："你们都想玩这个拼图，可是只有一个拼图，如果分开，就没有办法拼成一幅完整的图案。"然后，丁老师问两个孩子："你们认为，怎样才能解决这个问题？"

　　在案例5-20中，面对同样的问题情境，两位老师处理方式的不同显示出她们教育理念的不同。谢老师是"裁决者"，给出直接的解决方案；丁老师则将孩子间的矛盾明晰化，然后引导他们自己想出解决问题的方案。这样，当孩子们以后再遇到类似情况，他们就会慢慢学会解决问题。当然，在很多情况下，学前儿童自己选择的策略可能并不有效，在这种情况下，幼儿教师应该允许他们试错，并在必要的时候给予相应的建议。

　　2. 引导学前儿童对自己的行为负责

　　在事件的处理过程中，幼儿教师仅仅教给学前儿童正确的行为方式是不够的。很多时候，他们的行为已经对他人造成了危害或者对环境产生了不良的影响，这时，幼儿教师不仅要让他们认识到错误，还应该引导学前儿童对自己的行为负责，只有这样，才能将他们培养成一个负责任的人。如果他们伤害了同伴，幼儿教师可以要求他们向同伴道歉；如果他们对环境产生了不良的影响，幼儿教师可以要求他们在能力范围之内做出补偿，学会对自己的行为负责。

案例 5 – 21

要求小麦把"花"收拾干净

区域活动结束后，老师发现，小麦将手工活动用的蜡纸剪成了小碎片撒在了地上。老师便问："小麦，我看到这里到处都是碎纸，你在做什么游戏吗？"小麦说："我刚才在玩仙女散花的游戏。"老师说："看来你玩得很开心，但是你看，地上全是'花'。小朋友走来走去，'花'就变脏了，如果脚底有水，'花'还会粘在脚下。"小麦有些不好意思，老师继续说："既然这些'花'会给大家带来麻烦，那么请你把它们收拾干净。如果需要帮忙，你可以去找你的好朋友。"说完，老师把垃圾桶拿了过来，小麦开始收拾地上的"花"。

提升幼儿教师随机教育水平的支持性策略

在案例 5 – 21 中，老师没有一味地对小麦的行为进行评判，而是先了解小麦产生这种行为的原因，并在此基础上告知其行为给其他人带来的麻烦，最后要求小麦对自己的行为负责，以达到让其承担责任的目的。这样做的好处在于，能够进一步让小麦明晰自己行为的后果，同时让小麦学会为自己的行为付出代价，使其逐渐承担起应负的责任。

⊙学习活动

对幼儿教师应对偶发事件的教育策略进行分析反思

活动目的：对自我或者其他某位幼儿教师应对幼儿园的偶发事件的教育策略进行分析反思。

本次活动大约需要 1 小时。

步骤 1：对该事件应对的全过程进行描述。

步骤 2：分析评价幼儿教师的应对策略及效果，并说明理由。

步骤 3：结合本单元内容分析幼儿教师应对策略的适宜之处，并说明原因。

步骤 4：结合本单元内容分析幼儿教师的应对策略有无改进之处，并说明原因。

反馈：

1. 幼儿教师对幼儿园偶发事件的处理，可以沿着是否关注到学前儿童的情绪、是否引导学前儿童相互理解、是否提升了学前儿童解决问题的能力等方面展开。

2. 幼儿教师有必要通过事件对自身的课程安排、资源投放等进行反思。

单元回顾

⊙ 单元小结

从学前儿童身心发展的特性和社会教育的特点来看，幼儿园一日生活中随机性的社会教育正以其独有的形态发挥着越来越大的作用，并日益为广大幼儿教育工作者所重视。在幼儿园中，社会教育无处不在。幼儿教师需要的不仅仅是一些显在的社会教育知识和技能，更需要具备社会教育的敏感性，通过各种方式和途径渗透社会教育的内容。在幼儿园一日生活中开展、实施社会教育是幼儿教师应该具备的教育素养。本单元主要从幼儿园物质环境和心理环境的创设、一日生活环节中社会教育的渗透、一日生活中偶发事件的处理等方面探讨如何在一日生活中开展社会教育，从而帮助学习者树立随机教育的理念，明确在一日生活中开展实施社会教育的重要性，进而做好相应的专业准备。

⊙ 案例分析

越越为何要抢然然的"画纸"

在一次美术活动中，老师布置了任务，孩子们开始画起画来。越越画得很快，很快就把作品交给了老师。无事可做的越越开始看小组其他同学画画，她看到同组另外三个小朋友都快画完了，只有然然的速度比较慢，她的画纸上还有很多地方没有涂色，越越便一把抓过然然的画纸画起来，然然见状大哭。全班同学的注意力，也都被然然的哭声吸引过去。

老师赶紧过来问怎么回事。然然情绪激动，边哭边说："越越抢我的画纸。"越越一副不知所措的样子，说："我没有抢。"老师没有马上说话，而是让越越先看会儿书，然后带着然然到了另外一个安静的角落，安慰她。过了一会儿，然然停止哭泣，情绪似乎也平静了许多。这时，老师便把越越也叫到自己的面前，询问事情的来龙去脉。越越说："我是看她好像画不完，就打算帮她画完。"老师对越越说："看来你是个很热心的孩子，想帮助她。"老师又问然然："画纸突然被抢，你是不是吓了一跳呢？"然然点头。老师又继续问："你当时知道越越是想帮助你吗？"然然摇头。老师又问："你当时需要别人的帮助吗？"然然还是摇头。老师又对越越说："你看，虽然你很想帮助然然，但是当时然然并不需要别人的帮助。如果以后你想帮助别人，先问问对方，好不好？"越越点头。老师又对然然说："你看，越越只是想帮助你，但有点儿太急了。"然然点头。

在该案例中，老师注意到然然和越越都没有意识到对方的意图：然然因越越抢了自己的画纸而生气，越越则被然然的愤怒惊呆了。老师引导他们说清楚自己的想法和行为动机，使双方相互理解，老师在其中扮演的就是"思想沟通者"的角色。对于年幼的学前儿童而言，一方面，他们受"自我中心思维"的影响，很容易出现"以己度人"的情况；另一方面，他们又很难关注到事件中的情境性因素，往往容易出现"好心办坏事"的情况，该案例中越越的行为就充分体现出这一点。幼儿教师在应对这类事件时，一个很重要的思路就是帮助学前儿童表达和澄清自己的想法，引导学前儿童理解对方的行为。

⊙ 拓展阅读

[1] 卡茨. 促进儿童社会性和情绪的发展：基于教师的反思性实践 [M]. 洪秀敏，等译. 北京：机械工业出版社，2015.

[2] 菲尔茨 M V，梅里特，菲尔茨 D M. 0—8 岁儿童纪律教育：给教师和家长的心理学建议 [M]. 蔡菡，译. 北京：中国轻工业出版社，2019.

[3] 凯兹. 与幼儿教师对话：迈向专业成长之路 [M]. 廖凤瑞，译. 南京：南京师范大学出版社，2003.

[4] 克斯特尔尼克，等. 儿童社会性发展指南：理论到实践 [M]. 邹晓燕，等译. 4 版. 北京：人民教育出版社，2009.

[5] 小原国芳. 小原国芳教育论著选：下卷 [M]. 刘剑乔，由其民，吴光威，译. 2 版. 北京：人民教育出版社，2017.

[6] 费尔兹 M V，费尔兹 D. 儿童纪律教育：建构性指导与规训：第 4 版 [M]. 原晋霞，蔡菡，陈晓红，译. 北京：中国轻工业出版社，2007.

[7] 阿瓦涅索娃，等. 学龄前儿童教育 [M]. 北京：教育科学出版社，2004.

[8] 范梅南. 教学机智：教育智慧的意蕴 [M]. 李树英，译. 北京：教育科学出版社，2001.

[9] 熊川武. 论反思性教育实践 [J]. 教师教育研究，2007 (3)：46 – 50.

[10] 多尔. 后现代课程观 [M]. 王红宇，译. 北京：教育科学出版社，2000.

[11] 蒙台梭利. 蒙台梭利幼儿教育科学方法 [M]. 任代文，译. 北京：人民教育出版社，1993.

[12] 教育部基础教育司. 《幼儿园教育指导纲要（试行)》解读 [M]. 南京：江苏教育出版社，2002.

⊙ 巩固与练习

一、简答题

1. 社会教育在幼儿园一日生活中有哪些主要开展途径？

2. 幼儿教师在处理偶发事件的过程中应该扮演什么样的角色？

3. 幼儿教师在设立常规的过程中需要注意什么问题？

二、案例分析题

在混龄班中，小欣是一个年纪较长、讨人喜欢的伙伴。小义想和小欣一起玩儿，于是跑到小欣身边，用力拍打小欣，但小欣并没有把这看作一个友好的行为，所以使劲把小义推开了。小义撞到墙上，大哭起来，他不仅因为自己被撞着了而哭，更为自己被拒绝了而哭。

运用本单元的学习内容来分析，幼儿教师应如何应对该事件？幼儿教师在应对该事件时应该考虑哪些因素？

三、操作练习题

1. 选定一个交友技能，计划一个活动，通过这个活动引导学前儿童学习发展友谊。

（1）写下计划的细节，包括你对活动效果的期待。

（2）在一个小组中实施你的活动。

（3）评价你的表现，反思计划的设计、实施过程。

（4）如果再做一次这个活动，你会进行怎样的改进？

2. 自我反思实践

为了增加与学前儿童互动的拟合度，幼儿教师可以对自己的气质及成因进行自我反思。请用你童年时期获得的信息来思考以下问题：

（1）如果你的家庭发生冲突，父母如何解决冲突？

（2）如果你生病或者受伤，父母如何处理？

（3）如果你感到伤心或受到惊吓，父母如何反应？他们反应的方式是否不同？（举例说明）

（4）如果你生气了，父母如何反应？他们反应的方式是否不同？（举例说明）

（5）父母对你气质的评价是偏向一致还是有较大分歧？如果有分歧，你更认同哪一方对你的评价？为什么？（举例说明）

（6）在日常生活中做决定时，父母会征求你的想法和意见吗？（举例说明）

（7）当你犯错时，你的父母会采用哪些方式教育你？（举例说明）你比较认同其中的哪些方式？你不认同其中的哪些方式？为什么？

（8）你认为你与父母哪方相处得更合拍？运用本单元所学内容对自己的这种感觉进行解释。

（9）学习本单元内容后，你对自己与父母互动模式的形成有哪些新的思考？至少举出两点。

再思考以下几个问题：

（1）像你的父母回应你那样，你通过什么方式回应学前儿童的内在状态或外在行为？

（2）与你的父母不同，你使用哪种方式来回应学前儿童？

（3）是否存在一些让你想改善对他们内在状态回应方式的学前儿童或者其他个体？

第六单元 社会教育中挑战性行为的识别、应对及个性化指导

导 言

在幼儿园中，一个班里总会有几个孩子令老师感到头疼。他们经常跑来跑去，不听老师的指令；喜欢动来动去，不能保持安静；总是"惹是生非不消停"，一会儿和这个孩子打闹，一会儿又和另一个孩子推搡在一起……

学前儿童的这些行为表现属于行为问题吗？为什么只有个别学前儿童有这些行为表现？幼儿教师如何判断学前儿童的行为表现是否属于行为问题？如果是，其原因是什么？它们是学前儿童心理发展的必经阶段还是个别学前儿童的发展出现了问题？是否需要幼儿教师对其进行干预和指导？幼儿教师可以从哪些角度进行干预和指导？本单元将就这一系列问题展开讨论。

学习目标

1. 理解学前儿童常见挑战性行为的类型和表现。
2. 掌握学前儿童挑战性行为中蕴含的教育契机。
3. 掌握应对学前儿童挑战性行为的基本方法。
4. 理解学前儿童社会性发展的个性化特质及引导。

思维导图

社会教育中挑战性行为的识别、应对及个性化指导

├─ 学前儿童常见挑战性行为的识别及应对
│   ├─ 学前儿童常见挑战性行为的类型及表现
│   ├─ 挑战性行为中蕴含的教育契机
│   └─ 挑战性行为的应对
│
└─ 针对学前儿童个性化特质的社会教育指导
    ├─ 学前儿童个性化特质的体现
    └─ 家园合作背景下的个性化指导

第一节　学前儿童常见挑战性行为的识别及应对

挑战性行为，是指儿童表现出来的具有扰乱性、攻击性、危险性和破坏性的动作。钱德勒等人认为，挑战性行为指的是三类行为：一是干扰个体或者其他人学习的行为；二是阻碍个体发展积极的社交和关系的行为；三是伤害个体、同伴、家庭成员及其他人员的行为。[①] 挑战性行为可分为一般性的挑战性行为和需要引发关注的挑战性行为。一般性的挑战性行为会给个体和他人带来困扰，而严重的挑战性行为甚至会威胁到个体和他人的健康。学前儿童的挑战性行为给幼儿教师带来了许多既定工作之外的挑战，幼儿教师需要学会识别学前儿童的挑战性行为，才能"对症下药"，做好应对措施。学前儿童挑战性行为的"挑战性"具体体现在：第一，学前儿童的行为可能会影响到学前儿童个体，如出现安全挑战等问题；第二，学前儿童的行为可能会影响到学前儿童群体，如出现破坏秩序、同伴冲突等问题；第三，学前儿童的行为可能会影响到教育活动的进程。面对这样的问题，有些幼儿教师可能会手足无措、身心俱疲，但有些幼儿教师则会运用实践智慧、教育智慧来应对此类问题，减少此类事件的发生，自如地处理此类问题。识别并有效应对学前儿童的挑战性行为，是幼儿教师专业能力水平的重要指针。

一、学前儿童常见挑战性行为的类型及表现

（一）攻击性行为

攻击性行为是学前儿童常见的一种挑战性行为类型。我们在幼儿园的活动中可以看到，学前儿童之间时常发生攻击性行为。一般认为，攻击性行为是指攻击他人

---

① 钱德勒，达尔奎斯特. 学生挑战性行为的预防和矫正：第3版［M］. 昝飞，译. 上海：上海人民出版社，2016：10.

并对他人人身和财产造成伤害的行为，又称侵犯性行为。它可以是对他人身体的侵犯、言语的攻击，也可以是对他人权利的侵犯。在幼儿园中，如果某个学前儿童偶尔对其他学前儿童采取攻击性行为且后果并不严重，那么幼儿教师可采取消极处理的方式，放手让学前儿童自己解决问题。但是，如果某个学前儿童高频率地对其他小朋友发起攻击性行为，并引起了众多学前儿童和家长的不满，幼儿教师就要注意并采取必要的方式进行干预。因为学前儿童的攻击性行为一旦成为习惯后，不仅对其同伴交往不利，还有可能造成其社会适应不良，对其后续的人际交往造成消极影响。

根据不同的分类标准，学前儿童的攻击性行为分为不同的类型。按照不同的行为动机，可以分为工具性攻击行为和敌意性攻击行为；[①] 按照行为的不同起因，可以分为反应性攻击行为和主动性攻击行为。[②] 此外，学前儿童的攻击性行为还可以分为无意性攻击行为和表现性攻击行为等。这里，我们主要介绍四种类型的攻击性行为，即无意性攻击行为、表现性攻击行为、工具性攻击行为和敌意性攻击行为。每种类型的攻击性行为都有不同的解决策略，幼儿教师应了解这四种攻击性行为的异同点，提高应对这类攻击性行为的能力。

1. 无意性攻击行为

无意性攻击行为，是指个体在交往互动过程中产生的无意识的、不假思索的、非故意伤害到别人的行为。例如，一个儿童在手舞足蹈时打到旁边儿童的头；在追逐跑闹中，因为跑得太快碰到了对方；竭力控制自己的皮球，但却不小心将皮球打到了别人身上；等等。这些无意识的行为，都是一些没有发生冲突但却表现出攻击性的行为。

2. 表现性攻击行为

表现性攻击行为，是指个体为了从对他人无意的伤害或干涉他人权利的身体行为中获得乐趣而产生的行为。在这类攻击行为中，攻击者的目的不是从受害人那里得到反应或者破坏一些东西，而是在自己攻击他人的行为中获得乐趣或满足。例如，一个学前儿童推倒别人搭好的积木建筑，是因为他好奇"堆得很高的积木在散落时是什么样子"；在骑平衡车时，两个学前儿童互相撞击，仅仅是因为他们喜欢突然受到撞击的感觉。表现性攻击行为的特点是攻击者不带有愤怒、沮丧或者敌意的情绪，对攻击者来说，这种行为只是一种导致其他人不开心的玩笑或探索性的行为。

---

① 张文新. 儿童社会性发展 [M]. 北京：北京师范大学出版社，1999：337.
② 刘晶波，等. 幼儿园社会领域教育精要：关键经验与活动指导 [M]. 北京：教育科学出版社，2015：100.

3. 工具性攻击行为

工具性攻击行为，是指个体为了争夺物品、领地或权力而发生的攻击行为，表现为身体上的冲突且有可能使他人在此过程中受伤。这种攻击行为产生的原因是，学前儿童想得到他要的东西或者保护那些他们认为属于自己的东西，他们在主观上无意去伤害别人，但他们的行为却在客观上导致了不良的后果。

案例 6 – 1

搭积木引起的争吵

在早饭后的区角活动时间，丫丫和优优并排坐在建构区搭积木。过了一会儿，两个孩子想拿同一块积木搭在自己的作品中。他们谁都不让谁，便争抢了起来。优优抢到了这块积木，丫丫很生气，打了优优脑袋一下，优优想要还手，就把一桌子的积木全都推到了地上，积木哗啦啦散落了一地。

在案例 6 – 1 中，两个孩子为了争夺一块积木而发生了争执，优优被打了脑袋，丫丫搭建的积木被直接破坏，结果就是两个孩子都不高兴，而且都受到了伤害。其实在这个案例中，丫丫和优优都没想要伤害对方，他们只是想拿到那块积木，但由于缺少沟通的知识和技巧，他们最终诉诸外力来达到自己的目的。在这个案例中，攻击性行为是学前儿童互动的副产品，而不是互动的主要目的。在幼儿园中，工具性攻击行为经常由争夺物品而引发，如争夺玩具或学习材料。工具性攻击行为因为缺乏预先设想和深思熟虑而对他人造成了伤害，这是区分工具性攻击行为和有目的袭击他人、伤害他人行为的重要因素。

4. 敌意性攻击行为

敌意性攻击行为，是指个体仅仅为了体验看到别人身体或心理受到伤害后获得的满足而产生的攻击性行为。这种攻击性行为是有目的的，个体或为了报复先前所受到的侮辱或伤害，或仅仅做自己想做的事而使别人受到伤害。敌意性攻击行为与其他类型的攻击行为不同，频繁的敌意性攻击行为易转变成极端行为，需要引起幼儿教师和家长的特别关注。

（二）破坏性行为

破坏性行为是一种一般性挑战性行为。学前儿童的破坏性行为分为两种：第一种是破坏物品的行为，如撕书、拆卸玩具、摔东西、乱扔、踢翻椅子等。第二种是破坏秩序、干扰他人的行为，俗称"捣乱行为"，如粗鲁行为、跪、侵犯别人、扰乱别人、说话、叫嚷、噪声、转方向、做其他事。具体来看，粗鲁行为，主要表现为离开位子、站起来、走动、跑动、摇动椅子；跪，主要表现为跪在椅子上、坐在脚上、横躺；侵犯别人，主要表现为投掷、推、撞、拧、拍、戳及用东西打别人；扰乱别人，主要表现为抢夺别人东西、破坏其他同伴所有物；说话，主要表现为和其他同伴讲话、喊叫老师、唱歌；叫嚷，主要表现为哭闹、尖叫、咳嗽、吹口哨；噪声，主要表现为发出"咯咯"声，撕纸、鼓掌；转方向，主要表现为把头和身子转向别人，向别人展示东西；做其他事，主要表现为玩弄东西、解自己鞋带；等等。

案例 6 - 2

特立独行的轩轩

每次孩子们在户外自由游戏时，老师都会给孩子们划定活动的区域，但轩轩喜欢自己玩儿。这一天，他迷上了攀爬大班小朋友的木质游戏器材。这个器材并不在老师规定的范围内，轩轩上上下下玩得乐此不疲。老师发现轩轩的行为十分危险，立刻去制止他。轩轩看到老师向他走来，就赶紧从器材上爬下来逃跑。老师越追，他越跑。只要老师的视线一离开他，轩轩就立刻爬上去玩儿。最后，老师不得不请另一位老师单独照看着轩轩。

在案例 6 - 2 中，轩轩的行为是典型的"捣乱行为"，他不遵守老师制定的规则，给老师的工作带来了挑战，扰乱了教学活动的正常秩序。一个完整的破坏性行为包括行为动机、行为过程和行为后果三部分。学前儿童破坏性行为的动机，有的是无意识的，有的是有意识的，有的是由病理性原因引起的，有的是由家长的不良教养方式造成的。幼儿教师对于学前儿童的破坏性行为，首先要理智地分析其行为动机，然后再采取正确的应对措施。

（三）情绪失控行为

因情绪失控而发脾气是学前儿童常见的一种挑战性行为。发脾气，也是学前儿童情绪失控的普遍表现，具体表现为学前儿童在面对某件让他不高兴或不顺心的事情时会出现一系列的行为反应，如哭闹、叫喊、跺脚、踢腿等。学前儿童有易冲动、自制力较弱、对挫折的承受力低等心理特点，他们产生情绪失控行为的原因通常包括以下几点：其某些行为遭到成人阻止，或其某些要求不能得到满足，或其尝试做某事没有成功因而产生挫败感，等等。

案例 6 - 3

爱发脾气的小宇

一天，在自主游戏时间里，因为晚了一步，小宇想玩的积木被同伴拿走了，他立刻发起脾气来。无论老师如何安慰和劝导他，他都听不进去。老师只好暂时对小宇进行冷处理，让他自己冷静一会儿，待他情绪平复一点儿再进行引导。但小宇一直大喊大叫，在一旁玩儿的其他孩子都说"吵死了"。平时，小宇一遇到不顺心的事就会大发脾气，他不仅会大喊大叫，甚至还会砸东西。

在案例 6 - 3 中，小宇因情绪失控表现出一系列的挑战性行为。个别学前儿童在幼儿园的生活中经常发脾气，这不仅会对其自身情绪造成一定的影响，还会影响到学前儿童群体，甚至影响到正常的教学活动，久而久之还会影响到学前儿童社会行为的发展。面对学前儿童发脾气的行为，幼儿教师首先应搞清楚"脾气从何而来"，再根据原因与学前儿童进行交流和讨论，化解他们的脾气。了解学前儿童发脾气的原因，并对其进行正确的引导，有利于他们形成健康的人格。

（四）说谎行为

幼儿教师在教育实践中会发现，有些学前儿童会因为各种原因出现说谎行为。例如，他们不想参加某项活动，就说自己肚子痛；中午没有把午饭吃光，回家却告诉妈妈自己把午饭全吃光了；看到同伴带来了新玩具，就告诉同伴自己家里也有。学前儿童的说谎行为，真的是他们试图欺骗成人吗？他们说谎的原因是什么？如何引导学前儿童避免产生说谎行为，是一名幼儿教师需要面对的问题。自皮亚杰对说谎行为进行研究后，其他研究者陆续对说谎行为展开了探讨。20 世纪 80 年代中期，心理理论研究热潮的兴起使说谎行为成为研究热点。研究者对学前儿童的说谎行为进行了研究，认为学前儿童的说谎行为主要可分为非策略型说谎行为和策略型说谎行为两种。

1. 非策略型说谎行为

说谎行为的共同特点是个体所说的内容和事实不符合，但是具体到个体的行为上却有差异。心理学家认为，非策略型说谎这种行为本身并不是为了达成某种特定的目，只是随机性地说出了与事实不吻合的内容而已。经过研究，学者们发现，3 岁或者更小的学前儿童的说谎行为就属于这种自发说谎行为。3 岁左右的学前儿童还没有办法理解说谎的概念。从年龄差异上看，3 到 4 岁似乎是学前儿童对说谎概念理解及道德评价发展的重要时期，这可能与学前儿童的心理理论发展水平有关，由于大部分 3 岁学前儿童还不具备心理理论，他们说谎的"水平"很低，但他们仍然会说谎。年龄较小的学前儿童还不理解说谎的概念，他们的说谎行为纯粹是无意识的和不自觉的行为，这属于学前儿童心理发展的正常现象。

2. 策略型说谎行为

策略性说谎行为的特点是，个体的说谎行为具有适应性。对学前儿童来说，这意味着他们在决定说谎还是说真话时，既考虑到了情境因素又考虑到了听者的心理状态。这些学前儿童能根据目击者是否还在场，以及听者有关他们过错的信息来源的可能性和不真实性而做出相应的说谎决策。发生策略型说谎行为的学前儿童不仅说了谎话，而且是在有明确目的的驱动下说了谎话，有的学前儿童还能在说完谎话后成功地掩饰自己的说谎行为。研究发现，大多数 4—5 岁的学前儿童都能够以事实为基础进行正确的判断，5 岁以后的学前儿童对谎言的理解已经达到成熟水平。这说明，4 岁以后的学前儿童能理解说谎概念，5 岁以后的学前儿童能理解说谎的含义。这可能与学前儿童在认知上的成熟有关，而其中最重要的可能就是心理理论的发展。[①] 在一定条件下，3—4 岁的学前儿童对说谎概念的理解受不同说谎情境及交往对象的影响。研究发现，在 3—6 岁学前儿童的说谎行为中，4 岁的学前儿童会采用"制造虚假痕迹""破坏证据"等欺骗策略。[②] 这说明，4 岁的学前儿童基本上具备了心理理论，因而说谎"水平"比较高。幼儿教师在日常的教育工作中，应有意识地对学前儿童的说谎行为进行关注和区分，对不同的说谎行为进行有针对性的教育引导。

案例 6 - 4

小宝为什么说谎

一天早上，小宝的妈妈打来电话说，小宝的手臂破了，是上剪纸课时被剪刀剪破的。小宝的妈妈认为，老师上课时不够负责，这才导致孩子受伤。老师回应说，她上课时没有看到孩子们发生这种情况，但小宝的妈妈并不相信。第二天早上，老师查看了小宝的伤口，发现伤口不像是被剪刀剪出来的，更像是被抓破的。老师便去问那天上剪纸课时坐在小宝边上的孩子，其中有两个女孩

---

① 徐芬，郭筱琳，张佳. 3～4 岁幼儿谎言概念理解的特点及心理理论、父母教养方式的作用 [J]. 心理发展与教育，2013, 29 (5)：449－456.

② 刘秀丽，车文博. 学前儿童欺骗及欺骗策略发展的研究 [J]. 心理发展与教育，2006 (4)：1－7.

儿说，上剪纸课时，小宝手上就有那个伤口了，她们看到小宝还挠了一会儿伤口。老师再次问小宝，伤口是怎么弄的？这一次，小宝又说上剪纸课前他就有伤口了。老师问他，为什么说伤口是上剪纸课弄的？小宝说，因为自己害怕妈妈骂他。

在案例 6-4 中，小宝的说谎行为就属于策略型说谎行为，即为了达成某种特定的目的而说谎。由此可以推知，小宝的妈妈在平时的教育过程中可能比较严格，给小宝带来了一定的心理压力，因此当小宝遇到其认为可能会招致妈妈责罚的事情时，便选择了用说谎的方式来应对。

二、挑战性行为中蕴含的教育契机

学前儿童出现了挑战性行为之后，往往会给自身和环境都带来一些不良影响，幼儿教师需要及时应对这些问题。对某个学前儿童来说，如果一般性的挑战性行为没有频繁发生，也并未对其自身和周围的同伴造成严重的影响，这类行为就可以被视为轻度的、可以忽略的行为问题，幼儿教师不必刻意采取措施干涉学前儿童的日常活动。如果上述一般性的挑战性行为已经给周围的人带来困扰，带来不良影响，同时在某个学前儿童身上发生频率较高，导致其行为问题突出，那么幼儿教师应及时对该学前儿童进行有针对性的指导和帮助。如果幼儿教师长期忽视学前儿童出现的这种挑战性行为，则不利于其教育工作的正常开展，也可能导致该学前儿童无法学会正确的行为方式，对其性格的发展产生不良影响。作为受过专业训练的幼儿教师，要想有效应对学前儿童的挑战性行为，我们首先应对其行为产生的原因进行分析。若归因不全面、不恰当，就无法对其行为进行有效的干预。学前儿童社会性的发展是多重因素交互作用的结果，在对挑战性行为成因的分析上，我们也可以因循这种思路。一般而言，学前儿童出现挑战性行为是遗传因素和环境交互作用的结果。从教育的角度来说，幼儿教师除了对学前儿童挑战性行为进行归因外，还需要关注其挑战性行为中蕴含的教育契机。

（一）聚焦挑战性行为的诱发性因素

幼儿教师在分析学前儿童的挑战性行为时，要把其原因聚焦于诱发因素上。诱发学前儿童挑战性行为的诱因不同、发生的时空不同、当时的教育环境不同，这些因素交互应对的方式也不同，因此，幼儿教师应在权衡利弊后再做出相对合理的选择。幼儿教师应明确一点，所有的行为都有意义，包括挑战性行为。例如，有的学前儿童在集体教育活动中表现活跃、思维敏捷、十分专注，但他在自由活动时却会到处跑闹，拦都拦不住。幼儿教师需要思考，为什么其行为的产生带有情境性的特征？此类情境中刺激学前儿童产生这种行为的诱发性因素是什么？这样的聚焦有助于幼儿教师发现学前儿童挑战性行为产生的深层次原因，使幼儿教师避免仅仅在学前儿童认知或者态度层面寻找问题。

（二）理解挑战性行为中个体对技能学习的需求

在应对学前儿童的挑战性行为前，幼儿教师应仔细地观察学前儿童的挑战性行为，以确定该行为是否反映出其在知识、技能或意志上的需求。有时，学前儿童不知道在既定情形下如何适当地表现行为，因此产生了对相关技能的需求。例如，一个3岁大的没有兄弟姐妹的学前儿童，在入园前可能不知道什么是等待、合作、轮流和遵循计划。我们可以在现实生活中发现，小班学前儿童挑战性行为的发生率高于中、大班，因为中、大班的学前儿童已经在幼儿园的生活中逐渐掌握了在不同情境下表现适当行为的技能。

当学前儿童明确地知道什么是自己期望的技能时，他们就有了技能学习需求，只是他们无法将这种需求在情境中以合适的方式表现出来。例如，4岁左右的学前儿童一般已经能够从认知层面知道，自己应该在故事时间安静地坐着。可是，很多学前儿童还没有完全具备调节自己兴奋状态，以及控制触碰周围同伴的冲动的能力。通过观察可以发现，学前儿童不服从命令时，他们几乎不会去解释原因。例如，他们经常会说"我想要那个！"，这意味着他们还没有锻炼好应对拒绝和妥协的能力。"我不想去！"这句话则说明，这个学前儿童还没有锻炼好停止做某件他感兴趣的事而去做必须要做的事的能力。学前儿童的技能发展是不均衡的，在假设这个学前儿童是故意不听指令之前，必须要确定他有表现适宜行为的知识和能力。如果学前儿童的知识或能力达不到服从指令的标准，就不应该以成人的视角评判其行为。

案例 6 - 5

午睡后起床后不穿衣服的佳佳

到了中班，孩子们基本都会自己穿脱衣服了。但大多数情况下，佳佳或者坐在床上发呆，或者边穿衣服边走神，或者去挑衅身旁正在穿衣服的孩子。经常，其他孩子的床位都收拾好了，佳佳还没有穿完衣服。当老师叫佳佳赶快穿衣服时，佳佳总喜欢说："我不想穿衣服。"老师通过观察发现，佳佳不是不想穿衣服，而是因为他在家里得到的锻炼机会很少，他还没有完全掌握穿衣的技能。

在案例 6-5 中，佳佳的行为在一定程度上影响到了周围的孩子，也影响了老师正常的工作流程，佳佳看似在行为态度上存在问题，实际上是因为他还没有完全掌握穿衣技能。因此，老师应该及时与家长进行沟通与合作，给予佳佳更多的锻炼机会，帮助其掌握穿衣的技能。

（三）关注挑战性行为中个体的意志需求

如果确定学前儿童知道什么样的行为是社会所期望的，并且他在相关领域的特定情况下已经表现过此技能却仍然出现相反的行为表现，则需要关注其意志需求。意志是表现出某一行为的决心、欲望或动机。意志问题是学前儿童不服从期望和权威而做出的主动选择。这个问题的关键是动机。为什么学前儿童会选择去对抗命令和规定呢？在处理这些行为前，幼儿教师需要进一步理解是什么促使学前儿童产生了挑战性行为。这时，我们需要借助更为专业的功能性行为评估的方法，对学前儿童的挑战性行为进行分析。

小贴士

功能性行为评估和功能分析

功能性行为评估是一个有条理的工作过程，目的在于理解幼儿挑战性行为背后的功能，找出处理此行为的最佳方法。功能性行为评估的一个组成部分是功能分析，它是一个特定的过程，能够在多种场合的各种情境中直接观察儿童，并使用定义明确的行为标准。功能性行为评估的模式分为三个部分：前事（antecedent）、行为（behaviour）、后果（consequence）。在功能分析中，观察者必须看到是什么事（前事）导致或引起了行为，行为的强度和持续时间，以及行为之后发生了什么事（后果）。功能分析可能会比家长和教师的行为评定耗费更多时间，可是它提供了非常准确而详细的信息。理解儿童行为的最好方式就是结合使用间接的方法（功能性行为评估）和直接的方法（功能分析）去收集信息。

我们可以参考并了解具体的功能分析步骤。首先，功能分析就从前事的原因开始，前事是引起或刺激行为发生的事件或触发物。确定行为前事的指导性问题如下：什么时候最可能发生这个行为并在哪些情境中发生？谁是权威人物或照料者？之前大多发生什么而立即引起这个行为？触发行为是内在的吗？等等。

其次，要非常清晰地定义行为。举例来说，孩子可以主动违背，并通过说"不"来对抗；他也可以被动违背，通过不理睬要求或者答应了要求但没有去做，只说了"过一会儿"来对抗。类似地，"攻击行为"应该被清晰定义，是我们所说的因打、踢、咬或抓而造成的身体上的伤害呢？还是骂人、羞辱或语言威胁呢？对行为清晰定义，可以提高我们分析的精确度，以及干预的有效性。外显行为通常是孩子解决问题的方法或者是传达需求的方式。我们要为了孩子们去确定行为的功能，就需要仔细观察并时刻牢记以下问题：当前情况对孩子的意义是什么？孩子通过这个行为想要尝试解决的问题是什么？孩子想要实现或传达的是什么？为什么现在出现这个行为？

最后，要考虑到刺激孩子重复挑战性行为的通常后果。通过观察在行为出现后发生了什么，我们可以确定强化行为的环境变量。要想得到这些信息，去询问以下问题是很有必要的。确定行为后果的指导性问题如下：他得到了他想要的东西了吗？他从其他方式中获得奖励了吗？这个行为导致的结果引起了他人关注吗？我可以提供什么样的后果？这后果可以处理潜在的问题并减少不良行为的发生吗？通过认真分析孩子行为的前事和后果，我们能更好地确定有效策略以满足幼儿的需求。

资料来源：卡茨. 促进儿童社会性和情绪的发展：基于教师的反思性实践［M］. 洪秀敏，等译. 北京：机械工业出版社，2015：63 – 65. 引用时有改动。

有时，幼儿教师难免被学前儿童的挑战性行为激怒，难以站在公正的立场看待学前儿童的行为。对此，幼儿教师要转变观念，将挑战性行为视为技能发展的机会。当学前儿童出现挑战性行为时，这往往意味着他们的行为与期望背道而驰。幼儿教师不应只关注行为本身，而是应该去寻找挑战性行为背后的潜在因素。学前儿童在此时出现这样的行为说明了什么？学前儿童通过这样的行为想要达到什么目的？在回应学前儿童的行为之前，这些问题都是幼儿教师应该探索的。这就要求幼儿教师改变惯常的回应方式，对学前儿童的问题持开放的态度，并且采用一种有计划的方式应对学前儿童的技能发展需要。

三、挑战性行为的应对

（一）判断挑战性行为的严重程度

需要特殊干预的挑战性行为，是指学前儿童的此类行为已经超出学前儿童的正

常行为界限。与一般的挑战性行为不同，需要特殊干预的挑战性行为属
于极端行为，幼儿教师往往难以通过一般的教育手段进行控制。事实
上，一般性的挑战性行为的强度和广度是两个变量，如果二者不断发
展，都可能导致极端行为的出现。这里，我们并不研究哪些类型的挑战
性行为需要诊疗和干预，而是关注幼儿教师应如何判断挑战性行为的严
重程度。具体而言，幼儿教师可以通过以下几个指标来判断学前儿童挑
战性行为的严重程度。

幼儿的"挑战性
行为"原因

1. 挑战性行为表现是否与年龄相称

不同的年龄阶段有相应的心理和行为表现。个体的某一行为在某个年龄阶段能
被接受，在下一个年龄阶段可能就不被接受，或被认为是异常行为。咬人虽然是不
可接受的行为，但学步期儿童经常会出现这一行为，为了安全起见，当学步期儿童
出现咬人行为时，这一行为会立即被禁止，但这种行为不会被认作问题行为。如果
到了大班，学前儿童仍然经常出现咬人行为，那么这种行为必须受到关注，幼儿教
师必须对其进行干预。

2. 挑战性行为出现的频率

如果挑战性行为在学前儿童身上偶尔出现，通常不会引起关注，但如果经常出
现，幼儿教师就需要注意了。例如，一名中班的学前儿童一个月发一两次小脾气是
正常的，但如果为了一些小事一天发好几次脾气，幼儿教师就不能置之不理了；一
名中班的学前儿童，他偶尔与同伴打架，这是可以接受的，但如果他一天多次与不
同人打架，以致他一直处于不愉悦的心理状态，而同伴也不愿意和他一起活动，这
就有问题了。又如，一个学前儿童偶然说谎并不算大问题，但他频繁说谎，甚至出
现病理性说谎行为，这就要引起幼儿教师的充分重视。

3. 挑战性行为持续的时间

任何学前儿童在特定的发展阶段，都可能出现一些特殊的心理或行为表现，但
通常会在不久之后自然消失。如果某种特殊的行为长期出现，几个月后仍然这样，
且影响到学前儿童正常的学习和生活，就需要幼儿教师特别关注并进行针对性的引
导和干预。例如，一般而言，一个学前儿童偶尔吮吸大拇指不是问题，但如果他一
刻不停地吮吸大拇指，以致不能参加需要两只手参与的活动（如桌面操作活动）
时，吮吸大拇指就成了问题行为，幼儿教师应介入和评估，以进行必要的干预。

4. 挑战性行为对儿童自身及他人身心影响的程度

如果与其他同年龄学前儿童相比，某个学前儿童的挑战性行为对自身及其他人
身心发展的负面影响程度更深，那么幼儿教师应对其予以重视。例如，学前儿童刚

进幼儿园一般都会有些不适应，表现出一定的焦虑，但大多数学前儿童经过父母和老师的引导和鼓励能够很快适应新环境，如果有些学前儿童非常害怕去幼儿园，甚至出现惊恐的表情和腹痛、呕吐、心率加快、肌肉紧张等生理反应，这样的表现就不正常了。某些学前儿童出现的自我伤害行为和对他人（动物）的残酷行为，也属于严重的挑战性行为。

5. 挑战性行为是否能用常规的方法控制

一般而言，在保教工作中，有经验的幼儿教师会有效地组织、引导学前儿童参与各类活动，面对部分学前儿童偶尔出现的违反规则的行为，幼儿教师也可以通过一些常规的方法来处理。如果学前儿童的挑战性行为不是一般教育和常规管理方法可以控制的，那么就需要幼儿教师对该行为额外关注，并寻找更为专业的方法进行干预。

6. 挑战性行为是否与环境相适应

不同的团体和社会对恰当的行为有不同的描述，即使同一团体或社会，如家庭、幼儿园和邻里等更小的单位，也可能对此有不同的观点。学前儿童在一个场合中被允许的行为在另一场合中可能被制止和批评，他们会因此感到困惑。大部分学前儿童会试着学习处理这种矛盾，逐渐明白不同的情境所期待的行为，并学会在不同场合表现出相应的行为。这是个体在任何一个生命阶段都需要学会的一项社会技能，是学前儿童在成长过程中、社会化过程中必须经历和学习的。此外，学前儿童如果完全不理会周围的环境，也可能是异常的表现。例如，某个孩子经常在老师开展集体教学活动时大声尖叫、满地打滚；某个孩子无论在何种情境下都会攻击他人，不能和周围的人建立正常的互动关系；某个孩子在任何活动中都独立玩耍，不与同伴互动；等等。这些行为都属于需要关注，并需要专业评估、诊断、干预的行为。

需要注意的是，恰当与不恰当、正常与不正常往往是一个连续体，连续体的两端是正常和不正常，学前儿童的一些挑战性行为很多时候处在正常和不正常两端所构成的行为谱系或行为连续体中间。一般而言，成长过程中的学前儿童都不同程度地存在一些行为问题，只是程度不同而已。因此，幼儿教师在确定学前儿童的行为是否属于问题行为时必须慎之又慎。明确学前儿童所需掌握的社会行为有助于幼儿教师更好地判断学前儿童的行为是否恰当，是否需要专业化的诊疗和干预。

⊙学习活动

观察并记录某个学前儿童的挑战性行为

活动目的：在本节中，我们已经对学前儿童的挑战性行为有了初步的了解，但在现实的幼儿园生活中，学前儿童可能会产生各种挑战性行为，并且引发各种各样的问题。在本次活动中，请持续观察并重点记录幼儿园中的某个学前儿童，进一步加深对学前儿童挑战性行为的认识，并分析幼儿教师的处理方式是否恰当。

本次活动大约需要一周时间。

步骤 1：请仔细阅读本节所有内容。

步骤 2：每天抽出 1 小时参与见习活动。在见习活动中，将某个学前儿童作为长期观察对象，对其挑战性行为和幼儿教师的处理方式进行记录，重点剖析该学前儿童发生挑战性行为事件的起因、经过、结果，并进行反思和总结。

反馈：幼儿教师应如何妥善处理学前儿童的挑战性行为？如何处理个别指导和集体教育的关系？

（二）常用的应对挑战性行为的方法

1. 后果法

（1）自然后果法。已有的研究证明，让学前儿童体验自己行为的后果，能让他们在经验中学习。在《爱弥儿：论教育》一书中，卢梭主张让儿童通过体验其过失的不良后果去认识错误，吸取教训，学会服从"自然法则"，自行改正错误。而幼儿教师往往因关心学前儿童、担心麻烦、浪费时间等原因而剥夺学前儿童体验自己行为后果的机会。

对学前儿童的挑战性行为，幼儿教师可以尝试使用自然后果法，即让学前儿童自己去体验自己不恰当行为所导致的后果。学前儿童可能并不必然能够体会到自身的行为和后果之间的关系，因此幼儿教师可以帮助学前儿童找出他们行为和结果之间的因果关系，以此来有效地教导他们。

案例 6 - 6

为什么不让我玩儿

一天早上，凡凡特别霸道地对待他的邻座，如命令她不能坐在自己旁边，并抢了她的玩具。到了室外活动时间，很多孩子都躲着凡凡，不让凡凡参加他们的游戏。凡凡开始抱怨："为什么不让我玩儿？"小宝直率地回答："因为你总是想当头儿！"凡凡体验到了他之前行为带来的延迟的自然后果。

在案例 6 - 6 中，老师可以对凡凡受到的感情伤害表示同情，这是恰当的。但

是，老师可以帮助凡凡思考这一体验，却不能通过让他避免这种体验来帮助他。这是因为，解决凡凡引发的问题并不能帮助他学习，老师更好的回应是鼓励凡凡思考，他应该采取什么行动才能被其他同伴所接受。

使用自然后果法的目的，是帮助学前儿童认识自己的行为对自己和他人的影响。自然后果法主要以行为改变为基础，为学前儿童的自律发展制定长期目标。自然后果法帮助学前儿童接受基于被改正的经验的行为，它使学前儿童产生近似正确的行为。这些实践能够为以后的行为提供经验，使学前儿童能够独立重复正确的行为。在幼儿园中，幼儿教师没有必要过度保护学前儿童，很多时候，幼儿教师可以让他们在自己导致的后果中学习到有用的经验。从自然后果中，他们可以开始了解错误行为对自己产生的消极影响。在很大程度上，社会行为和友谊可以通过自然后果来塑造。一个不断伤害他人身体或伤害他人感情的学前儿童，会遭到同伴的拒绝。这样他就能体验到自身行为问题的后果，幼儿教师无法制止这种自然后果的产生，但可以帮助学前儿童认识到这些后果与自己行为之间的关系，引导其调整自己的行为方式。

（2）相关后果法。有时，幼儿园的规则使自然后果不会发生，因为幼儿教师有责任保护学前儿童远离伤害，就像没有人会允许一个学前儿童体验被开水烫伤的自然后果，很多情境的自然后果是学前儿童无法承受的。在这样的情况下，为了对学前儿童的行为进行引导，幼儿教师需要用到相关后果法。

相关后果法，是指对学前儿童施加其行为的强加后果的方法，强加是指老师施加的后果不是由儿童行为自然会导致的后果，而是老师用一些方式让儿童体验到自身行为会导致一些不良的其他后果，如被隔离、被剥夺某些活动机会等。这种方法强调并澄清了限制，它通过行为的效果来传达哪些言行是不能容忍的。同时，相关后果法能帮助学前儿童了解为什么某种行为不可取，为他们提供改变这种行为的个人动机。相关后果法不是要求学前儿童按照成人认为最好的方式去做，而是帮助他们反思自己行为的后果。相关后果法用学前儿童自己的经验作为教授可取行为的基础。常用的相关后果法有以下几种。

①隔离。在学前儿童发生一些挑战性行为后，幼儿教师在给学前儿童提供反思时间和空间时，可以在确保他是集体的一部分的前提下暂停其活动。一般情况下，一位幼儿教师或助手应跟学前儿童一起，支持学前儿童对自己的行为进行反思，并鼓励其尽快重新回到活动中来。如果一个集体中只有一个幼儿教师，那么最好让学前儿童待在幼儿教师旁边，让其在不同地方参与活动。

> **案例 6-7**
>
> **打人会痛的**
>
> 　　小杰在午睡后想和小瑞一起玩儿。但小瑞刚睡醒，只想单独待着。因为沮丧，小杰变得具有攻击性，最终他通过身体接触来引起小瑞的注意。小杰的行为从"轻轻碰小瑞"升级成"用力推小瑞"，然后变成"打小瑞"，小瑞号啕大哭起来。老师介入其中，她知道，小杰此时无法用语言来表达他个人的需要，因此老师让小杰离开并解释说，她不能让小杰打小瑞。老师冷静地把小杰带到隔壁的房间，说："打人会痛的。"老师告诉小杰："等你准备好了用你的语言而不是拳头后，你就可以回去了。小瑞受到了伤害，他需要感到安全。"

　　在案例6-7中，老师没有命令小杰多长时间不许接近小瑞，没有利用成人的权利来做所有的决定，相反，她让小杰自己把握需要多少时间。她让小杰反思自己的行为，并让他判断何时能控制自己的情绪。这种方式能够帮助小杰对他自己负责并变得更加自律。

　　②剥夺。剥夺是在学前儿童产生某种挑战性行为，影响到他人或者环境时，剥夺其某些权利，如玩玩具、和同伴玩耍等，让其自己决定是否控制自己的不良行为以重新获得相应的权利。这种方式向学前儿童传递了这样一个信息：相信他有能力对自己的行为做出必要的调整。

　　③补偿。补偿就是当学前儿童产生某种挑战性行为时，要求他对自己行为产生的不良后果负责，要求其采取相应的补偿措施来弥补其行为带来的后果。这不是惩罚。当学前儿童做出补偿行为后，他们能够学会对自己的行为负责，当他们再遇到类似情形时，就能在一定程度上主动约束自己的行为。

> **案例 6-8**
>
> **玩水的代价**
>
> 　　超超拿小抹布擦自己的桌子时，把抹布弄得很湿，然后把抹布里的水挤在教室的桌子上，后来干脆边跑边挤水，把教室的地板弄湿了好大一片。老师发现了这样的情况后，及时制止了他的行为，然后要求超超拿干抹布把他弄湿的桌子和地板擦干净，超超干了好一阵才干完。完成任务之后，他告诉老师自己很累。当老师问他以后还会不会这样做时，他摇头，表示不会了。

在案例6-8中，超超的行为本身并没有恶意，只是一种玩耍行为，但湿地板容易让其他学前儿童滑倒，这说明超超的行为已经产生了一定的负面效果，因此老师要制止其行为。老师要求他擦干弄湿的地方，就是要求其对自己的行为负责并做出补偿。这样，超超不仅能够避免给别人带来伤害，同时也能明白一点：要消除自己行为的后果，需要自己付出努力。

后果法如果运用不当，就容易变成惩罚。惩罚与后果法的最大差异在于如何让学前儿童看待自己。后果法与惩罚的区别如表6-1所示。

表6-1　后果法与惩罚的区别

后果法	惩罚
尽管学前儿童的行为不正确，但暗示学前儿童他们的行为是可以接受的	暗示学前儿童他们的行为是被拒绝的
指导性——教给学前儿童相似的可接受的行为或重新建立更多积极的情境让学前儿童知道怎样改正问题行为	非指导性——仅仅告诉学前儿童错了，但不告诉他们正确适宜的行为
与不可接受的行为在内容和时间上有清楚的联系	与要改变的行为之间没有联系
传递的信息是学前儿童可以改变他们自己的行为	传递的信息是成人个人的权利
体贴的强制	任意的、有损人格的
能使学前儿童完全改变自己的行为	要求成人对儿童行为的改变承担全部的责任
关注的是如何预防日后错误的行为	关注的是如何报复目前的错误行为
就事论事	带有明显的愤恨、愤怒、冷漠或轻视
暗示错误的行为是情境的产物	暗示错误行为的产生是因为学前儿童本质不佳
只针对违反规则的行为	严重地、过度地违反规则
要求成人和学前儿童一起理解和改正问题情境	要求成人必须强制学前儿童改正问题行为

2. 强化法与惩罚法

（1）强化法。

①正强化法。正强化是指当一操作性行为在某种情境或刺激下出现后及时得到一种强化物，如果这种强化物能够满足行为者的需要，则以后在那种情境或刺激下，这一特定的操作性行为出现的概率就会增加。强化物一般有这样几类：一是消费性强化物，如糖果、饼干、饮料、水果等一次性消费物品；二是活动性强化物，如看电影（电视）、看画册（小书）、过生日、郊游等活动；三是操作性强化物，如玩球、绘画、骑车、郊游等活动；四是拥有性强化物，如有机会坐自己喜欢的椅子、

穿上自己喜欢的衣服等；五是社会性强化物，即个体喜欢接受的语言刺激或身体刺激，如口头赞扬、温情的拥抱、微笑等。这些强化物的使用需要幼儿教师综合考量学前儿童的特点、学前儿童行为的性质、学前儿童行为发生的情境等因素来决定。

案例 6 - 9

引起妈妈的注意

美美的妈妈正在厨房里做家务，突然，4 岁的美美开始哭闹，她试图得到妈妈的注意，但妈妈没有理会她。5 分钟后，美美停止哭叫，并开始玩布娃娃。此时，妈妈走到她身边和她一起玩儿。

在案例 6 - 9 中，当美美做出不符合妈妈期待的行为时，妈妈并没有给予回应。当美美做出恰当行为时，妈妈给予了正强化。这样美美就会知道，哭闹并不能获得妈妈的关注，而不哭闹能达到目的。

在实际的操作中，这种方法的运用要遵循这样一些程序：第一，正确选择要强化的行为。这种要强化的行为应该是具体的、可观察、可控制、可评价的行为，而不是一般的行为。第二，正确选择正强化物。选择正强化物必须考虑个体差异，把个体差异考虑进去，且正强化物应易用；能立即呈现在所需要的行为发生之后；多次使用不至于引起迅速的满足；不需要花费大量时间。第三，正确实施正强化法。实施正强化法前，应把计划告诉被指导的学前儿童，以期取得积极配合；在所需要的行为出现后，应立即给予强化，不要拖延很长时间；给予强化物时，要向被指导学前儿童描述被强化的具体行为，即要说明由于出现了哪一种行为而得到奖励；分配强化物时，最好能结合其他奖励，如口头赞扬、微笑等；适当控制正强化物的数量，以保证正强化法在整个指导过程中的有效性。第四，逐渐脱离强化程序。当所需行为发生频率达到期望时，应该逐步消除可见强化物，而以社会性强化物代替，也可寻找环境中的其他强化物来继续维持所需行为。

②负强化法。负强化法，是指教育者通过对个体消除一种令人不快或者令人厌恶的刺激，以增加期待行为发生频率的方法。在日常生活中，坐在车上不系安全带就会听到连续的警示声音，当系上安全带后这种烦人的声音就会消失，这就增加了个体系安全带的频率，是一种负强化。连续的警示声就是负强化物，而系安全带就是正向行为。负强化的过程是：一旦个体出现某种良好的行为，便立即减少或撤出原来其经受的痛苦、厌恶刺激或者情境，使其在以后同样情况下增加良好行为出现的频率。也就是说，负强化法的最终目的也是增加期待行为发生的频率。

在学前儿童的社会教育中，负强化法同样可以用来影响和塑造学前儿童良好的社会性行为。例如，某个幼儿在午餐时间没有出现平时存在的挑食行为，老师说："你今天没有挑食，一会儿吃完饭，你就可以到外面玩一会儿。"这就是一种负强化："待在教室里"是幼儿不喜欢的刺激，因为幼儿出现了"没有挑食的行为"，"待在教室里"的刺激就消除了，这就可以提升该幼儿后续不挑食行为出现的频率。由这个例子我们可以发现，正强化法是通过呈现个体想要的愉悦刺激来增加其期待行为发生的频率，而负强化法则是通过消除或终止个体厌恶的刺激来增加其期待行为发生的频率。无论是正强化法还是负强化法，都是为了增加某一期待行为发生的频率，只是采用的方式有所差异而已。

（2）惩罚法。

①正惩罚法。正惩罚法，是指当个体出现不恰当的行为时，即给予令个体感到厌恶的刺激，以减少此种不恰当行为以后发生的频率的方法。正惩罚法是通过逃避和回避两个过程来实现其效果的，逃避是指学前儿童承受厌恶刺激后，只有从事某种特定的良好行为，该厌恶刺激才能终止。经过逃避过程，学前儿童逐渐知道当某种厌恶刺激的信号出现后，其必须立即从事某种特定的良好行为，才能避免厌恶刺激的袭击，这就是回避反应。因此，逃避是手段，建立回避反应是目的。例如，在幼儿园集体教育活动中，有幼儿干扰其他同伴，老师把该幼儿的椅子移到教室的另一个角落，让幼儿单独坐在那里，老师这种做法就是试图用正惩罚的方法减少幼儿干扰同伴的行为。"坐到另外一边"对幼儿来说就是一种厌恶刺激，为了避免这种厌恶刺激的发生，幼儿就可能减少干扰同伴的行为。在实际的操作中，这种方法的运用要遵循这样一些程序：第一，确立目标行为。确立的目标行为必须明确具体，要说明用何种良好行为来替代不良行为，不良行为最好是可观察或可测量的。第二，选择恰当的厌恶刺激。选择厌恶刺激应让学前儿童产生一定的不适感，如批评、剥夺某种机会、隔离等。选择的厌恶刺激应该是一种在满意行为出现时能立即终止的刺激物。第三，选定警告刺激。警告刺激又称条件厌恶刺激，它是几秒钟后厌恶刺激到来的信号。铃的响声，幼儿教师注视的目光、皱眉、口语，都可以作为警告刺激。第四，尽量减少不良行为产生的诱因。幼儿教师在指导初期要建立控制不满意行为的刺激，尽量消除对不满意行为的可能的强化。

②负惩罚法。负惩罚法，是指当个体出现一个不恰当行为时，去掉一个对个体而言的愉悦性的强化物，以减少个体此类不恰当行为出现的频率的方法。例如，一个孩子在写作业时不认真，父母收走了他喜欢的手机，这种做法就是负惩罚法。在学前儿童社会教育的过程中，幼儿教师也可采用这种方法塑造学前儿童的良好行为。例如，一个幼儿在图书角大声喧哗，老师把他手里喜欢看的绘本收走，这就是一种

负惩罚。对幼儿而言，喜欢的绘本就是愉悦的强化物，老师收走绘本的目的就是让幼儿减少大声喧哗的行为。由此可以发现，无论是正惩罚法还是负惩罚法，都是为了削弱某种行为或者减少这种行为再次发生的可能性。根据心理学家的研究，幼儿教师在实施惩罚的过程中要注意以下问题：第一，惩罚要紧跟不良行为。任何延误都会降低惩罚的有效性。第二，惩罚应该保持不变。任何一次不良行为都不能放过，否则可能会产生激励的效果。第三，惩罚的时间和强度应该加以限制。实施惩罚时，只要能够达到制止不良行为的目的就够了，但惩罚也不能过轻，否则不足以起到惩戒的作用。第四，惩罚应该明确针对行为，而不是对人。第五，惩罚应该被限制在错误行为发生的情境之中。[①]

概言之，正强化法和负强化法都是为了增加一种行为再次发生的可能性，而正惩罚法和负惩罚法则是为了削弱某一种行为，或减少这种行为再次发生的可能性。强化法和惩罚法均是幼儿园针对行为问题经常采用的方法，两种方法都比较有效，但如果使用不当，也会带来一些负面的结果。这主要体现在如下几个方面。

第一，可能会破坏学前儿童的自律性。自律意味着一个人将根据内部建构的关于对错的信念来做出决定。例如，一个自律的人无论权威人士在场与否，他都会尊敬他人。自律要求一个人有思考问题和得出自己结论的技巧，这种技巧需要学习。强化法和惩罚法关注对学前儿童行为的塑造，却有可能剥夺了学前儿童练习做出决定或对行为选择做出自我评价的机会。因此，对此负责的应是给予奖励或惩罚的人，而不是学前儿童。通过强化法和惩罚法，学前儿童思考的主要是怎样得到奖励或避免惩罚，而不是思考在某种情境中什么是正确的。强化法和惩罚法能够产生道德他律，却不一定能帮助学前儿童产生道德自律。

第二，可能导致幼儿教师忽视对学前儿童出现行为问题的原因的思考。在现实中，如果学前儿童出现行为问题的原因继续存在，那么任何试图改变其行为的努力都是不够的。即使当时学前儿童的行为问题有所改善，但不久后，问题还是会继续出现。改变行为的长久方法必须是寻找出现行为问题的原因，并在原因上寻找改善行为问题的方法，而强化法和惩罚法关注的是学前儿童的行为表现而不是原因。例如，如果一个幼儿教师必须用奖励才能使学前儿童将注意力集中在学习活动的任务上，那么问题就产生了：为什么学前儿童对活动不感兴趣或无法主动投入呢？也许并不是学前儿童注意力方面存在问题，而是学前儿童觉得学习任务枯燥无味。这意味着，幼儿教师应将精力集中在设计更有意义的课程上。因此，幼儿教师如果

① 津巴多，约翰逊，韦伯. 津巴多普通心理学：原书第 5 版［M］. 王佳艺，译. 北京：中国人民大学出版社，2013：221.

过多地依赖强化法，就可能忽视问题产生的原因，最终还是无法有效解决学前儿童的行为问题。

第三，可能会影响师幼关系。充满关爱、相互尊重的关系是教育可取行为的基本要素，而强化法和惩罚法可能会损害这种师生关系。得到奖励的学前儿童可能会根据幼儿教师的看法来判断自己想做事情的价值，这会使学前儿童尽力为给予奖励的人留下好印象或努力奉承给予奖励的人，这并不是一种真实的关系，这种关系不可能培养出信任和真正的关心，只有信任和真正的关心才能激发学前儿童的良好行为。此外，判断和奖励的过程也可能强调了给予奖励的人与期望得到奖励的人之间权利和地位的差异。

第四，可能导致学前儿童的内部动机被破坏。内部动机意味着做某事是出于自己的目的。行为的价值在于行为本身，其奖励在于你是怎样感受它的，奖励存在于个体内部。外部动机则相反，它意味着做某事是为了得到奖励，行为的价值不在于行为本身，而在于通过行为你得到了什么。强化法和惩罚法所依靠的正是外部动机。例如，学前儿童会对奖励充满期待，做事情仅仅是为了得到奖励。因此，作为奖励的外部动机违背了自律和自主的发展，破坏行为的内部动机。

3. 代币法

代币法是一种用代币做强化物来进行行为指导的方法。原来不具有强化作用的一种刺激物，一旦和其他强化物适当地配合，就能获得强化力量，这种刺激物就称为条件强化物。凡是可以累积起来交换别的强化物的条件刺激物就称为代币。例如，塑料片、五角星、小红旗、记号、数点或其他有明确单位的刺激物都可以作为代币，当它们积累到一定数量时，可以换取糖果、玩具、游戏等学前儿童喜欢的强化物，条件强化物也可以成为支持强化物。

在任何场合下，只要满意行为一发生，幼儿教师即可发放代币。幼儿教师可以根据行为质量的好坏差别，对代币进行增减。代币法可以利用兑换的时间差，使反应与支持强化物之间建立一个长时间延缓的桥梁；可以避免单一强化物容易引起的厌烦现象。因此，代币法可能使强化作用更加有效。尤其在对学前儿童群体行为问题进行矫治时，采用代币法能够使管理更实用、更方便，能保证指导计划一致、有效。

在实际的操作中，这种方法的运用要遵循以下程序：

（1）明确目标行为。确定目标行为最终要把焦点放在一个或一个以上所希望增加的良好行为上，并加以明确的界定，避免使用"不合作""捣乱""无恒心"等抽象或含糊的语词。例如，不要笼统地强调"上课认真听讲""养成卫生习惯"，而要指出"当老师讲课时，必须安静地坐好""饭前要洗手"等具体肯定的行为。

（2）建立基线。在实施这种方法前，必须根据特定的目标行为的反应特点，选择合适的方法，测定基线数据，来为指导程序正式开始后观察行为的变化提供一个比较基础。

（3）确定代币。代币必须是马上可以利用的实物或象征性的东西；必须是可以计数，具有吸引力，并且简单、轻便可携带的东西；必须是能够随时方便发放的东西；必须是学前儿童不容易复制的东西；必须是不具备其他实用功能，也不容易与别的物体相混淆的东西。例如，代币可以是塑料棋子或者是特别的图片。

（4）选定支持强化物。选择支持强化物的方法与选择强化的方法基本一致。选择时既要考虑其强化价值，又要考虑到购置这些强化物的经济价值。对学前儿童而言，自由支配的时间、玩自己心爱的玩具、做老师的小帮手等都是常见的、容易的、可供选择的强化物。幼儿教师应尽可能广泛地使用不同的强化物，在初期，使用一些可以发放和消费很快的支持强化物（如糖果等）很重要。

（5）拟订代币交换系统。代币交换系统应指出何种行为可以获得一个代币或几个代币（代币必须在期望行为发生后立即给予）；应给所有选定的有效支持强化物确定一个价值，让学前儿童知道积累多少代币才能换得相应的支持强化物；规定交换时间、地点、并监督其交换。一般来说，支持强化物的价值很难确定，要通过多次尝试和修正。支持强化物的种类要多，并定时进行改变，避免因引起学前儿童厌烦而失去功效。

（6）严格具体操作。把计划告诉学前儿童，让他们了解操作的内容和要领。设计一个恰当的储存罐来陈列支持强化物。在特定的时间内，应指派专人来强化某一特定行为。代币应在满意行为出现后立即以积极的且明显的方式发给学前儿童。在发给代币时，友好的、微笑的赞许也应同时出现，且应告知学前儿童他为什么会得到代币。代币换取支持强化物的次数，开始时应多一些，然后逐渐减少。在履行职责时，幼儿教师应始终保持恰当和稳定的情绪以及操作的一致性。

（7）把代币制泛化到自然情境中。当学前儿童的目标行为反应达到期望满意程度后，幼儿教师应帮助学前儿童脱离代币制，以使其适应自然情境。常见的方法有两种：一种是逐步地取消代币，即通过逐渐减少代币的数量，或逐渐延长目标行为和代币发放的时间来实现；另一种是逐渐降低代币的价值，即通过逐渐减少一定量的代币可兑换到支持强化物的数量，或逐渐延长获得代币和兑换支持强化物之间的时间来实现。

⊙ 问题思考

在一日生活中，班级中的几位幼儿教师对同一个学前儿童的挑战性行为往往会采取不同的处理方式。这些方式构成了每位教师独特的教育智慧。你认为教师应该具有哪些教育智慧以应对幼儿突发的挑战性行为？教师应如何在日常的保教工作中积累实践智慧？

第二节　针对学前儿童个性化特质的社会教育指导

没有两个学前儿童是相同的，每个学前儿童社会性的发展轨迹都不相同，他们发生的挑战性行为也无法预知。对学前儿童个性化特质的把握是理解学前儿童产生挑战性行为的重要维度，幼儿教师只有在了解了不同学前儿童的个性化特质之后，才能针对他们的挑战性行为更好地制定个性化的策略和方法。

一、学前儿童个性化特质的体现

（一）感知偏好的差异性

感觉是人脑对直接作用于感觉器官的客观事物的个别属性的反映。在日常生活中，个体看到的颜色、听到的声音、触到的温度和形状、尝到的味道等，这些个别属性在头脑中的反映就是感觉。感觉是一切高级心理现象的基础，它在个体和环境之间起着桥梁的作用，是个体认识世界的开端。知觉是人脑对直接作用于感觉器官的客观事物的整体反映。当客观事物直接作用于感觉器官时，人们头脑中反映的不仅是事物的个别属性，还有事物的整体。例如，当一个人面前放着一种水果时，他不仅通过感觉器官去反映它的颜色、味道、形状，还要通过大脑的分析和综合活动，从整体上反映出它是一个苹果。感觉和知觉是两个既有区别又相互联系的概念。感觉和知觉都是人脑对当前直接作用于感觉器官的客观事物的反映，事物的整体是事物个别属性的有机综合，因此，感觉是知觉的基础，没有感觉就没有知觉。感觉越精细、越丰富，知觉就越正确、越完整。

　　每个学前儿童都有自己的感知偏好，感知的模式能让他感到是否舒适。例如，有的学前儿童喜欢运动，有的学前儿童喜欢安静地坐着；有的学前儿童喜欢敞亮的空间，有的学前儿童喜欢私密性更强的空间；等等。学前儿童的自我意识和言语能力还很欠缺，时常无法很好地表达他们的感知偏好。例如，一个学前儿童在大群体活动的噪声中感到的压迫，可能通过哭闹、跑开、击打等行为表现出来，而对于这些，成人往往无法察觉。因此，幼儿教师在日常工作中要用心观察不同学前儿童的感知偏好。

案例 6 - 10

爱咬人的琪琪[①]

　　3 岁的琪琪经常会咬同伴。了解她的家庭情况后，老师排除了攻击型的家庭教养方式。经过一天不同时间段、不同类型的几次观察后，老师发现：琪琪咬同伴的行为发生在别人身体离她过近的时候，参观者走进教室的时候，教室过于吵闹的时候，衣服标签令她烦扰的时候，还有从教室转到大游戏场的时候。老师用了两个策略来减少琪琪的咬人行为，并帮助她解决问题。第一，老师通过将意外干扰降到最低、保持教室低音量、在大游戏场中为她寻找一个安静的小场所、剪掉她衣服上的商标、让同伴远离她的私人空间等方式，让琪琪所在的生活环境更加舒适。第二，老师教给琪琪一些沟通方式来保护她远离过度刺激。例如，教她如何用手捂住耳朵并说"太吵了"和"请离开"。最终，琪琪的生活环境得到了改善，琪琪也学会了满足自己的需求，咬人行为停止了，琪琪还学会了适宜的应对技能。

　　在案例 6 - 10 中，琪琪的挑战性行为体现为咬人。了解其家庭和个人情况后，老师发现，琪琪咬人的行为可能不具有攻击性的目的。老师又对每次发生挑战性行为的情景环境进行了分析，发现琪琪是因为环境吵闹、嘈杂而情绪烦躁才出现咬人的行为。这属于学前儿童的感知偏好受到侵犯而无法得到排解时引发的行为，所以

---

　　① 卡茨. 促进儿童社会性和情绪的发展：基于教师的反思性实践［M］. 洪秀敏，等译. 北京：机械工业出版社，2015. 引用时有改动。

解决琪琪咬人行为的有效方式就是消除使她感到不舒服的刺激，而不是对其行为本身进行干预。尤其需要注意的是，明确学前儿童感知觉方面的偏好是理解他们行为产生的重要线索，幼儿教师需要在日常的保教工作中仔细观察，同时与家长密切沟通，以更好地把握学前儿童在感知觉方面存在的差异。

（二）气质类型的多元性

古希腊的希波克拉底提出了气质的四种类型说，这一学说将人的气质分为以下四种最基本的类型：多血质、胆汁质、黏液质和抑郁质。根据气质类型的四种分类，可以推断不同学前儿童的气质特点：黏液质的学前儿童的性格一般比较安静、被动，情绪稳定，会克制自己的情感，注意力相对集中，但他们不太关心别人，也不太善于表达自己，缺乏主见。多血质的学前儿童一般表现为活泼好动，反应快，性格好，对人热情，乐于分享，但做事情的热情来得快、去得也快，较浮躁，情绪相对来说也不够稳定。胆汁质的学前儿童精力充沛，重感情，为人热情，他们的独立性很强，并且做事很有目标性，但性格相对来说比较冲动，做事粗心，不善于控制自己，自我约束力比较差。抑郁质的学前儿童对事情和外界的敏感度很高，富有同情心，但优柔寡断，比较胆小，不爱讲话，缺乏自信心。随着研究的发展，对儿童气质类型的研究更为细化。气质量表（Parent Temperament Questionnaire，PTQ）测查手册将气质分为三个类型：E 型，此型儿童特点为有规律、好接触、适应快，以正性情绪为主；D 型，此型儿童特点为无规律、退缩、适应慢，常表现消极情绪；S 型，此型儿童特点为退缩、适应慢，常表现负性情绪，反应强度低。科罗拉多儿童气质检查表（Colorado Child Temperament Inventory，CCTI）则从六个气质特征的维度分析不同儿童的气质类型，这六个方面分别为害羞、社交性、情绪性、易安抚性、注意坚持性和活动水平。在不同的学前儿童身上，这六个方面的组合方式不一样，气质特质呈现出差异性。根据现代的教育理念，学前儿童的气质类型不仅存在差异性，而且在同一个体身上也呈现出复杂性的特征，即在不同的情境下，学前儿童可能会体现出不同的气质特点，这就需要幼儿教师仔细观察、认真把握。气质类型的划分无好坏之分，任何一个独特的气质特征都有有益的一面和有害的一面，学前儿童的气质类型具有复合性，有的学前儿童在不同的情境中会表现出不同的气质类型，而在学前儿童气质的影响下，可能会产生各种不同的挑战性行为。气质具有可变性的特征，幼儿教师需要考虑学前儿童的不同气质个性，才能支持或阻碍其在环境中展现出的行为或能力。

案例 6 - 11

"慢热"的成成

　　成成读小班有一段时间了，班里很多小朋友已经适应了幼儿园的生活，但成成似乎还不太喜欢幼儿园。每天妈妈把他送到幼儿园时，他都会哭好一阵。他还喜欢跟在生活老师身边，不太愿意参与集体的活动。他经常对老师说"我妈妈什么时候才能来接我"或"你给我妈妈打电话让她来接我"。成成的妈妈为此感到有些焦虑，询问老师成成是不是有什么问题。老师告诉成成的妈妈不要过于担心，因为根据老师平时对成成的观察可以看出，成成虽然还没有完全适应幼儿园的生活，但他在一点点地发生变化。例如，虽然成成现在还是喜欢跟在生活老师身后，但是可以看出，他对集体活动很感兴趣，只是还没有足够的胆量参与进去；虽然他还是会让老师给妈妈打电话，但频率已经在降低；虽然他不太会主动和小朋友玩耍，但是他现在经常会在旁边看同伴活动……由此可知，成成是一个比较"慢热"的、偏黏液质的孩子，只要给他更多的时间，给他创造更多的与同伴互动和表现的机会，他一定可以慢慢适应幼儿园的生活。

　　在案例 6 - 11 中，成成对幼儿园生活的适应似乎比别的小朋友更慢一些，但正如老师观察分析的那样，这些是成成在适应新环境时呈现出的特点，而不是问题。针对成成的特点，老师要用更多的时间和更多机会帮助其适应新的环境。要想了解学前儿童不同的气质类型差异，幼儿教师一方面需要掌握相关的专业知识，另一方面也需要具有接纳的品质，能够理解学前儿童行为背后的气质特质因素，对其进行引导，以更有效地帮助学前儿童。

（三）成长经历的差异性

　　成长经历是指学前儿童过去和现在的经历。每个学前儿童的成长经历是不同的，学前儿童方方面面的成长经历也造就了其个性化的特征。对幼儿教师来说，了解学前儿童的成长经历是必不可少的，因为生活中的事件可能支持或阻碍他们社会情感和社会行为的发展。脑科学的研究发现，在童年受过创伤或长期处在压力之下的人，其大脑发育可能会受到破坏，这使其具有高度敏感性和过度反应性的倾向。因此，了解学前儿童的个性化特质不仅包括对其遗传特质的了解，还包括对其不同成长经历的了解。

案例 6 – 12

喜欢战斗的昊昊①

昊昊 4 岁前，他的父母还没有离婚，他的生活充满着动荡。他的爸爸在清醒的时候是那么的幽默有趣，可是当他喝醉了，就变得暴力起来。昊昊的父母在他 4 岁的时候离婚了，他的爸爸去了另一个地方。张老师是昊昊的幼儿园老师，她用"每时每刻都准备好战斗"来描述昊昊。如果一个孩子无意中碰到了昊昊，他就会踢或打那个孩子。昊昊经常告诉老师，小朋友们想要伤害他。因为张老师知道昊昊的创伤和承受压力的经历，所以她能够提供昊昊需要的安全、保密而安心的环境，能够用更亲切的方式去看待昊昊的行为。

区域活动中教师对
幼儿的个性化指导策略

在案例 6 – 12 中，昊昊因为在成长过程中长期目睹暴力行为而受到了心理创伤，这种创伤影响了昊昊，使其产生了挑战性行为。每个学前儿童的成长经历不同，这些经历中不一定有重大创伤或长期的精神压力，但是，一些在成人眼中很平常的改变可能也会对学前儿童造成影响，如一次搬家、弟弟妹妹的出生或者一次惊吓等。了解每个学前儿童的生活经历，有助于幼儿教师知道其在过去是否受过创伤，进而分析这些压力对其个性化特质的形成可能产生的影响。

二、家园合作背景下的个性化指导

对学前儿童来说，家园合作是矫正挑战性行为的基础。《纲要》指出："家庭是幼儿园重要的合作伙伴。应本着尊重、平等、合作的原则，争取家长的理解、支持和主动参与，并积极支持、帮助家长提高教育能力。"3—6 岁学前儿童的主要社会环境是家庭和幼儿园，家长与幼儿教师是这两大环境中的施教者，两者的教育方向是否能形成合力对学前儿童社会性的发展有着重要的影响，对学前儿童的挑战性行为更是如此。如果幼儿教师在幼儿园中对学前儿童挑战性行为进行的有效干预得不到家庭的配合，那么学前儿童的行为可能无法得到改善。当幼儿园与家长对学前儿童的期望一致时，学前儿童挑战性行为的矫正效果会更好。

在幼儿园中，幼儿教师如果发现学前儿童出现了某些持续性的挑战性行为，应

---

① 卡茨. 促进儿童社会性和情绪的发展：基于教师的反思性实践［M］. 洪秀敏，等译. 北京：机械工业出版社，2015.

在第一时间与家长取得联系并进行积极沟通。若是较为轻度的挑战性行为，幼儿教师可以与家长共同制定挑战性行为指导方案，家园共同努力，促进学前儿童的发展。若是较为严重的挑战性行为，幼儿教师应提醒家长寻求更为专业的帮助。

系统性的行为指导是帮助学前儿童调整挑战性行为的最广泛、最有效的策略。家长、幼儿教师、幼教工作者可以根据学前儿童的行为，设计和制定一个满足学前儿童个人需要的个性化行为指导方案。行为指导方案通常遵循功能性行为评估的ABC模式，ABC模式分为三部分：前事、行为和后果（详见本单元第一节的小贴士）。根据ABC模式，可以按照以下的步骤为学前儿童挑战性行为制定个性化指导。

（一）对幼儿的挑战性行为进行深度解析

幼儿教师在明确察觉学前儿童在幼儿园中频繁出现挑战性行为后，应及时与家长进行联系与沟通。在沟通之前，幼儿教师要充分了解学前儿童的行为表现及特征，并进行准确的表述，避免因对学前儿童行为表述不清造成家园之间交流不畅、信息不对等的状况产生。幼儿教师与家长沟通学前儿童的挑战性行为时需注意以下几点。

（1）准确描述学前儿童的挑战性行为。幼儿教师描述学前儿童行为时应尽量做事实性描述，不做情感性描述。描述应是具体的，不能是概括性的。行为的次数要精确，不要模糊。发生的事件要确定，而不是估计出来的。幼儿教师在描述时应实事求是，不能主观臆断，必须完全忠实于事实，可以通过书面观察记录来确认这些引起关注的行为每次发生的时间。一个事件的书面观察记录有时候可以告诉我们这个行为的前因，有时候告诉我们这个行为的后果。书面观察记录或者日记都是确认行为的有用的方法。通过这样详细而科学的记录，幼儿教师在与家长沟通时能够有理有据地反映学前儿童挑战性行为的性质，而不是将幼儿教师对学前儿童行为的直观感知告诉家长。

（2）确定该挑战性行为发生的前事。在考虑合适的行为指导方案前，必须先考虑与挑战性行为相关联的各种前事。前事是学前儿童发生挑战性行为的重要因素。影响学前儿童行为的前事通常包括以下几个方面：家庭因素，如家庭所认同的价值观和态度、文化和民族背景以及家庭所面临的各种压力；幼儿园、早期教育机构因素，如机构的氛围和规章制度，同类行为在以前得到的反馈；学前儿童自身因素，如学前儿童的个性、总的健康状况和社会行为；行为发生时的情境因素，如学前儿童正在争吵，没有足够的资源或玩具分发给所有相关的学前儿童等。确定行为前事的方法包括仔细观察和评价，与所涉及的学前儿童进行交谈，与学前儿童的家长交谈等。

（3）考虑学前儿童行为本身。幼儿教师需要关注：学前儿童的挑战性行为发生时的环境是怎样的？有哪些情境性因素可能刺激到学前儿童？幼儿教师应仔细观察和归纳，每次学前儿童发生挑战性行为的情境是否具有共同特征。这可以帮助幼儿教师确定任何重要的相关影响因素。例如，一个孩子喜欢推别人，老师观察其行为发生的情境后发现，这个孩子的推人行为每次都发生在放学排队的时候，因此放学排队就是这个孩子产生此行为的刺激源，要解决这个问题就需要从此处着手。

（4）推测和列举可能出现的后果。学前儿童挑战性行为的后果会对一些人产生以下影响：学前儿童本人，如满足、注意力、内疚感等；其他学前儿童，如害怕、愉快、被支配的感觉等；工作人员和其他成人，如挫败、生气、获得他们的关注等；学前儿童的父母，如使父母感到心烦、尴尬，使学前儿童得到父母的关注。幼儿教师需要从学前儿童的视角去看待行为本身，列出看似负面的行为对学前儿童自身而言是否存在可能的积极后果。这种维度的思考有助于幼儿教师了解学前儿童行为发生的动因，进而在制定干预方案时做到有的放矢，达到事半功倍的效果。

小贴士

如何与家庭、社区合作减少对幼儿的惩罚行为

班级里的策略	幼儿园里的预防策略
● 设立与年龄相符的限制 ● 教授给儿童冲突解决和协商的技巧 ● 归因，并与儿童讨论其行为 ● 示范耐心、同情、友好以及合作等行为 ● 为儿童提供练习解决问题的机会 ● 鼓励适宜的行为 ● 和儿童一起设立集体的准则 ● 保证有组织性、连续性、可预期性	● 让家长了解儿童的发展 ● 给家长提供关于行为管理的家长课程 ● 建立校规界定教师对待幼儿的行为 ● 使用教师的工作时间来讨论什么是合适及不合适的教育行为 ● 与社区相关组织和心理健康项目组建立合作关系 ● 提供一套统一的体系，以维护儿童的利益

资料来源：菲尔茨 M V，梅里特，菲尔茨 D M. 0—8 岁儿童纪律教育：给教师和家长的心理学建议：第 7 版［M］. 蔡菡，译. 北京：中国轻工业出版社，2019：280.

（二）确定个性化行为指导方案

在与家长进行充分沟通及对学前儿童挑战性行为全面剖析的基础上，幼儿教师可以与家长和学前儿童共同制定属于学前儿童自己的个性化行为指导方案，具体步骤可以分为以下几点。

（1）设立目标和步骤。设立可理解的、明确的，能够改变行为的目标，并设定细小的、易管理的步骤。例如，让学前儿童懂得其他人不喜欢被人推搡，懂得下楼梯推别人是一种危险的行为。

（2）确定负责执行和监控行为改变步骤的人员。在行为指导方案的实施过程中，参与其中的教育者（如幼儿教师和家长）要保持态度与行为的一致，同时，必须有一个人全权负责方案的实施。这一步需要幼儿教师和家长深度交谈，以确保更为准确地把握方案的实施。

（3）尝试与学前儿童交谈，告诉他们行为指导方案的各个目标。教育者需要向学前儿童解释清楚为什么要帮助他们改变这个行为，以便让学前儿童主动参与到修正其行为的过程之中；必须让学前儿童明确规则或界限，让其知道行为的后果，不管这种后果是积极的还是消极的。例如，教育者必须告诉他们："如果你做这个，那个将发生。"这是对操作条件反射理论的应用，即在学前儿童的行为过程中给予他们积极的奖励和正强化；或者给予他们负强化，如制裁或处罚。

⊙问题思考

如果你在班级中发现一位儿童存在挑战性行为，并且认为有必要与他的父母沟通，以便共同协商后续的教育引导工作，那么，你应如何让家长意识到儿童的问题？如果家长不认同你对儿童行为的评价，你会如何应对？

（三）执行个性化指导方案

1. 启动方案

选择一个时间来启动方案，如果策略已收效，则需要选定一个时间来对之进行评价。

2. 根据方案严格执行

在行为指导期间，对方案的执行一定要前后一致。首先，行为的预期结果必须适合学前儿童的年龄和发展阶段，且预期的结果必须和行为对应，每一次有行为出现就会有相关的结果发生，预期结果必须紧跟行为出现。其次，方案执行参与者必须包括所有与学前儿童有亲密接触的成人。这意味着，幼儿园和家庭之间要有连贯的、频繁的对话和讨论。

3. 反思调整

方案执行一段时间后，回顾一下它的成功之处，如果有必要应及时进行调整。

在真实的教育情境中，幼儿教师需要了解制定方案的基本步骤和方法。同时，幼儿教师需要意识到一点，在应对学前儿童挑战性行为的问题上，家园合作有着非常重要的意义和价值。一方面，只有与家长进行积极有效的沟通，幼儿教师才能够对学前儿童挑战性行为的成因做出相对全面的判断；另一方面，要改善学前儿童的行为也必须得到家长的支持和配合。因此，幼儿教师既要掌握有关挑战性行为的理论知识，又要做好家长工作，以便与家长形成教育合力，更好地应对学前儿童社会性发展中的问题。

⊙学习活动

拟为一位幼儿制定个性化行为指导方案

活动目的：请你试着根据本单元所学的方法和步骤，为一位幼儿制定个性化指导方案。研究对象可以是现实生活中你正在观察的幼儿园中的幼儿、家中3—6岁的小朋友或者教材案例中的幼儿。在本次活动中，你将要根据你所了解的全部情况，细致地为一名幼儿设计属于他自己的个性化行为指导方案。方案制定完成之后，如果条件允许，你可以根据方案展开实践，并对实践效果进行反思。

本次活动大约需要一天时间（后续开展实践会持续一周到一个月甚至更长的时间）。

步骤1：请仔细阅读本节所有内容。

步骤2：选择研究对象，制定个性化行为指导方案。

步骤3：根据个性化行为指导方案，开展实践。

步骤4：思考个性化指导方案的有效性，反思需要改进之处。

反馈：

1. 针对儿童的挑战性行为，幼儿教师需要明确该类行为的前事、行为和后果。（详见本单元第一节的小贴士）

2. 在制定方案的过程中需关注：设立目标和步骤、确定负责执行和监控行为改变步骤的人员、尝试与儿童交谈，告诉他们行为指导方案的各个目标。

单元回顾

⊙ 单元小结

本单元首先探讨了攻击性行为、破坏性行为、情绪失控行为、说谎行为等几类学前儿童社会性发展中常见的挑战性行为，在此基础上分析了幼儿教师如何发现学前儿童挑战性行为中蕴藏的教育契机，具体包括聚焦挑战性行为中的诱发性因素、理解挑战性行为中个体对技能学习需求以及关注挑战性行为中个体的意志需求。对学前儿童挑战性行为的性质可以从挑战性行为表现是否与年龄相称、挑战性行为出现的频率、挑战性行为持续的时间、挑战性行为对儿童自身及他人身心影响的程度、挑战性行为是否能用常规的方法控制、挑战性行为是否与环境相适应等方面做出判断，这是幼儿教师专业化水平的重要体现。针对学前儿童的挑战性行为，可以采用后果法、强化法与惩罚法、代币法等方法进行引导。学前儿童的挑战性行为受到个性化特质的影响，这些个性化特质具体体现在感知偏好的差异性、气质类型的多元性、成长经历的差异性等方面。幼儿教师应与家长积极合作，针对学前儿童行为的特质制定行为矫正方案，对学前儿童的挑战性行为进行有效的引导。

⊙ 案例分析

针对润润的个性化行为指导方案①

润润是中班里年龄较小的孩子。他不习惯与其他小朋友相处。集体教学活动时，他总是把身子转向一边，不听老师讲话；洗手、喝水的时候，他总是班里最慢的人之一；对于分享和等待，他会表现得极为不安；当与其他孩子产生矛盾时，他会产生攻击性行为，如咬人、推人、打人等。

制定行为指导方案：

（1）对幼儿的挑战性行为进行深度解析并确定干预的内容。润润身上存在多种挑战性行为，在这些行为中，最经常发生、最危险的是攻击性行为，在排队时这种攻击性行为尤为突出。因此，可以将行为指导的内容确定为改善润润喜欢推人的行为。准确描述行为：在班级排队去户外游戏的路上、楼梯间，润润把其他孩子推出了队列。思考前事：润润没有多少机会与其他孩子一起玩耍，他是独生子，在家庭中有六个大人围着他转；在班级中，润润年纪较小，老师们比较关注他；以润润的个性来说，他的规则意识非常强，一旦有人试图打破他的规则，润润的情绪立刻就会爆发。思考行为本身：润润的行为发生在班级排队去户外活动时，这意味着户外空间的活动对其行为是一个刺激源。列举后果：润润将其他孩子推开，他就可以继续站在自己想站在的位置，得到其他孩子和老师的关注。

（2）确定个性化行为指导方案。设立目标：让润润懂得在楼梯间推其他孩子是危险的行为，其他孩子不喜欢被人推搡。决定执行人：班级老师、家长深度交谈后，决定由配班老师负责执行和监督。与学前儿童交谈：他喜欢什么，讨厌什么；教师

---

① 里德尔-利奇.儿童行为管理［M］.刘晶波，译.南京：南京师范大学出版社，2008.

制定了什么规则，制定规则的原因；润润的行为会让大家感到担忧，如果他在楼梯上推人，会让小朋友跌倒受伤，他自己也会受伤，受伤会非常疼，受了伤就不能出去玩儿了。

（3）执行个性化指导方案。配班老师和润润共同决定从周一开始执行方案。以一周的时间为节点，老师帮助润润完成不在排队时推别人的小目标，并给予奖励。一周后，老师与家长进行反思讨论，决定接下来的执行方案。

在本案例中，润润看似出现了挑战性行为。但如果只是关注这种行为本身，就容易出现"散点透视"，无法把握其行为发生的真正原因，也就无法进行有针对性的引导。因此在制定方案时，幼儿教师依循了思考前事和列举后果的思路，以此确定润润产生这种行为的家庭因素和幼儿园因素，及这种行为对其自身的"价值"。在清楚润润行为产生的原因和心理动力之后，确定指导方案的目标是让润润懂得在楼梯间推其他孩子是危险的行为，知道其他孩子不喜欢被人推搡。方案并没有试图解决润润所有的问题，而是针对其挑战性行为这种最具有危险性、最影响其社会互动的行为确定了可行的目标，这就提升了方案的可行性。方案中还商定了具体执行人，同时用恰当的方式让润润知晓方案，以此让润润理解方案实施的必要性，这样在执行方案时，才可能得到家长和润润的配合，达成帮助润润改进行为的目标。

⊙ 拓展阅读

[1] 钱德勒，达尔奎斯特 . 学生挑战性行为的预防和矫正：第 3 版 [M]. 昝飞，译 . 上海：上海人民出版社，2016.

[2] 昝飞 . 积极行为支持：基于功能评估的问题行为干预 [M]. 北京：中国轻工业出版社，2013.

[3] 卡茨 . 促进儿童社会性和情绪的发展：基于教师的反思性实践 [M]. 洪秀敏，等译 . 北京：机械工业出版社，2015.

[4] 克斯特尔尼克，等 . 儿童社会性发展指南：理论到实践 [M]. 邹晓燕，等译 . 4 版 . 北京：人民教育出版社，2008.

[5] 莫源秋 . 幼儿常见心理行为问题：诊断与教育 [M]. 北京：中国轻工业出版社，2015.

[6] 程天宇 . 疏离与回归：家园共育理念实现的应然路径选择 [J]. 教育探索，2015（9）：64－66.

[7] 冯夏婷 . 幼儿问题行为的识别与应对：给家长的心理学建议 [M]. 2 版 . 北京：中国轻工业出版社，2018.

　　［8］里德尔－利奇．儿童行为管理［M］．刘晶波，译．南京：南京师范大学出版社，2008．

⊙ 巩固与练习

一、简答题

1. 学前儿童社会性发展中常见的挑战性行为有哪些？请举例说明。

2. 常见的应对学前儿童挑战性行为的方法有哪些？

3. 在制定学前儿童挑战性行为的矫正方案的过程中，需要注意哪些方面的问题？

二、案例分析题

在吃午饭时，昊昊坚决不肯吃饭，几个老师都尝试帮助他。生活老师对昊昊说："你怎么不吃饭呢？你不吃饭，如果你饿了，谁管你……"无果。张老师走过去，很温柔地说："昊昊你为什么不吃饭呢？我喂你好不好？"昊昊把头扭到一边，并且把饭碗推得远远的。就这样拖着拖着，很多小朋友都吃完了，昊昊还是不肯吃饭。

运用本单元的学习内容来分析，案例中的老师应对该事件的方法是否适宜？如果是你，你会如何应对此类事件？

三、操作练习题

1. 尝试为某个学前儿童建立社会行为特点档案并进行个性化分析。

2. 自我反思实践，请思考以下问题：

在教育见习或实习的过程中，你遇到过学前儿童的哪些挑战性行为？当时他的家长或幼儿教师是如何解决的？学习本单元内容后，请你分析，你应该如何正确解决当时的情况？

参考文献

专著:

[1] 冯夏婷. 幼儿问题行为的识别与应对: 给家长的心理学建议 [M]. 2 版. 北京: 中国轻工业出版社, 2018.

[2] 甘剑梅. 学前儿童社会教育 [M]. 北京: 中央广播电视大学出版社, 2007.

[3] 瓦西纳. 文化和人类发展 [M]. 孙晓玲, 罗萌, 等译. 上海: 华东师范大学出版社, 2007.

[4] 波兹曼. 童年的消逝 [M]. 吴燕莛, 译. 桂林: 广西师范大学出版社, 2004.

[5] 克斯特尔尼克, 等. 儿童社会性发展指南: 理论到实践 [M]. 邹晓燕, 等译. 4 版. 北京: 人民教育出版社, 2009.

[6] 曹中平. 幼儿社会性发展与教育 [M]. 长沙: 湖南师范大学出版社, 2001.

[7] 布雷钦卡. 教育目的、教育手段和教育成功: 教育科学体系引论 [M]. 彭正梅, 译. 上海: 华东师范大学出版社, 2008.

[8] 胡俊生. 社会学教程新编 [M]. 武汉: 武汉大学出版社, 2010.

[9] 李幼穗. 儿童社会性发展及其培养 [M]. 上海: 华东师范大学出版社, 2004.

[10] 杨丽珠, 吴文菊. 幼儿社会性发展与教育 [M]. 大连: 辽宁师范大学出版社, 2000.

[11] 虞永平. 社会 [M]. 2 版. 南京: 南京师范大学出版社, 1999.

[12] 张明红. 学前儿童社会教育与活动指导 [M]. 上海: 华东师范大学出版社, 2014.

[13] 贝蒂. 学前教师技能 [M]. 嵇珺, 译. 南京: 江苏教育出版社, 2011.

[14] 弗洛姆. 爱的艺术 [M]. 刘福堂, 译. 上海: 上海译文出版社, 2019.

［15］艾森博格．爱心儿童：儿童的亲社会行为研究［M］．巩毅梅，译．成都：四川教育出版社，2006.

［16］艾伦，施瓦兹．特殊儿童的早期融合教育［M］．周念丽，等译．上海：华东师范大学出版社，2005.

［17］弗拉维尔，米勒 P H，米勒 S A．认知发展：第 4 版［M］．邓赐平，刘明，译．上海：华东师范大学出版社，2002.

［18］费尔兹 M V，费尔兹 D．儿童纪律教育：建构性指导与规训：第 4 版［M］．原晋霞，蔡菡，陈晓红，译．北京：中国轻工业出版社，2007.

［19］西格勒，阿利巴利．儿童思维发展［M］．刘电芝，等译．北京：世界图书出版公司北京公司，2006.

［20］卡茨．促进儿童社会性和情绪的发展：基于教师的反思性实践［M］．洪秀敏，等译．北京：机械工业出版社，2015.

［21］菲尔茨 M V，梅里特，菲尔茨 D M.0—8 岁儿童纪律教育：给教师和家长的心理学建议：第 7 版［M］．蔡菡，译．北京：中国轻工业出版社，2019.

［22］凯兹．与幼儿教师对话：迈向专业成长之路［M］．廖凤瑞，译．南京：南京师范大学出版社，2003.

［23］范梅南．教学机智：教育智慧的意蕴［M］．李树英，译．北京：教育科学出版社，2001.

［24］多尔．后现代课程观［M］．王红宇，译．北京：教育科学出版社，2000.

［25］蒙台梭利．蒙台梭利幼儿教育科学方法［M］．任代文，译．北京：人民教育出版社，1993.

［26］教育部基础教育司．《幼儿园教育指导纲要（试行)》解读［M］．南京：江苏教育出版社，2002.

［27］秦金亮，等．儿童发展通论［M］．北京：新时代出版社，2008.

［28］俞国良，辛自强．社会性发展心理学［M］．合肥：安徽教育出版社，2004.

［29］张文新．儿童社会性发展［M］．北京：北京师范大学出版社，1999.

［30］中国学前教育史编写组．中国学前教育史资料选［M］．2 版．北京：人民教育出版社，2002.

［31］周兢，张杏如．幼儿园活动整合课程指导：大班：下［M］．南京：南京师范大学出版社，2002.

［32］郑杭生．社会学概论新修精编本［M］．3 版．北京：中国人民大学出版社，2020.

［33］施良方．学习论［M］．北京：人民教育出版社，2001.

［34］但菲．幼儿社会性发展与教育活动设计［M］．北京：高等教育出版社，2008.

［35］秦元东，王春燕．幼儿园区域活动新论：一种生态学的视角［M］．北京：北京师范大学出版社，2008.

［36］唐家路．民间艺术的文化生态论［M］．北京：清华大学出版社，2006.

［37］黄向阳．德育原理［M］．上海：华东师范大学出版社，2000.

［38］吴邵萍．家园共同体的建构：幼儿园家长工作的方法与策略［M］．北京：教育科学出版社，2011.

［39］钱德勒，达尔奎斯特．学生挑战性行为的预防和矫正：第3版［M］．昝飞，译．上海：上海人民出版社，2016.

［40］昝飞．积极行为支持：基于功能评估的问题行为干预［M］．北京：中国轻工业出版社，2013.

［41］莫源秋．幼儿常见心理行为问题：诊断与教育［M］．北京：中国轻工业出版社，2015.

［42］里德尔－利奇．儿童行为管理［M］．刘晶波，译．南京：南京师范大学出版社，2008.

［43］Perrow. Healing Stories for Challenging Behaviour［M］. Gloucestershire：Hawthorn Press，2004.

期刊：

［1］熊川武．论反思性教育实践［J］．教师教育研究，2007（3）：46－50.

［2］甘剑梅．学前儿童社会教育的内涵、性质与课程地位［J］．学前教育研究，2011（1）：53－59.

［3］雷，涂阳慧，张艳蕾．儿童社会情感发展研究及其启示［J］．幼儿教育，2009（Z6）：4－6，16.

［4］庞丽娟，田瑞清．儿童社会认知发展的特点［J］．心理科学，2002（2）：144－147，252.

［5］王荣．儿童社会关系认知研究述评［J］．心理科学，2009，32（3）：658－660.

［6］杨丽珠，邹晓燕．提高幼儿品德教育的有效性［J］．学前教育研究，2004（9）：5－8.

［7］张文新，林崇德．儿童社会观点采择的发展及其与同伴互动关系的研究

［J］. 心理学报，1999（4）：418 – 427.

［8］雷丽丽，冉光明，张琪，等. 父母教养方式与幼儿焦虑关系的三水平元分析［J］. 心理发展与教育，2020，36（3）：329 – 340.

［9］马富成，马雪琴. 尤·布朗芬布伦纳的发展生态学理论与幼儿亲社会行为的养成［J］. 中华女子学院学报，2011，23（4）：112 – 115.

［10］郭伟，李喆君，陶倩，等. 儿童区分意图行为与自我控制能力关系的研究［J］. 现代生物医学进展，2008，8（12）：2563 – 2565.

［11］武敏. 从 PCK 到 PCKg：教师知识发展研究［J］. 教育教学论坛，2020（53）：29 – 31.

［12］李念念. 自我控制研究综述［J］. 科教导刊，2015（2）：166 – 167.

［13］刘占兰. 幼儿园教师的专业能力［J］. 学前教育研究，2012（11）：3 – 9.

［14］庞丽娟.《幼儿园教师专业标准》的研制背景、指导思想与基本特点［J］. 学前教育研究，2012（7）：3 – 6.

［15］孔祥渊. 重要他人对个体道德社会化的影响：社会学视角［J］. 中国德育，2012，7（2）：48 – 51.

［16］韩宏莉. 幼儿教师"语言暴力"现象探析［J］. 教育探索，2009（1）：88 – 90.

［17］吴维库. 不良情绪传染的"蝴蝶效应"与防避之策［J］. 领导科学，2016（22）：18 – 19.

［18］陈思，王仕杰，杨甲睿. 新中国幼儿教师职前培养体系发展 70 年：历程、特点与前景［J］. 黄冈师范学院学报，2019，39（5）：53 – 59.

［19］侯莉敏. 论幼儿的规则教育［J］. 教育导刊（上半月），1999（S3）：13 – 14.

［20］嵇珺. 我国幼儿园社会领域教学活动的内容现状与分析［J］. 学前教育研究，2012（3）：42 – 47.

［21］郑三元. 规则的意义与儿童规则教育新思维［J］. 湖南师范大学教育科学学报，2006（5）：45 – 47.

［22］陈央儿. 用隐性规则引导幼儿有序活动［J］. 学前教育研究，2004（6）：43 – 44.

［23］沈艳凤. 幼儿园常规教育的理性思考［J］. 成才之路，2007（6）：69 – 70.

［24］曾少娥. 在科学的基础上建立幼儿园常规［J］. 教育导刊（幼儿教育），

2006（5）：29－30.

［25］孙瑞权．中英幼儿教育中"规则意识"培养之比较：兼对幼儿"规则"教育的几点思考［J］．赤峰学院学报（汉文哲学社会科学版），2008（2）：134－137.

学位论文：

［1］樊丽娜．0—6岁幼儿使用新媒体的现状研究［D/OL］．长春：东北师范大学，2017［2021－06－05］．https：//kns. cnki. net/kcms/detail/detail. aspx？dbcode＝CMFD&dbname＝CMFD201801&filename＝1017138685. nh&uniplatform＝NZKPT&v＝SOCpecESUDeleYeMHN4rlZ08NU9P87DT2luH8CRzJKlumFDDwYHmr3SIGG%25mmd2F5rm8J.

［2］王柳．3—6岁儿童焦虑与父母教养方式的关系：父母养育压力的中介作用［D/OL］．西安：陕西师范大学，2018［2021－06－20］．https：//kns. cnki. net/kcms/detail/detail. aspx？dbcode＝CMFD&dbname＝CMFD201802&filename＝1018230594. nh&uniplatform＝NZKPT&v＝eiHWybPK－10tZggzXlmMCPQkjrVTXACswOo3xqHa－k0aXk82e1Ih02Qggr_DGfyq.

［3］朱玉．以班级为单位的幼儿教师群体关系研究［D/OL］．南京：南京师范大学，2012［2021－06－22］．https：//kns. cnki. net/kcms/detail/detail. aspx？dbcode＝CMFD&dbname＝CMFD201301&filename＝1013106269. nh&uniplatform＝NZKPT&v＝xMxC0BLzmSNhTLW3o15cZBLUvZXvYldKH9MKTZmjPut360rC6w7FmxKU5dLNesvy.

［4］傅芳芳．幼儿园班级常规教育研究：以上海市某一郊区幼儿园为例［D/OL］．上海：上海师范大学，2011［2021－06－22］．https：//kns. cnki. net/kcms/detail/detail. aspx？dbcode＝CMFD&dbname＝CMFD2011&filename＝1011161250. nh&uniplatform＝NZKPT&v＝W8zudAKhKfNtIrURXcd6NWtBz5XrRQ2rotoM－Z0BqRBHiFQQpJrcXPzXcUzCqR1L.

［5］韩冬梅．幼儿园常规教育的现状研究［D/OL］．重庆：西南大学，2013［2021－06－22］．https：//kns. cnki. net/kcms/detail/detail. aspx？dbcode＝CMFD&dbname＝CMFD201302&filename＝1013268414. nh&uniplatform＝NZKPT&v＝dZE1meUnHwmhyB2GVOvwUPxR0p－WZFMQv0R23H9uM8HkSL4Gs_3Iu1ZxQEYjJRl0.

［6］李治芳．幼儿园常规教育研究：以武汉市A园中（四）班为例［D/OL］．武汉：华中师范大学，2014［2021－06－22］．https：//kns. cnki. net/kcms/detail/detail. aspx？dbcode＝CMFD&dbname＝CMFD201402&filename＝1014246311. nh&uniplatform＝NZKPT&v＝KiVvYHV9JyIczaVAJbhpsJGdfkqmQPMvuNC－b9WzIJPBTcEd－－xLzdZ9G3xAQsOb.

［7］黄玲丽．幼儿园常规教育及其艺术化的研究［D/OL］．南京：南京师范大学，2013［2021－06－22］．https：//d. wanfangdata. com. cn/thesis/Y2387829.